KÖLN

EINE GESCHICHTE

BARBARA
UND
CHRISTOPH
DRIESSEN

KÖLN

EINE GESCHICHTE
VOM URWALD ZUR MILLIONENSTADT

 GREVEN VERLAG KÖLN

Was ist die Stadt anderes als ihre Menschen?

William Shakespeare

FÜR JOSHUA, MARILENA UND LENNART

© Greven Verlag Köln, 2015

Gestaltung: Thomas Neuhaus, Billerbeck

Satz: Angelika Kudella, Köln

Gesetzt aus der Glosa Text und der Futura LT

Lithografie: farbo prepress, Köln

Papier: Magno volume

Druck und Bindung: Friedrich Pustet, Regensburg

Umschlagmotiv: Nach einer Fotografie der eingerüsteten Türme des Kölner Doms kurz vor der Fertigstellung

Abbildung auf S. 4: Liebesschlösser am Geländer der Hohenzollernbrücke

Abbildung auf S. 278/279: Blick vom Kölnturm im Mediapark

ISBN 978-3-7743-0653-0

Detaillierte Informationen über alle unsere Bücher finden Sie unter:

www.Greven-Verlag.de

INHALTSVERZEICHNIS

13   IM WALD DER ALTEN RIESEN
          KÖLN, BEVOR ES KÖLN WURDE

21   DIE STADT VON NEROS MUTTER
          KÖLNS GRÜNDUNG

35   ROM AM RHEIN
          DAS ANTIKE KÖLN

57   IN DIE NEUE WELT
          VON DEN RÖMERN ZU DEN FRANKEN

73   WUTBÜRGER GEGEN GOTTESKRIEGER
          DER WEG ZUR FREIEN REICHSSTADT

89   FLIESSBANDARBEIT
          DIE HANDELSSTADT AM RHEIN

105   DER KOLOSSALE GESELLE
          600 JAHRE DOMBAU

127   DIE DUNKLE SEITE
          ÜBERLEBEN IN DER STADT

141 GEGEN DEN STROM
KÖLN UND DIE PROTESTANTEN

159 DER GROSSE KEHRAUS
KÖLN ALS FRANZÖSISCHE STADT

177 HOCHBURG DER HALBFRANZOSEN
KÖLN ALS PREUSSISCHE STADT

195 RAUCHZEICHEN
DIE INDUSTRIALISIERUNG

215 REISE OHNE WIEDERKEHR
DIE KÖLNER UND DER HOLOCAUST

229 UNTERGANG
KÖLNS ZERSTÖRUNG

245 AUFERSTEHUNG
DER WIEDERAUFBAU

257 NEUE TÜRME AM HIMMEL
DIE VIELVÖLKERSTADT

273 WIE GEHT ES WEITER?
KÖLNS ZUKUNFT

KÖLN

IM WALD DER ALTEN RIESEN

Die ältesten lebenden Kölner:
Buchen im Gremberger Wäldchen

IM WALD DER ALTEN RIESEN
KÖLN, BEVOR ES KÖLN WURDE

Es macht ein wenig still, einem 250 Jahre alten Lebewesen gegenüberzustehen. Viele Gebäude Kölns sind älter, aber sie sind aus totem Stein. Die Buchen im Gremberger Wäldchen dagegen sind Organismen. Sie leben. Sie stehen in Kontakt mit der Außenwelt, saugen Wasser auf und fangen Licht ein. Entstanden aus einem winzigen Samen zur Zeit von Mozart, Kapitän Cook und Danton, haben sie sich zu 45 Meter hohen Riesen ausgewachsen. Sie wurzeln im Ancien Régime und recken sich ins dritte Jahrtausend.

Alte Bäume im Wald sind eine Seltenheit. Uraltbäume stehen fast immer allein auf weiter Flur. Sie hatten eine kulturelle Funktion und wurden deshalb gehegt: Predigtulmen, Tanzlinden, Gerichtseichen. Wälder dagegen wurden genutzt. Und zwar so intensiv, dass es vor 200 Jahren fast keine mehr gab. Deutschland war damals in weiten Teilen eine öde Sand- und Heidelandschaft. Erst später wurden neue Wälder gepflanzt.

Das Gremberger Wäldchen – das zunächst ein richtig großer Wald war und Grevenbruck hieß – wurde allerdings nie ganz gerodet. Zwar dürften auch dort die Menschen aus der Umgebung immer wieder Bäume und Sträucher geschlagen haben, um sich mit Brennholz zu versorgen, ohne jedoch damit den Wald zu zerstören. Dafür waren es einfach nicht genug Menschen. Noch im Jahr 1828 gab es in diesem Wald nur ein einziges Gebäude, den Gremberger Hof, und dort lebten nicht mehr als 20 Personen. Erst zwischen 1877 und 1880 kam im östlichen Teil des Waldes ein weiteres Gebäude dazu: ein Fort, das zum Kölner Verteidigungsring gehörte. 1899 kaufte die Stadt Köln den Wald mitsamt dem Gremberger Hof, um den Forst als Naherholungsgebiet zu erschließen. »Beim Ankauf befand sich der Wald in einem vollständig ungeregelten Zustande«, heißt es in einer zeitgenössischen Veröffentlichung. »Das Unterholz des Waldes, bestehend aus Stockausschlag von Linden, Hainbuchen und Eichen, war zu einem wirren Dickicht verwachsen, über welches sich die Laubkronen uralter, prächtiger Eichen und Buchen breiteten.« Ein Gärtner erhielt den Auftrag, das Gestrüpp ein wenig zu lichten, wobei er »den vorhandenen Waldcharakter in jeder Weise zu wahren« hatte. Wege wurden angelegt und Bänke aufgestellt, ein Forsthaus mit Gastwirtschaft entstand.

Im Verlauf des 20. Jahrhunderts wurde das Wäldchen vom Großstadtmoloch nahezu verschlungen. Die schnell wachsenden Viertel Gremberg, Humboldt und Vingst kamen immer näher. Im Norden und Westen wurde das Wäldchen von Bahntrassen abgeriegelt, im Osten vom Gremberger Ring, im Süden von der A4 mit dem Autobahnkreuz Gremberg. Für den Autobahnzubringer wurde Anfang der 1970er-Jahre sogar eine Schneise quer durch das Wäldchen geschlagen. Seitdem gibt es keine Stelle mehr, an der man nicht die Autobahn rauschen hört. Wenn man sie einmal nicht hört, dann nur, weil sie von einem vorbeidonnernden ICE übertönt wird. Kein Reh verirrt sich mehr dorthin, denn zu erreichen ist das Wäldchen nur über die Autobahn oder durch eine angrenzende Schrebergartenkolonie hindurch.

Und doch ist dieses eingekesselte Fleckchen Grün eine Zeitkapsel. Denn ähnlich wie im Gremberger Wäldchen muss es in Köln ausgesehen haben, bevor das Gebiet dauerhaft besiedelt wurde: Laubwald bedeckte die Landschaft, überwiegend bestehend aus Buchen, in geringerem Maße aus Eichen. Die Buche ist am besten an das feucht-gemäßigte Klima Mitteleuropas angepasst und gedeiht auch im Schatten. Allerdings war auch dieser Buchenwald schon nicht mehr der Urzustand. Bevor die ersten Menschen kamen und Wald rodeten, um Holz zum Bauen, Verarbeiten und Verfeuern zu nutzen, bestand der Wald überwiegend aus Ulmen, Eichen und Haselbüschen. In der Jungsteinzeit von etwa 5000 bis 2000 vor Christus wurden diese Wälder nach und nach von Menschen gerodet. Nach einigen Jahrzehnten gaben diese frühen Ackerbauern die Siedlungen wieder auf und zogen weiter, weil sie in der Umgebung alles abgeholzt hatten und neuen Bau- und Brennstoff benötigten. Auf den verlassenen Siedlungs- und Wirtschaftsflächen breitete sich dann nach und nach Buchenwald aus. Schon damals war die ursprüngliche Vegetation also durch menschliches Eingreifen unwiederbringlich verschwunden.

Ein Buchenwald ist grau. Er wird beherrscht von grauen Stämmen. Im Sommer, wenn sich das Blätterdach geschlossen hat, ist er dunkel und kühl. Einen alten Wald erkennt man daran, dass er dunkel ist, man aber gleichzeitig weit durch ihn hindurchsehen kann. Denn durch die Kronen fällt so wenig Licht, dass auf dem Boden nur spärlich Sträucher und Büsche wachsen können. Eine Ausnahme sind die Buschwindröschen, die den Boden des Gremberger Wäldchens jedes Jahr im März in ein weißes Blütenmeer verwandeln. Sie blühen, wenn die Buchen noch keine Blätter haben. In dieser kurzen Zeitspanne werden sie aktiv, bevor sie sich wieder verkapseln. Wenn die Buschwindröschen blühen, ist das Gremberger Wäldchen von einem wunderbaren Duft erfüllt: dem Duft der Vogelkirsche, die es hier und dort geschafft hat, sich im Gedränge des Waldes ihren Platz zwischen den Buchen zu erkämpfen. Hoch hinaus musste sie dafür, bis übers Blätterdach, ans Licht.

Die Bäume des Wäldchens sind jedoch nicht nur Konkurrenten, sondern auch Partner. Nur die Außenbäume am Waldrand sind sturmfest. Sie lagern zusätzliches Holz in stärker belasteten Bereichen ab, bilden Zugwurzeln aus. So werden sie zu standhaften Wächtern, die die anderen im Innern gegen den Wind abschirmen. Auch gegen Sonnenbrand sind sie gefeit: Ihre Stämme sind nicht nackt, sondern mit Zweigen bedeckt oder von Büschen geschützt. Wenn solche Außenbäume geschlagen werden, gehen in den nächsten Jahren oft auch die angrenzenden Baumreihen ein. Dem Wald fehlt dann seine gepanzerte Flanke.

Man mag sich fragen, was die ältesten Riesen alles erlebt haben mögen. Der verschwiegene Ort war im April 1945 Schauplatz eines furchtbaren Massakers. Als das linksrheinische Köln schon von den Amerikanern befreit war, erschossen dort im Rechtsrheinischen Angehörige des »Volkssturms« auf Befehl von Nazifunktionären sowjetische Zwangsarbeiter. Ein Gedenkstein erinnert daran.

Bäume aber sind blind für das Leid und die Verbrechen der Menschen. Wenn sie reden könnten, würden sie von anderen Ereignissen erzählen. Zum Beispiel vom Jahr ohne Sommer, 1816. Ein Vulkan im heutigen Indonesien hatte so viel Staub und Asche in die Atmosphäre geschleudert, dass sich der Himmel für Monate verdunkelte und das Weltklima über Jahre hinweg abkühlte. Missernten und Hungersnöte waren die Folge. Die Bäume zeugen mit besonders engen Abständen der Jahresringe von dieser Katastrophe.

Buchen können ein Alter von 250 Jahren erreichen. Doch irgendwann geht auch das Leben eines solchen Methusalems zu Ende. Auch wenn ein Baum rein äußerlich noch voll im Saft steht, sind mitunter schon Zeichen des Verfalls zu erkennen. Das Absterben eines Baumes beginnt immer damit, dass seine Widerstandskraft abnimmt. Dann bekommen Pilzsporen eine Chance, durch eine Schadstelle einzudringen und sich im Baum festzusetzen. Mit der Zeit fressen sie den ganzen Holzkörper von innen auf und verstopfen die Leitungsbahnen für die Nährstoffe. Äste faulen und brechen ab, klaffende Wunden entstehen, das setzt einem alten Baum zu. Irgendwann ist er nur noch eine Ruine, ein Stumpf ohne Krone und Zweige, mit Moos überzogen und von Spinnweben umhüllt. Eines Tages kippt er um und verrottet auf dem laubbedeckten Boden. Dort, wo er vorher gestanden hat, fällt nun Licht in den Wald. Licht für neues Leben im Wald der alten Riesen.

KÖLN

DIE STADT VON NEROS MUTTER

Schön, stark, grausam:
Büste der Iulia Agrippina

DIE STADT VON NEROS MUTTER
KÖLNS GRÜNDUNG

Die meisten Städte wissen nicht viel von ihren Ursprüngen. Sie gingen hervor aus Bauernkaten, Fischerdörfern, Gasthäusern, Zollstationen oder Festungen. Zeitpunkt und Umstände: unbekannt. Einige Städte schmücken sich mit einer Gründungslegende, um ihrer Entstehung nachträglich Bedeutung zu verleihen. Köln hat es besser. An seinen Anfängen steht keine Sagengestalt, sondern eine Urmutter, die wirklich gelebt hat: Iulia Agrippina, Agrippina die Jüngere, raffinierteste und skrupelloseste aller römischen Strippenzieherinnen. Geboren in Köln, das damals allerdings noch nicht Köln hieß, sondern mit Begriffen wie *oppidum Ubiorum* – Ort der Ubier – umschrieben wurde. Doch der Reihe nach.

Macht und Reichtum waren Agrippina schon in die Wiege gelegt – sowohl Vater wie Mutter stammten aus der römischen Führungsschicht. Die Mutter hieß Vipsania Agrippina, auch Agrippina die Ältere genannt. Eine Frau, der der Historiker Tacitus ein »leidenschaftliches Gemüt« und einen »unbezähmbaren Willen« zuschrieb. Sie galt als tugendhafte Ehefrau und treu sorgende Mutter. Der Vater war ein Feldherr: Germanicus. Der Schriftsteller Sueton charakterisierte ihn mit den Worten: »Seine Wohlgestalt und Stärke waren unvergesslich, sein Geist hochgebildet, er besaß seltene Liebenswürdigkeit und ein bewunderungswürdiges Streben, sich die Gunst der Menschen zu erwerben.« Bessere Eltern hätte sich Agrippina nicht wünschen können.

Als Agrippina die Ältere ihr fünftes Kind, Iulia Agrippina, erwartete, musste sie mit Germanicus weit fortziehen: nach Norden, an den äußersten Rand des römischen Imperiums. Dorthin, wo heute die Kölner Innenstadt liegt. Die Grenze des Reiches verlief damals genau durch das heutige Stadtgebiet. Daher war dieses Territorium von großer strategischer Bedeutung. Um die Grenze zu sichern, hatte Iulius Caesar um 55 vor Christus ein Bündnis mit dem germanischen Volk der Ubier geschlossen, das ihn im Kampf gegen den Stamm der Eburonen unterstützt hatte. Die Ubier bewohnten das rechte Rheinufer im nicht-römischen Teil Germaniens. Als einer der ersten Stämme Germaniens ließen sie sich auf Handel mit den Römern ein, schickten ihre Söhne zu ihnen in die Ausbildung und erklärten sich schließlich auch zur Zahlung von Tributen bereit. Caesar fand sie deshalb »kultivierter als andere Germanen« und lobte ihre Fortschrittlichkeit. Doch gerade diese Nähe zu den Römern machte die Ubier wenig beliebt bei ihren Nachbarstämmen.

Dies war wohl einer der Gründe, warum die Ubier im Jahr 19 vor Christus ans linke Rheinufer umzogen. Damit befanden sie sich nun auf römischem Staatsgebiet. Einer der Nachfolger Caesars im Amt des Statthalters von Gallien hatte sie dazu gedrängt: Marcus Agrippa, der Großvater Iulia Agrippinas. Dieser Agrippa hatte ein großes Interesse, die Ubier im Linksrheinischen anzusiedeln: Sie sollten fortan dabei helfen, die Grenze des Imperiums gegen feindliche Germanen zu verteidigen. In der Folgezeit entstand da, wo heute Köln liegt, das *oppidum Ubiorum*, die Ubiersiedlung. Anders als der Name vermuten lässt, wurde die Siedlung nicht von den Ubiern angelegt, sondern vom römischen Heer, weshalb Agrippa durchaus als Gründer Kölns betrachtet werden kann. Das Jahr 19 vor Christus wäre dann das Jahr der Stadtgründung. Aber auch Kaiser Augustus kann als Stadtgründer gelten, denn die Umsiedlung der Ubier geschah mit seiner Zustimmung.

In der neuen Niederlassung sollten Römer und Ubier zusammenwohnen, unter römischer Verwaltung und unter römischem Schutz. Der Stützpunkt markierte die Grenze der zivilisierten Welt. Man konnte ganz genau sagen, wo diese Welt endete und das Barbarenland begann, nämlich am gegenüberliegenden Rheinufer. Dort rauchten die Opferfeuer der Germanen. In den ersten Jahrhunderten seiner Existenz war Köln einer römischen Siedlung in Nordafrika oder Kleinasien näher als der rechten Rheinseite. In Köln brannte das Licht der römischen Zivilisation an der Grenze zur Finsternis.

Ein Bauwerk aus dieser ersten Phase der Stadtgeschichte hat sich wundersamerweise erhalten: das Ubiermonument an der Malzmühle hinter dem Heumarkt, der älteste Steinbau Deutschlands. Es wurde 1965 bei Ausgrabungen entdeckt. Vermutlich ist es der untere Teil eines Wachturms an der Südostecke des *oppidum*. Es steht auf einem Rost aus Eichenholz, dessen Stämme im Winter 4/5 nach Christus geschlagen wurden. Die Zeiten überdauert hat dieser Turmfuß, weil er später in die Stadtmauer eingefügt wurde. Das ganz nach Römerart errichtete Bauwerk beweist, dass Köln als römische Niederlassung begann und von Anfang an römisch aussah. Dazu müssen schon früh auch monumentale Steinbauten gehört haben, darunter Säulenhallen und Tempel, denn das Oppidum verfügte über einen Kultbezirk mit einem Altar *(ara)*.

Der ideale Platz für eine Stadt

Das *oppidum* war strategisch so wichtig, dass sich die Römer entschlossen, es zum Standort des Befehlshabers aller in Germanien stationierten Legionen zu machen. Deshalb kam Germanicus im Jahr 12 nach Christus an den Rhein. Die ihm unterstellten acht Legionen in Ober- und Untergermanien bildeten zusammen die größte aller römischen Heeresgruppen – mindestens 70 000 Mann standen unter seinem Kommando. Nicht lange nach seiner Ankunft brachte seine Frau Vipsania Agrippina eine Tochter zur Welt: Agrippina die Jüngere.

Von Rom aus betrachtet, muss das *oppidum* eine Art Sibirien gewesen sein. Und doch hatte es Entwicklungspotenzial. Es war zum Beispiel günstig gelegen. Die Siedlung erhob sich auf einem Plateau 15 Meter über dem Rhein – und war damit hochwassersicher. Es müssen römische Offiziere aus dem Stab Agrippas gewesen sein, die gerade diesen Punkt auswählten. Sie nahmen die nötigen Vermessungen vor, bestimmten, wo die ersten Straßen verliefen und die ersten Verteidigungsbauten errichtet wurden. Die Entscheidungen dieser Menschen von vor mehr als 2000 Jahren werden so lange nachwirken, wie Köln existiert. Sie haben die Stadt für alle Zeiten geprägt.

Die Stelle war auch deshalb gut gewählt, weil sie über einen natürlichen Hafen verfügte: Dem Ufer war eine Insel vorgelagert. Zwischen Ufer und Insel konnten Schiffe geschützt ankern, um Waren zu entladen oder Soldaten abzusetzen. Flüsse waren die wichtigsten Transportwege des Römischen Reiches. Egal ob Truppen, Baumaterial, Waren oder Lebensmittel – alles wurde übers

Wasser herbeigeschafft. Die neue Siedlung befand sich zudem an einer ganz besonderen Stelle des Flusses: am Übergang vom Mittel- zum Niederrhein. Stromaufwärts fahrend, war der Fluss bis zur Höhe des *oppidum Ubiorum* breit und tief genug für seetüchtige Schiffe. Für den weiteren Transport mussten die Waren dann auf flachere Schiffe umgeladen werden. Köln war also geradezu von der Natur als Warenumschlagplatz vorbestimmt.

Und noch ein Faktor sprach für diesen Standort: das Klima. Die Stelle, die Römer und Ubier ausgesucht hatten, lag in einem Flusstal, das sowohl im Osten wie im Südwesten von Hügeln umschlossen wurde – dem Bergischen Land und der Eifel. Diese geschützte Lage bewirkt ein mildes Klima, was noch dadurch verstärkt wird, dass der Kölner Raum in der Übergangszone vom gemäßigten Seeklima zum Kontinentalklima liegt. Sonnenverwöhnte Römer mögen anderes gewohnt gewesen sein, aber wenn es sie schon in die nordwestliche Schlechtwetterecke ihres Imperiums verschlug, dann konnten sie es an dieser Stelle noch am ehesten aushalten.

Dass das Umland sehr fruchtbar war, hatten bereits die sogenannten Bandkeramiker festgestellt. Diesen merkwürdigen Namen bekamen sie später, weil sie auf ihren Tongefäßen bandartige Verzierungen anbrachten. Sie besiedelten das Gebiet um 4500 bis 3800 vor Christus als allererste Ackerbauern. Vier Jahrtausende später waren es dann die Römer, die die idealen Siedlungsbedingungen der Bucht für ihren neuen Stützpunkt nutzten. Doch was Köln schließlich zum Durchbruch verhalf, waren weder das milde Klima noch der ertragreiche Ackerboden oder die günstige Lage am Fluss. Es war der Ehrgeiz einer einzelnen Frau. Iulia Agrippina war es, die ihren Herkunftsort 35 Jahre nach ihrer Geburt adelte, indem sie ihn zur Stadt erhob. Der Historiker Werner Eck umschreibt die Rolle Agrippinas bei der Stadtgründung sehr anschaulich so: »Die Tante Agrippina hat dem schon erwachsenen Kind, der Stadt, ein wunderschönes Geschenk gemacht, den Rang einer römischen Kolonie.« Zu Ehren der großen Gönnerin bekam der Militärstützpunkt einen neuen, bombastischen Namen: *Colonia Claudia Ara Agrippinensium*. Der Name wurde häufig mit CCAA abgekürzt, was merkwürdig modern anmutet, wie die Bezeichnung eines Wirtschaftskonzerns.

Der Bandwurmname gliedert sich in vier Teile: Die Bezeichnung *Colonia* bestimmte den Rang der Stadt als Kolonie. Der zweite Namensteil *Ara* wies sie als Standort eines dem römischen Kaiser geweihten Altars aus. *Claudia* erinnerte an Kaiser Claudius, in dessen Amtszeit dem Ort sein neuer Status verliehen worden war. Und das *Agrippinensium* stellte klar, wer die treibende Kraft hinter der Erhebung gewesen war. Wollte man die Bedeutung des Namens zusammenfassen, könnte man in etwa sagen: Stadt römischen Rechts am Ort eines dem Kaiser geweihten Altars, unter Claudius gegründet, auf Initiative Agrippinas. Das klingt um einiges besser als die Namen der meisten anderen Städte, die häufig gerade auf ihre bescheidenen Ursprünge verweisen: Furt der Franken, Burg Hamma, Bei den Mönchen. Oder Ort im Sumpf – die Bedeutung des Namens Berlin. Ganz zu schweigen vom Dorf an der Düssel. Man vergleiche damit: *Colonia Claudia Ara Agrippinensium*. Das den Kölnern nachgesagte Selbstbewusstsein lässt sich zum Teil schon auf diesen Namen zurückführen. Die Überzeugung, etwas Besonderes zu sein, hat Köln in den Genen; Heinrich Böll erblickte in der »kölschen Arroganz« eine »Arroganz, die fast römisch ist: Die Römer haben ja auch diese Arroganz gehabt gegenüber den Germanen.« Von dem Moment an, in dem der Stützpunkt am Rhein zur *Colonia* aufstieg, hatte er bereits alles erreicht, was ein Ort im Römischen Reich überhaupt erreichen konnte: Er besaß die gleichen Stadtrechte wie Rom. Als römische Bürger waren die Agrippinenser von regelmäßigen Steuerzahlungen befreit, ein Privileg, das bis mindestens ins 3. Jahrhundert Bestand hatte – zu dieser Zeit erwähnte der römische Jurist Iulius Paulus die Steuerfreiheit der Agrippinenser.

Agrippinas langer Weg an die Macht

Dank der Entscheidung Agrippinas hatte die Stadt ihre Anziehungskraft auf einen Schlag massiv gesteigert. Dementsprechend muss eine rege Bautätigkeit eingesetzt haben – die neue *Colonia* wurde zum Ziel vieler Handwerker. Davon zeugen heute noch Zirkel, Zollstöcke und Lote im Römisch-Germanischen Museum. Es wurden jetzt neue Straßen und Häuser gebaut, zudem Tempel, Thermen und Verwaltungsgebäude. Bei all dem vergaß die Stadt nicht, wem sie ihren Aufschwung zu verdanken hatte: Auf öffentlichen Plätzen errichtete sie Statuen »ihrer« Agrippina. Ihr Geburtstag wurde als Feiertag begangen.

Agrippina war die einzige Frau, der es jemals vergönnt war, sich im Namen einer römischen Kolonie zu verewigen. Eine solche Ehre war sonst ausschließlich Männern vorbehalten. Dass sie es dennoch fertigbrachte, verdankte sie der einzigartigen Machtfülle, die sie im Alter von 35 Jahren angehäuft hatte. Agrippina war ungeheuer ehrgeizig, und das hat wohl damit zu tun gehabt, dass sie schon in jungen Jahren eine Serie persönlicher Tragödien verkraften musste.

So verlor sie bereits mit vier Jahren ihren Vater. Germanicus - der schon wenige Monate nach Agrippinas Geburt in einen anderen Teil des Imperiums beordert worden war - wurde plötzlich krank und starb. Man munkelte, er sei vergiftet worden. Wahrscheinlich steckte dahinter der Kaiser Tiberius, der den allseits beliebten Feldherrn als Rivalen betrachtete. Dafür spricht, dass sich Agrippinas Mutter nach dem Tod des Germanicus bedroht fühlte und um ihr Leben wie auch um das ihrer Kinder fürchtete. Ihre Angst war nur allzu berechtigt: Tiberius verbannte sie auf die Insel Pandateria vor der italienischen Küste - heute Ventotene - und ließ sie dort wahrscheinlich verhungern. Auch ihre beiden ältesten Söhne starben im Gefängnis den Hungertod.

Iulia Agrippina wuchs nach dem Tod ihres Vaters in Rom auf. Sie mag aus den Ereignissen ihre Schlüsse gezogen haben: Mit Ehrlichkeit, Hingabe und Loyalität - den Eigenschaften ihres Vaters - konnte man in der Schlangengrube Rom nicht überleben. Sie muss früh erkannt haben, dass sie auf sich allein gestellt war und niemandem trauen konnte. Im Alter von nur 13 Jahren wurde sie mit dem Politiker Gnaeus Domitius Ahenobarbus verheiratet. Frauen hatten bei der Wahl ihrer Ehemänner keinerlei Mitspracherecht. Wenn das Familienoberhaupt, der *pater familias*, einen Bräutigam ausgesucht hatte, konnte ihn die Tochter nicht ablehnen. Die Auswahl war von wirtschaftlichen, gesellschaftlichen oder auch politischen Motiven bestimmt - Zuneigung spielte keine Rolle.

Die erste Wende kam im Jahr 37 nach Christus, als Agrippina 22 Jahre alt war. Ihr Bruder Caligula wurde Kaiser. Caligula war eigentlich ein Spitzname und bedeutete »Soldatenstiefelchen«. Diese Stiefelchen hatten ihm die Rheinlegionen geschenkt, als er im Alter von zwei Jahren mit seinen Eltern im *oppidum Ubiorum* gewohnt hatte. In Köln also ist Caligula zu seinem Namen gekommen. Als Kaiser in Rom räumte er seinen drei Schwestern eine wichtige

Stellung am Hof ein. Per Senatsbeschluss ließ er sie in alle Eidesformeln aufnehmen: »Segen und Heil dem Caligula und seinen Schwestern.« Nun erfuhr Agrippina erstmals, wie es war, in der Hackordnung weit oben zu stehen und von allen verehrt und respektiert zu werden. Es gefiel ihr sehr gut. Im selben Jahr bekam sie nach neun Jahren Ehe endlich ihr erstes Kind – es sollte das einzige bleiben. Der Junge hatte rotblonde Haare und blaue Augen und bekam den Namen Lucius Domitius Ahenobarbus. In die Geschichte eingegangen ist er unter einem anderen Namen, den er später erhielt: Nero.

Agrippinas Glück währte nicht lange. Schon bald machte sich bei Caligula eine Geisteskrankheit bemerkbar. Er begann, unter Verfolgungswahn zu leiden, und warf Agrippina vor, seine Lieblingsschwester Drusilla ermordet zu haben und eine Verschwörung gegen ihn vorzubereiten. Darum nahm er ihr den geliebten Sohn weg, zog ihr Vermögen ein und verbannte sie auf die italienische Insel Pontia. Doch nach kurzer Zeit wendete sich das Blatt abermals: Im Januar 41 wurde Caligula in Rom von der Prätorianergarde – seiner persönlichen Leibwache – getötet. Nun bestieg Agrippinas Onkel Claudius, ein Bruder ihres Vaters, den Thron und erlaubte ihr, nach Rom zurückzukehren. Ihren Sohn fand sie zu ihrer Erleichterung wohlbehalten in der Obhut einer Tante wieder. Auch der ungeliebte Ehemann war inzwischen gestorben.

Vermutlich beschloss Agrippina zu dieser Zeit, ihr weiteres Schicksal in die eigene Hand zu nehmen. Sie war nun so oft zu einem Spielball der Mächtigen geworden, dass sie selbst in die erste Reihe aufrücken wollte. Zunächst musste sie neu heiraten – denn eine alleinstehende Frau war in Rom nahezu rechtlos. Ihre Wahl fiel auf den Senator C. Sallustius Crispus Passienus, der 21 Jahre älter war als sie, aber dafür steinreich. Als er nach nur drei Jahren starb, hinterließ er ihr ein enormes Vermögen. Und wieder machte sich Agrippina auf die Suche nach einem passenden Gatten. Dieses Mal konnte sie den mächtigsten Mann Roms für sich gewinnen – den Kaiser selbst. Der war zwar ihr Onkel, aber das scherte sie nicht. Im Gegenteil, es erleichterte die Annäherungsversuche, da eine unverheiratete Frau mit einem nahen Verwandten allein bleiben durfte. »Sie war schön und besuchte ihn dauernd und konnte mit ihm als ihrem Onkel unbeobachtet allein sein«, berichtet der Geschichtsschreiber Cassius Dio. »Dabei benahm sie sich vertraulicher, als es einer Nichte zukam.«

Ein besserer Name für das Nest am Rhein

Es war nicht nur Agrippinas gutes Aussehen, das aus Sicht von Claudius für sie sprach: Agrippina war die Enkelin von Kaiser Augustus und deshalb bereits von kaiserlichem Blut. So vollzog sich im Jahr 49 nach Christus die Heirat von Onkel und Nichte. Agrippina war 34, Claudius 58. Sie überredete ihn, ihren Sohn Nero zu adoptieren und offiziell zu seinem Nachfolger zu ernennen. Von seinem leiblichen Sohn Britannicus aus einer seiner vorigen Ehen war keine Rede mehr. Agrippina selbst spielte von nun an geradezu die Rolle einer Mitkaiserin und gab sogar eigene Staatsempfänge. Ihr Aufstieg lässt sich anhand der damals geprägten Münzen verfolgen: Vor der Hochzeit befand sich auf der Vorderseite immer nur das Bild des Kaisers, auf der Rückseite wurde ein wichtiges außenpolitisches Ereignis dargestellt. Ab 50 nach Christus erscheint jedoch Agrippina auf der Rückseite. Und noch etwas später wurde das Kaiserpaar Wange an Wange auf der Vorderseite abgebildet. Das war in der gesamten römischen Geschichte einzigartig.

Agrippina wollte also mitregieren – ein ungeheurer Anspruch, denn Frauen traten im öffentlichen Leben kaum in Erscheinung. Sie hatten kein Stimmrecht und waren für gewöhnlich von jeder Beteiligung an den Regierungsgeschäften ausgeschlossen. In Zivilprozessen vor Gericht durften sie keine Geschworenen sein und auch nicht selbst vor Gericht ziehen. Agrippina setzte sich über all das hinweg. Wo immer Claudius auftrat, war sie an seiner Seite. Schlüsselpositionen besetzte sie mit Männern, die ihr ergeben waren. Schließlich wurde ihr sogar eine Truppenabteilung der Prätorianergarde zu ihrem persönlichen Schutz zugewiesen – das war eine Ehre, die eigentlich nur dem Kaiser zustand.

Es gab jedoch einen Schönheitsfehler in Agrippinas Biografie: ihren Geburtsort. Die große Herrscherin stammte aus einem vergleichsweise unbedeutenden Außenposten des Imperiums. Dieses ärgerliche Detail musste, so weit es ging, korrigiert werden. Und so sorgte Agrippina dafür, dass das *oppidum Ubiorum* zur Stadt, zur offiziellen römischen Kolonie erhoben wurde. Damit zog sie auch in dieser Hinsicht mit Claudius gleich, der im gallischen Lugdunum – heute Lyon – geboren worden war und dem Ort später die Führung des Beinamens Claudia gestattet hatte, sodass er sich nun *Colonia Copia*

Claudia Augusta Lugdunum nennen durfte. Agrippina wollte dahinter nicht zurückstehen. Persönliche Verbundenheit mit ihrem Geburtsort, gar Heimweh spielte bei ihrer Entscheidung sicherlich nicht mit. Schließlich hatte sie nach ihrer Geburt nur wenige Monate in Germanien verbracht und war danach nie mehr an den Rhein zurückgekehrt. Aber des eigenen Prestiges wegen kann Agrippina ihrem Geburtsort nur das Beste gewünscht haben. Der Geschichtsschreiber Tacitus erläutert: »Agrippina wollte ihre Macht auch den verbündeten Völkern zeigen. Deshalb setzte sie es durch, dass in der Stadt der Ubier, in der sie geboren war, eine Veteranenkolonie gegründet wurde, die nach ihrem eigenen Namen benannt wurde.«

Langfristig wurde Agrippina ihr politischer Ehrgeiz zum Verhängnis. Um Neros Position als Kaisernachfolger zu festigen, fädelte sie seine Vermählung mit Claudius' Tochter Octavia ein. Nero war damit zugleich Adoptiv-, Stief- und Schwiegersohn des Kaisers. Doch nur ein Jahr später musste Agrippina befürchten, alles Erreichte zu verlieren: Angeblich dachte Claudius darüber nach, sich von ihr scheiden zu lassen und seinen Sohn Britannicus wieder als einzigen Nachfolger einzusetzen. Kurze Zeit später war Claudius tot. Er starb ganz plötzlich, nachdem er ein Pilzgericht zu sich genommen hatte. Die meisten Historiker glauben, dass das Essen im Auftrag Agrippinas vergiftet worden war. Nun war der Weg frei für Nero: Mit 17 Jahren wurde er im Oktober 54 zum Kaiser ausgerufen. Auf einer Sänfte trug man ihn durch die jubelnde Menge – ihm gegenüber saß seine Mutter, gerade einmal 39 Jahre alt. Damit war Agrippina nun Urenkelin, Schwester, Witwe und Mutter eines römischen Kaisers.

Doch Nero hatte offenbar gewisse Züge seiner Mutter geerbt. Recht bald empfand er ihre Einmischung als lästig, entmachtete sie und verbannte sie in einen Palast außerhalb Roms. Vier Jahre später fasste er sogar den Entschluss zum Muttermord. Er ließ ein Schiff konstruieren, das mit Agrippina an Bord auf der Fahrt durch den Golf von Neapel auseinanderbrach und sank. Womit er nicht gerechnet hatte: Die scheinbar unverwüstliche Agrippina rettete sich schwimmend an Land. Panisch schickte ihr der Sohn daraufhin einen Trupp Soldaten hinterher. Mit dem Schwert schlachteten die Eindringlinge sie in ihrem Bett ab. Zu seiner Verteidigung erklärte Nero, dass Agrippina einen Anschlag auf ihn geplant und nach der Aufdeckung der Pläne selbst Hand an sich gelegt habe. Der Senat verfluchte daraufhin ihr Andenken.

Als die Nachricht von Agrippinas schmählichem Ende im Frühjahr 59 Köln erreichte, muss das Entsetzen groß gewesen sein. Nur neun Jahre nach der Gründung der Kolonie wurde Agrippina im wörtlichen Sinne vom Sockel gestoßen: Ein allgemeiner Erlass, der aus Rom allen Kolonien und Siedlungen zugeleitet wurde, befahl den Magistraten, jede Erinnerung an Agrippina auszulöschen. Alle Statuen der Koloniegründerin – von denen es vermutlich Dutzende gab – mussten umgestürzt und zerstört werden; nur sehr wenige sind deshalb heute erhalten, in Köln befindet sich keine einzige. Auch alle dazugehörigen Inschriften wurden entfernt, alle Festtage mit Bezug auf Agrippina gestrichen. Und doch hielten die Kölner ihrer großen Patronin in gewisser Weise die Treue: Denn aus dem Stadtnamen tilgten sie ihren Namen nicht, obwohl dies in anderen Städten mit den Namen gestürzter Kaiser durchaus geschah. Vielleicht empfanden sie noch immer ein Gefühl der Dankbarkeit für die Frau, die so viel für sie getan hatte. Vielleicht hielten sie es auch für möglich, dass sich das Rad der Geschichte schnell wieder weiterdrehen würde und dann die allzu eifrigen Gefolgsleute Neros schlecht dastünden. Falls sie so dachten, behielten sie recht: Im Jahr 69 stach sich Nero, gestürzt und zum Staatsfeind erklärt, einen Dolch in die Kehle. Sein Name steht seitdem für einen vom Cäsarenwahn befallenen Tyrannen. Der kaum weniger skrupellosen Machtpolitikerin Agrippina dagegen wird ein fröhliches Andenken bewahrt: Sie lebt fort im römischen Gewand der Jungfrau im Dreigestirn des Kölner Karnevals. Und natürlich im Namen »Köln«, den es ohne sie nicht gäbe.

KÖLN

ROM AM RHEIN

Zeitkapsel in der Tiefe:
das Römergrab in Weiden

ROM AM RHEIN
DAS ANTIKE KÖLN

Tankstellen, Spielhallen, Fast-Food-Restaurants – und dann das besterhaltene Römergrab nördlich der Alpen. Unmittelbar an der Aachener Straße liegt in Weiden eine kulturhistorische Top-Attraktion, die kaum jemand kennt. Denn besser versteckt könnte sie nicht sein. Ein kleines Schild an der Hauswand und die Aufschrift »Roemergrab« sind die einzigen Hinweise. Feste Öffnungszeiten gibt es nicht. Der einzige Weg, in das Grab zu gelangen, führt über eine Telefonnummer bei der Bezirksregierung. Ruft man dort an, kann man eine Verabredung mit einer Architektin treffen. Sie allein hat den Schlüssel zum Grab.

Damit öffnet sie eine grün gestrichene Tür und gibt den Blick auf eine Treppe frei. Es geht unter die Erde und mit jeder Stufe wird es kühler. Geheimnisvolles Dämmerlicht umfängt den Besucher, dann tut sich die Grabkammer auf. Es ist, als wäre man in einem Schwarz-Weiß-Film – Farbe gibt es hier nicht. Nur Stein in verschiedenen Grautönen.

Jeden seiner Schritte kann man hören, es ist ja sonst niemand da. Die Kammer stammt aus dem 2. Jahrhundert nach Christus. An der Rückwand steht ein mit Flügelwesen verzierter Sarkophag, dessen Grabplatte verschoben ist. Alles Mögliche kommt einem in den Sinn, je nach Sozialisation. Der eine mag an Zombies denken, der andere an Jesus: leeres Grab, Auferstehung und all diese Dinge.

Drei Büsten stehen an den Seiten. Vor allem der Männerkopf zur Rechten ist so makellos, dass er geradezu unecht aussieht. Nase, Ohren, alles dran. Experten vermuten, dass das Grab irgendwann in den ersten Jahrhunderten von Räubern geplündert wurde, danach jedoch geriet es in Vergessenheit. Auf diese Weise waren die Büsten sicher vor Vandalen aller Art – andere Römerköpfe wurden hingegen von den Kölnern manchmal zur Straßenpflasterung zweckentfremdet. Erst 1843 wurde das Grab wiederentdeckt.

Das Unglaublichste dort unten sind zwei Sessel. Korbsessel mit Sitzkissen. Sie sehen aus, als kämen sie direkt aus dem Möbelcenter ein paar Hundert Meter stadteinwärts. Ihr Design unterscheidet sich in nichts von heutigen Modellen. Nur sind sie nicht aus Korbgeflecht, sondern kunstvoll aus Kalkstein geformt. Während diese zwei Sessel für Frauen bestimmt waren, konnten sich die Männer auf zwei an den Wänden befestigten Liegen ausstrecken.

Das einzig Störende ist das Rauschen des Autoverkehrs. Das aber haben die Römer nicht anders gewollt. Denn die Straße, die oben vorbeiführt, gab es auch zu ihrer Zeit schon. Es war die große Ausfallstraße nach Westen. Zahlreiche Grabdenkmäler säumten sie, kostspielig mit Figuren geschmückt und grellbunt angemalt, denn Gräber waren auch damals schon zum Prunken und Protzen da. Wer von auswärts kam, musste also erst einmal über den Friedhof. Bevor man den ersten lebenden Kölner zu Gesicht bekam, machte man Bekanntschaft mit den Toten.

Die vergangene Welt unter der Erde

Überirdisch ist in Köln nicht allzu viel aus der Römerzeit stehen geblieben, denn in ihrer 2000-jährigen Geschichte ist die Stadt immer wieder abgerissen und neu gebaut worden. Jedes Köln steht auf einem älteren Köln, jede Generation baut sich ihre eigene Stadt. Wer etwas über die früheren Inkarnationen Kölns erfahren will, muss deshalb in der Erde suchen. Schon immer war es so, dass die Kölner, sobald sie ein paar Spatenstiche taten, auf die Relikte untergegangener Zivilisationen stießen. So berichtete der große Naturforscher und Theologe Albertus Magnus 1256, einige Jahre nach der Grundsteinlegung des Kölner Doms, er habe bei Beginn der Arbeiten »sehr tiefe Gruben entstehen sehen, auf deren Grund Fußböden von wunderbarer Gestalt und Verzierung gefunden wurden, was beweist, dass Menschen in alter Zeit diese hergestellt haben und dass sie nach dem Verfall der Gebäude mit Erde überschüttet wurden«. Einen Eindruck davon bekommt man heute noch im Keller des Doms.

Zwischen den Pfeilerfundamenten durchkreuzen sich dort die unterschiedlichsten Zeiten und Kulturen. Eine römische Fußbodenheizung ist umringt von den Überresten einer fränkischen Kirche und des karolingischen Doms, der im späteren Mittelalter abgerissen wurde. Unentwirrbar drängen die Ablagerungen der Geschichte ineinander.

1941, mitten im Weltkrieg, tauchte beim Ausheben eines Luftschutzbunkers neben dem Dom ein riesiger römischer Fußboden auf, das Dionysosmosaik. Bei Kriegsende waren über der Erde fast alle Zeugnisse der Vergangenheit zerstört, aber gleichzeitig tat sich die Erde auf und gab die früheste Geschichte der Stadt wieder frei. Aus den Bombenkratern des zerstörten Rathauses ragten die Ruinen des römischen Statthalterpalastes hervor. 1965 stieß ein Südstadtbewohner beim Ausschachten seines Kellers auf Steinquader, die sich als haushohes Grabdenkmal erwiesen.

Man muss nur in die Tiefgarage unter dem Dom gehen und schon sieht man das römische Köln geradezu durch den Beton brechen. Man wird die Geschichte nicht los, sie kommt immer wieder hoch. In gewisser Hinsicht sind gerade die frühesten Epochen am sichersten verankert: Die ältesten Schichten Kölns, die Fundamente der Stadt, liegen so tief, dass ihnen keine Katastrophe etwas anhaben kann. Irgendwann wird auch unsere Welt versunken sein, und andere Menschen werden über ihr wohnen und leben, in einer Stadt, von der wir uns keine Vorstellung machen.

Selbst wenn kein greifbares Relikt aus römischer Zeit mehr vorhanden wäre, bliebe das römische Köln doch in der Stadt gegenwärtig. Es ist eine körperlose Gegenwärtigkeit, die sich zum Beispiel darin zeigt, dass die Hohe Straße und die Schildergasse immer noch ungefähr so verlaufen wie ihre Vorgängerstraßen aus römischer Zeit. Der ursprüngliche Grundriss, angelegt in einem strengen geometrischen Raster, ist im Straßennetz der Innenstadt nachweisbar. Keimzellen der heutigen »Veedel« waren die *insulae*, die rechtwinklig angelegten Häuserblöcke. Die Schildergasse hat sich aus einer der beiden Hauptachsen im Straßennetz der *Colonia Claudia Ara Agrippinensium* entwickelt, dem *decumanus maximus*. Er bildete die Ost-West-Achse, zu der im rechten Winkel der *cardo maximus* – die Nord-Süd-Achse – verlief. Dieser *cardo maximus* wiederum war Vorläufer der Hohe Straße. Er verband das Nordtor des römischen Köln – es befand sich ungefähr da, wo heute der Dom steht – mit dem Südtor in der Nähe von St. Maria im Kapitol. Überreste dieser beiden Hauptstraßen finden sich jeweils einige Meter unterhalb der heutigen Straßen – im Laufe der Zeit sind sie immer wieder überbaut worden.

Das Straßennetz des Römischen Imperiums war beeindruckend. Neben zahllosen kleinen Ortswegen umfasste es nahezu 100 000 Kilometer gut ausgebauter Reichsstraßen, die mit Meilensteinen markiert wurden. Über diese Straßen konnte man vom Hadrianswall in England bis nach Syrien oder von der spanischen Mittelmeerküste bis in die Karpaten reisen. In der weiteren Umgebung Kölns kamen Reisende mindestens alle drei bis vier Kilometer an einer kleinen Siedlung vorbei. Dort gab es Rasthäuser *(mansiones)*, Pferdewechselstationen *(mutationes)*, Wachposten *(burgi)* und Landgüter *(villae rusticae)*. Wenn man die Stadt schließlich durch eines ihrer Tore betreten hatte, gelangte man früher oder später auf eine der beiden Hauptachsen, den *cardo maximus* oder den *decumanus maximus*. An ihrem Schnittpunkt – ungefähr dort, wo Hohe Straße und Schildergasse aufeinandertreffen – lag der zentrale Markt- und Versammlungsplatz des römischen Köln, das Forum. Schon in der Zeit der Ubiersiedlung hatte es dort einen Platz gegeben, doch erst nachdem der Ort zur *Colonia* erhoben worden war, wurde das Niveau des Platzes erhöht, und es entstand eine enorme Freifläche, die größer war als zwei Fußballfelder. Im Westen wurde der Platz von einer halbrunden Säulenhalle begrenzt, im Osten von einem basilikaähnlichen Bauwerk, vor dem der *cardo maximus* entlanglief. An den beiden anderen Seiten könnten nach Vermutungen mancher Experten Marktgebäude gestanden haben. Es muss eine beeindruckende Anlage gewesen sein, die der Bedeutung der *Colonia* als Hauptstadt der Provinz Niedergermanien entsprach.

Eine kosmopolitische Stadt

Das Forum war das Zentrum des sozialen und wirtschaftlichen Lebens der römischen Stadt. Männer in halblangen Tuniken oder in bis zu den Füßen reichenden Togen standen beisammen und unterhielten sich, Frauen trugen Gewänder in kräftigeren Farben. Im Gewirr der Fußgänger fielen Reiter und Sänften auf. Verborgen hinter Leinenvorhängen, ließen sich reiche Bürger durch die Straßen tragen. Garköche warben für ihr Angebot, Hausierer be-drängten Passanten. Kesselflicker und Bettler versuchten, die Aufmerksam-keit der Vorbeieilenden auf sich zu ziehen. Barbiere rasierten ihre Kundschaft mitten auf der Straße. Die Messer wurden von Gehilfen auf einem Wetzstein geschärft – Blutungen nach einem Schnitt stillten sie mit einem in Öl und Es-sig getränkten Knäuel aus Spinnweben. Metzger verkauften Schweinezitzen und Rinderlungen, Pastetenbäcker boten ihre Waren neben Elfenbeinschnit-zern und Stiefelmachern an. Blumen-, Gemüse-, Obst- und Honighändler standen neben Perlen- und Spiegelverkäufern. Schon seit dem frühen Morgen hatten die Tavernen geöffnet, in denen jederzeit Wein, Brot und ein warmes Gericht zu haben waren. Aus all dem ergab sich ein heute nicht mehr rekons-truierbares Geruchsgemisch. Der Geräuschpegel muss beachtlich gewesen sein. Das Hämmern der Schmiede und Goldschläger hallte durch die Gassen. Geld-wechsler priesen lauthals ihre Dienste an. Noch nicht einmal auf den Latrinen war es still. Man konnte sie an nahezu jeder Kreuzung finden. Die Besucher saßen dort in einer Reihe nebeneinander und plauderten unbefangen mitei-nander. Die Latrinenhäuser waren mit Skulpturen geschmückt und im Winter sogar beheizt. Für so viel Luxus musste man allerdings zahlen: In Rom kostete ein Latrinenbesuch einen As. Ein Lehrer musste einen Tag lang vier Schüler unterrichten, um sich einen solchen Latrinenbesuch leisten zu können. Um-sonst konnte man sich hingegen bei Gerbern und Wollmüllern erleichtern, die eigens dafür Krüge vor ihren Werkstätten aufgestellt hatten. Die menschlichen Exkremente wurden zum Gerben und Beizen und zur Herstellung von Farben verwendet.

In den Straßen von Köln konnte man Wörter aus vielen verschiedenen Sprachen auffangen. Da war zunächst einmal Latein, die offizielle Amtsspra-che, in der fast alle Inschriften abgefasst waren. Es war aber auch die Um-gangssprache der Soldaten, von denen sich allein innerhalb der Stadtmauern mehrere Hundert aufhielten. Zudem hörte man germanische Sprachen wie Ubisch und Keltisch, zuweilen auch Griechisch und sogar Aramäisch, die Spra-che von Jesus. Entsprechend bunt war die Bevölkerung zusammengesetzt. Die Masse dürfte aus Ubiern bestanden haben, daneben gab es römische Bür-ger aus allen Teilen des Imperiums, so aus dem heutigen Italien, aus Frankreich, England, Spanien, Griechenland, Tunesien, Ägypten und der Türkei. Zusammen bildeten sie die »sagenhafte Rasse der Kölner«, wie Heinrich Böll es formuliert hat. Sie bestand »aus soviel Elementen wie es Heere, wandernde Völker in Europa je gegeben hat; alles was zwischen Moskau und Calais, zwischen Neapel und Stockholm je auszog, das Fürchten zu lernen, von allem ist in Köln etwas hängen geblieben.«

In Köln war südliche Lebensart zu Hause. Vermutlich fiel es italienischen Legionären daher nicht allzu schwer, sich nach ihrem Ausscheiden aus dem Militärdienst dort niederzulassen statt in die Heimat zurückzukehren. Auch in kulinarischer Hinsicht war Köln ein kosmopolitischer Ort: Fernhändler brachten zum Beispiel Oliven und Olivenöl aus dem Mittelmeerraum bis in dieses Randgebiet des Imperiums. Das ist bekannt, weil in der Kuppel von St. Gereon eine größere Zahl von Amphoren verbaut wurde, wie sie üblicherweise zum Transport von Olivenöl benutzt wurden. Die römischen Kölner ließen sich Fischsaucen aus Spanien schmecken, Feigen aus Afrika, Austern aus dem Mittelmeer, Pfeffer aus Indien. Sie verarbeiteten Wolle, Eisen und Häute aus Britannien, Metalle aus Mesopotamien, Weizen aus Ägypten und Silber von der Iberischen Halbinsel. Selbst exportierten sie Glasgefäße vielerlei Art in die römische Welt.

Die Bewohner der *Colonia* unterschieden sich nicht nur durch ihre Herkunft voneinander, sondern auch durch ihren gesellschaftlichen Status: Es gab Römer und Nichtrömer, Soldaten und Zivilisten, Freie und Unfreie. Wie hoch der Anteil der Sklaven an der Kölner Bevölkerung war, ist nicht bekannt – in Rom war jeder Dritte ein Unfreier. Sklaven gehörten ganz selbstverständlich zur Welt der Antike, und so muss es in Köln auch Sklavenmärkte gegeben haben, auf denen die Entrechteten wie Ware angepriesen wurden, darunter auch Kinder und Lustknaben (auf dem römischen Marsfeld gab es spezielle Angebote für Homosexuelle). Der Käufer durfte mit seinem Sklaven machen, was er wollte. Er durfte ihn bestrafen, sexuell missbrauchen und sogar töten, was allerdings selten vorkam. Wurde ein Sklave von jemand anderem getötet, konnte der Besitzer den Täter wegen Sachbeschädigung verklagen. Dennoch waren Freie und Unfreie auf den Kölner Straßen nicht voneinander zu unterscheiden – es war sogar möglich, dass Sklaven eine Toga trugen. Ebenso wie es arme Freie gab, gab es auch reiche Sklaven. Es konnte geschehen, dass sie als Kammerdiener, Koch oder sogar als politischer Berater Karriere machten und sich dann selbst einen Sklaven leisteten. Doch so einflussreich ein Sklave im Einzelfall auch sein mochte, er wurde weiterhin nicht als Person betrachtet, sondern als Sache. Es sei denn, sein Herr entschied sich dafür, ihn freizulassen. Dann wurde er von einem Moment auf den anderen als Person anerkannt.

Kölscher Klüngel

Köln besaß seit seiner Erhebung zur *Colonia* die gleichen Stadtrechte wie Rom. Und wie jede Kolonie sollte auch Köln ein Abbild Roms werden – ein Rom am Rhein. Dieser Anspruch spiegelte sich in Tempeln, Verwaltungs- und Gerichtsgebäuden und in der Stadtmauer mit ihren Türmen und Toren. Klassisch römisch war auch das streng geometrische Straßengitter. Ein kurzer Blick auf einen rekonstruierten Plan des römischen Köln reicht aus, um zu erkennen, dass dies nicht etwa eine organisch gewachsene, sondern eine auf dem Reißbrett geplante Stadt war. Nach der Erhebung zur *Colonia* hat sich Köln offenbar stürmisch entwickelt. Viele in der Stadt ansässige Ubier, vor allem aus führenden Familien, dürften bei dieser Gelegenheit das römische Bürgerrecht erhalten haben. Gleichzeitig ließen sich mehr und mehr Legionsveteranen – aus dem Militärdienst entlassene Soldaten – in der Stadt nieder. So zählte Köln bald zwischen 20 000 und 40 000 Einwohnern. Zur *Colonia* gehörte aber auch noch das Umland, das von der Stadt aus mit verwaltet wurde. Von Nord nach Süd umfasste dieses Territorium möglicherweise etwa 100 Kilometer. Rechnet man die Bewohner der Gutshöfe und die auf diesem Gebiet stationierten Soldaten mit ein, könnten in der *Colonia* sogar 150 000 Menschen gelebt haben. Damit war Köln nach Trier die größte römische Stadt in Germanien und eine der bedeutendsten Städte des Imperiums.

Die Verwaltung der Stadt überließ der Kaiser im fernen Rom im Wesentlichen den Kölnern selbst – anders war das gewaltige Reich mit seinen mindestens 60 Millionen Einwohnern nicht zu regieren. Die Macht lag bei den wohlhabendsten Familien. Aus ihrem Kreis kamen die Mitglieder des Stadtrats – des Dekurionenrats. In Köln könnten es um die 100 Dekurionen gewesen sein, genau weiß man es nicht. Die Voraussetzungen für einen Sitz im Rat waren: freie Geburt, römisches Bürgerrecht, guter Ruf und ein Mindestvermögen von wohl 100 000 Sesterzen. Ursprünglich wurden die Mitglieder des Stadtrats vermutlich von der Volksversammlung gewählt, das heißt von allen Männern, die römische Bürger waren. Allerdings vermutet der Historiker Werner Eck, dass sich der Rat bald mehr und mehr selbst ergänzte. »Dabei dürfte man vor allem die jungen Mitglieder solcher Familien, die schon dem Rat angehörten, in die eigenen Reihen aufgenommen haben.« Wer einmal Dekurion war, blieb es meist sein ganzes Leben. Der Kölsche Klüngel hat eine lange Tradition.

Der Rat war das zentrale Entscheidungsgremium der Stadt. Er beschloss, ob und wo bestimmte Gebäude errichtet werden durften, ob Straßen ausgebaut werden mussten oder ob neue Spiele wie Tierhetzen oder Gladiatorenkämpfe eingeführt werden sollten. Er tagte in einem eigenen Versammlungsgebäude, der sogenannten Kurie. Wo sich diese Residenz befand, haben die Archäologen bisher nicht herausgefunden – am Forum offenbar nicht. Ebenso wenig ließ sich bislang der Amtssitz der Duumvirn ermitteln, die man mit einem heutigen Begriff als Bürgermeister bezeichnen könnte. In ihren Händen lag die Gesamtleitung der *Colonia*. Ihr wichtigster Aufgabenbereich war die Rechtsprechung, allerdings nur in Zivilsachen; für das Strafrecht war der Statthalter des Kaisers – der Präfekt – zuständig.

Die beiden Duumvirn wurden von den männlichen Bürgern aus den Mitgliedern des Stadtrats gewählt. Außer ihnen gab es noch vier weitere Amtsträger: zwei Ädilen und zwei Quästoren. Die Ädilen hatten die öffentliche Ordnung aufrechtzuerhalten, ein ausreichendes Nahrungsangebot sicherzustellen und städtische Bauten, Tempel und Bäder zu kontrollieren. Auch für die Instandhaltung der Straßen im gesamten Territorium der *Colonia* waren sie verantwortlich, was deren Reinigung mit einschloss, das Freimachen der Abwasserrinnen am Rande der Straßen und die Leerung der Kloaken. Die Quästoren, die niedrigsten Amtsträger der Kolonie, verwalteten die Stadtkasse, wobei sie nicht selbst darüber entscheiden durften, wie viel Geld für welchen Zweck ausgegeben wurde. Sie führten lediglich Anweisungen der Duumvirn aus. Diese wiederum waren in den meisten Fragen auf die Zustimmung des Rats angewiesen. So ergaben sich verblüffende Parallelen zur heutigen Stadtregierung aus Rat, Bürgermeistern, Stadtkämmerer und Dezernenten.

Bezahlt wurden die Amtsträger nicht, im Gegenteil: Für sämtliche Kosten, die ihnen durch die Ausübung ihrer Pflichten entstanden, mussten sie selbst aufkommen. Sogar Spiele zur Belustigung des Volkes bezahlten sie aus der eigenen Tasche. Dafür saßen sie im Amphitheater auf der Honoratiorenbühne und waren nur dem Stadtrat und dem Kaiser Rechenschaft schuldig.

Kölns Machtzentrum: unverrückbar seit 2000 Jahren

Der Kaiser war in Köln durch seinen Statthalter vertreten, den Präfekten der Provinz Niedergermanien, die auch große Teile der heutigen Niederlande und Belgiens einschloss. Als Stellvertreter des Kaisers war der Präfekt der Einzige, der Todesurteile verhängen durfte – so wie in Judäa Pontius Pilatus. Mit der Verwaltung der Stadt hatte der Präfekt nur wenig zu tun, in erster Linie war er ein Militärkommandant. Er befehligte die in Niedergermanien stationierten Legionen, deren besondere Bedeutung darin bestand, dass sie eine Grenze des *Imperium Romanum* bewachten. Gleich gegenüber dem Praetorium auf der anderen Seite des Flusses lag das »freie Germanien«. Köln war sogar Hauptstützpunkt der römischen Rheinflotte, der *Classis Germanica*. Ihre Kriegsschiffe, die sowohl gerudert als auch gesegelt wurden, bildeten einen der größten Marineverbände des Imperiums und überwachten den Rhein bis zur Mündung in die Nordsee. Hauptquartier der Flotte war das Militärkastell Alteburg im heutigen Kölner Stadtteil Marienburg.

Für einen so verantwortungsvollen Posten wie die Kölner Präfektur wurden ausschließlich Mitglieder der römischen Elite ausgewählt. Der Sitz des Präfekten, das Praetorium, wurde 1953 beim Wiederaufbau des Spanischen Baus des Rathauses von dem Archäologen Otto Doppelfeld entdeckt – ohne die Zerstörungen des Zweiten Weltkrieges wäre das nie geschehen. Nirgendwo ist die Kontinuität der Kölner Stadtgeschichte greifbarer als an dieser Stelle, denn direkt über dem Praetorium erhebt sich das Historische Rathaus mit dem Amtssitz des Oberbürgermeisters. Seit nahezu 2000 Jahren ist dies ununterbrochen eine Stätte der Machtausübung.

Das Praetorium ragte direkt hinter der zum Rhein hin gelegenen Stadtmauer auf, denn das Gebiet der heutigen Rheinpromenade und der vorderen

Altstadtgassen samt Heumarkt und Alter Markt war damals noch Wasser. Für Besucher, die sich der Stadt über den Fluss näherten, muss das Praetorium einen imposanten Anblick geboten haben. Das Rheinpanorama mit dem Statthalterpalast sollte den Barbaren auf der anderen Seite des Flusses signalisieren: »Hier herrscht eine überlegene Zivilisation – gegen uns kommt ihr nicht an!« Die Palastanlage wurde über mehrere Jahrhunderte immer wieder aus- und umgebaut. Ihr Zentrum bildete ein achteckiger Raum mit einem Durchmesser von mehr als elf Metern, der heute noch gut zu erkennen ist. An beiden Seiten schlossen sich rechteckige Hallen und Säle an. Zum Rhein hin verlief eine monumentale Säulengalerie.

Das zweite Gebäude, das die Stadtsilhouette bestimmte, war der Kapitolstempel mit seiner mächtigen Säulenreihe. Die Kultstätte, an der die Priester ihre Opfer darbrachten, war den Göttern Iupiter, Iuno und Minerva geweiht. In den meisten römischen Städten lag der Kapitolshügel direkt am zentralen Platz der Stadt, dem Forum. In Köln hingegen befand er sich etwas abgelegen am südöstlichen Stadtrand in Rheinnähe. Später wurde auf den Überresten des Tempels eine Kirche errichtet, deren Name bis heute an ihn erinnert: St. Maria im Kapitol. Auch einen Merkurtempel muss es in Köln gegeben haben, da er in einer Inschrift erwähnt wird; wo er war, weiß man nicht. Ein Marstempel ist ebenfalls überliefert. Die Straßennamen »Marsfortengasse«, »Obenmarspforten« und »Marsplatz« rund um das heutige Wallraf-Richartz-Museum deuten auf seinen früheren Standort hin. In dem Tempel soll ein Schwert Caesars aufbewahrt worden sein, das dieser nach der Schlacht gegen die Eburonen zurückgelassen hatte.

Das größte Bauwerk der Stadt war 4 Kilometer lang, fast 8 Meter hoch und mit 19 Wehrtürmen und 9 herrschaftlichen Toren ausgestattet: die Stadtmauer. Lange bevor ein Reisender die Mauer erreichte, konnte er ihre Türme und Tore schon sehen. Die Mauer entstand von 50 bis 70 nach Christus und blieb bis zum Mittelalter erhalten, einige Relikte stehen heute noch. Die bedeutendsten sind das bereits erwähnte Ubiermonument und der Römerturm an der Sankt-Apern-Straße. Der Schutzring bestand aus »römischem Beton«, einer Mischung aus Sand, Kalk und Schutt, der von einer gemauerten Schale aus Stein eingefasst war. Der Römerturm ist mit Mosaiken aus hellerem Stein geschmückt.

Enthaarung im Spaßbad

Unverzichtbarer Bestandteil römischer Lebensart waren die Thermen – die Spaßbäder. Der Begriff ist durchaus angebracht. Es konnte ziemlich laut sein, wenn man direkt über einer solchen Anlage wohnte. »Ich höre das Stöhnen der Leute, die mit ihren Hanteln arbeiten. Wenn jemand sich massieren lässt, höre ich das Klatschen der Hand. Hast du dann noch einen Ballspieler, der immerzu laut das Aufprallen des Balles mitzählt, ist es ganz aus. Und dann die, die sich in das Schwimmbecken stürzen, dass es nur so klatscht und das Wasser nach allen Seiten spritzt!« So klagte vor nahezu 2000 Jahren der Dichter Seneca, der in Mittelitalien direkt über einer Therme wohnte. Ohne Badespaß kamen die Römer einfach nicht aus, egal ob Kaiser oder Sklave. Der Thermenbesuch war für alle erschwinglich. Körperpflege, Sport, Genuss und Unterhaltung gingen dort Hand in Hand.

Die außen wie innen bunt bemalten Bäder öffneten normalerweise gegen elf Uhr, und zwar vormittags für Frauen und abends für Männer. Im Umkleideraum legte man zunächst seine Sachen in eine Nische und schlüpfte dann nackt in die Badelatschen. Die brauchte man, weil der Fußboden ziemlich heiß war. Das eigentliche Bad bestand aus einer Art Saunagang: Im Schwitz- oder Warmbad – einem angenehm erwärmten Raum – ölte sich der Badegast ein oder ließ sich massieren. Anschließend stieg er im Heißbad in eine Wanne mit 40 Grad warmem Wasser, um sich danach im Kaltbad zu erfrischen.

Damit war das Angebot aber noch lange nicht erschöpft. Angegliedert war ein Gesundheitsbereich samt Gynäkologen und Zahnärzten. Frauen konnten sich frisieren, schminken und enthaaren lassen. Körperbehaarung widersprach dem Schönheitsideal der Römer. Spezialisierte Haarausreißer griffen deshalb zur Pinzette oder legten einen mit Harz bestrichenen Lappen auf, um die Haare mit einem Ruck auszureißen. Bei den Frisuren orientierten sich modebewusste Römerinnen an den Büsten weiblicher Idole wie Kaiserinnen. Die Spiegel, Scheren, Kämme und Haarnadeln, die sie dabei benutzten, sind unter anderem im Römisch-Germanischen Museum in Köln und in den Römerthermen Zülpich ausgestellt.

Die Männer trainierten im Gymnastikhof ihre Muskeln. Anschließend wurde gegessen und getrunken. Auch in den Thermen saß man in Gemeinschaftslatrinen ohne Trennwände zusammen auf der Toilette und redete über Götter und die Welt. Die Latrinen verfügten über einen Kanal mit fließendem Wasser, der alle Hinterlassenschaften wegspülte. Vor den Besuchern lief außerdem Wasser durch eine Rinne, sodass man sich nach dem Toilettengang mit einem nassen Schwämmchen reinigen konnte.

Zur Beheizung der Thermen verfeuerten die Römer massenweise Holz. Im Keller hielten Sklaven ständig ein Feuer in Gang, dessen Wärme durch Hohlräume in die Fußböden und Wände geleitet wurde. Als alle Wälder im Kölner Umland abgeholzt waren, schafften die Römer über den Rhein Tannenstämme aus dem Schwarzwald herbei. Heute würde man wohl von Ressourcenverschwendung sprechen, aber den Römern war das gleichgültig. Hauptsache, ein ordentliches, großes Bad! Immerhin: Einige Thermen hatten bereits eine Doppelverglasung.

Die Thermen in Köln lagen in der Nähe des heutigen Neumarktes im Zentrum der Stadt und nahmen einen ganzen Häuserblock in Beschlag. Ihre Fundamente samt Estrichresten wurden 2007 beim Bau eines Bürogebäudes vorübergehend freigelegt – der Rest war nach der Römerzeit abgetragen worden. Im Mittelalter wusste man nicht mehr, was das Ganze einmal gewesen war. Es gab die Vermutung, über ihre Wasserleitungen hätten die dekadenten Römer Ströme von Wein herangeleitet.

Ein Wunderwerk der Ingenieurkunst

Das Thermenwasser wurde wie alle anderen Abwässer durch unterirdische Kanäle in den Rhein abgeführt. Einer der mannshohen Hauptabwasserkanäle unter der Großen Budengasse lässt sich heute noch begehen. Da die Kölner ihr Schmutzwasser in den Rhein leiteten, konnten sie sich von dort kein Frischwasser holen. Das Flusswasser hätte ihren Qualitätsansprüchen allerdings sowieso nicht genügt. Die Römer bevorzugten klares und durchsichtiges Quellwasser, das sie über Aquädukte bezogen. Aquädukt heißt übersetzt nichts anderes als Wasserleitung. Schon das *oppidum Ubiorum* schöpfte sein Wasser nicht nur aus Brunnen, sondern auch aus einer zehn Kilometer langen, unterirdischen Wasserleitung, die Quellen von vier Bächen zwischen

Hürth und Frechen anzapfte. Als die Stadt immer größer wurde, errichteten die Römer zwischen 80 und 90 nach Christus die spektakuläre Eifelwasserleitung, das größte antike Technikbauwerk nördlich der Alpen. Sie reichte von der Urft bei Nettersheim in der Eifel bis nach Köln. Das sind etwa 50 Kilometer Luftlinie, die Leitung war jedoch doppelt so lang: fast 100, mit allen Zuleitungen von den Quellen sogar 130 Kilometer. Damit ist es eine der längsten Wasserleitungen, die je von den Römern gebaut wurde. Mitten durch die von Bären, Wölfen und Auerochsen bevölkerte Wildnis bahnten sie der Zivilisation einen Weg.

Die römischen Aquädukte funktionierten allein über das Gefälle. Hätte man in Nettersheim einen Fußball in die Eifelwasserleitung gelegt, so wäre er von selbst bis nach Köln gerollt! Damit das funktionierte, konnten die Römer nicht einfach den kürzesten Weg wählen, sondern mussten viele Umwege in Kauf nehmen, um Hindernisse zu umgehen und sicherzustellen, dass die Trasse immer leicht abschüssig war. Viel Spielraum hatten die Ingenieure dabei nicht: Auf dem 100 Kilometer langen Weg gab es einen Höhenunterschied von gerade einmal 360 Metern. Pro Meter sind das 3,6 Millimeter. Daran wird deutlich, welche Präzisionsarbeit die Römer geleistet haben. »Wer unbedingt will, der soll ruhig die nutzlosen Pyramiden mit so zweckmäßigen Wunderwerken wie den Wasserleitungen vergleichen«, schrieb Sextus Iulius Frontinus, der 97 nach Christus zum *curator aquarum* von Rom berufen worden war und zuvor auch mehrere Jahre in Köln gewirkt hatte. Für ihn stellten die Aquädukte die größere Kulturleistung dar.

Die Eifelwasserleitung wurde überwiegend unterirdisch verlegt. Das schützte vor Frost, vor Wasserdieben und vor Feinden, die das Aquädukt hätten zerstören oder sein Wasser vergiften wollen. Nur wenn Täler oder Gewässer zu überwinden waren, bauten die Römer ihre berühmten, aber kostspieligen Bogenbrücken. Der aufwendigste Hochbau der Eifelwasserleitung war eine 10 Meter hohe und 1400 Meter lange Bogenbrücke über das Swisttal bei Meckenheim.

In Köln angekommen, wurde das Wasser in ein Sammelbecken eingespeist, in dem sich die im Wasser enthaltenen Partikel absetzen konnten – eine antike Kläranlage also. Dann wurde das Wasser durch Bleirohre in die verschiedenen Bezirke geleitet. Dabei konnten die Römer das Wasser auf Teilstrecken auch bergauf fließen lassen, denn sie hatten Druckleitungen entwickelt, sodass manchen Hausbesitzern sogar im ersten Stock fließendes Wasser zur Verfügung stand. Ärmere Kölner konnten sich kostenlos an einem der vielen Brunnen bedienen. Zudem versorgten die innerstädtischen Leitungen auch die öffentlichen Latrinen. Wie viele Privathaushalte einen Wasseranschluss hatten, ist unklar. In Rom und anderen Städten konnten sich nur die Allerreichsten fließendes Wasser leisten, aber in Köln scheint es anders gewesen zu sein. Bei Ausgrabungen sind in Privathäusern relativ viele Wasserbecken gefunden worden. Theoretisch stand genug Wasser zur Verfügung, um alle Privathäuser an das öffentliche Netz anzuschließen: Denn während ihrer 180-jährigen Betriebsdauer vom Ende des 1. bis zum 3. Jahrhundert versorgte die Eifelwasserleitung Köln jeden Tag mit 20 Millionen Liter Trinkwasser. Bei rund 20 000 Einwohnern standen also jedem Kölner rechnerisch 1000 Liter Wasser zur Verfügung – heute verbraucht ein Deutscher im Durchschnitt gerade einmal 122 Liter.

Doch selbst wenn jedes Haus im römischen Köln über fließendes Wasser verfügt haben sollte, so gab es doch große Unterschiede in den Wohnverhältnissen. Die meisten Kölner wohnten in dicht aneinandergebauten, schmalen Fachwerkhäusern aus Lehmziegeln. Die Reichen dagegen residierten in Villen mit farbigen Wandmalereien, Fußbodenheizung und Garten. Zu einer Luxusvilla der absoluten Oberklasse gehörte das bereits erwähnte Dionysosmosaik, um das von 1970 bis 1974 das Römisch-Germanische Museum herumgebaut wurde. Das Mosaik zierte den Fußboden des etwa 80 Quadratmeter großen Speisesaales der Villa und ist aus 1,5 Millionen Steinchen zusammengesetzt. In seinem Zentrum steht der betrunkene griechische Weingott Dionysos. Sein Begleiter, ein Satyr, muss ihn stützen. Das Motiv sollte die Gäste auf ein heiteres Mahl einstimmen. 1999 wurde auf dem Schmuckboden tatsächlich noch einmal getafelt: Die Staats- und Regierungschefs des G8-Gipfels mussten sich dafür noch nicht einmal die Schuhe ausziehen. Das Mosaik war durch eine Acrylplatte vor den Fußtritten von Präsident Bill Clinton und Premierminister Tony Blair geschützt.

Auch der Rest der Stadtvilla muss luxuriös gewesen sein. Sie lag direkt am Rhein und war klassisch römisch aufgeteilt: offener Innenhof mit Garten und zwei Wasserbecken, vielleicht auch Statuen und Springbrunnen, umgeben von Säulengängen und den vier Flügeln des Hauses mit insgesamt 20 Zimmern. Eine Villa, die so auch in Rom oder Pompeji hätte stehen können. So konnte sich Köln schon damals als die nördlichste Stadt Italiens fühlen.

Die Stadt der Kinder: Puppen, Tiere, Süßigkeiten

Das Römisch-Germanische Museum bewahrt zahllose Gegenstände, die einen Einblick in das Alltagsleben der römischen Kölner geben. Zu den faszinierendsten gehören die Kinderspielzeuge. Wer sie betrachtet, fühlt sich den Menschen von damals plötzlich ganz nah. So steht in einer Vitrine eine Ziehfigur auf Rädern, die gleichsam Janoschs Tigerente vorwegnimmt. Besonders beliebt waren Tierfiguren aus Ton. Die meisten stellten Nutztiere dar, die die Kinder jeden Tag sahen: Pferde, Hühner, Ziegen oder Schafe. Viele Spielzeuge waren aus Holz – und haben sich deshalb nicht erhalten. So ist in Köln das Service einer Puppenküche ausgegraben worden, die Küche selbst war wohl aus Holz und vermoderte. Wenn ein römisches Mädchen mit 12 oder 14 Jahren erwachsen wurde, opferte es seine Puppe symbolisch den Hausgöttern.

Die ganz Kleinen hatten Rasseln. Außerdem gibt es Pfeifen, die heute noch funktionieren. Überhaupt kann man vieles noch benutzen – die Qualität des damaligen Spielzeuges war hoch. Fest steht, dass die Kinder zur Römerzeit viel mehr draußen gespielt haben, denn ein eigenes Zimmer dürften die wenigsten gehabt haben. Eine Figurengruppe aus Marmor zeigt Kinder beim Huckepackrennen. Dabei spielten mindestens vier Kinder mit, zwei als Pferde, zwei als Reiter. Sie rannten um die Wette, am Ende mussten die Verlierer die Sieger zurück zur Startlinie tragen und das Spiel begann von Neuem. Besonders schwierig war es, wenn den Trägern von ihren Reitern beim Rennen die Augen zugehalten wurden. Nüssewerfen war ein anderes beliebtes Spiel im Freien. Ballspiele waren dagegen noch nicht so populär, weil die Bälle der Kinder damals noch nicht hüpfen konnten, sie hatten eher die Konsistenz von Stoffbällen.

So ziemlich alles, was Kinder heute gerne essen, kannten die Römer noch nicht: Es gab keine Schokolade, keinen Zucker, keinen Ketchup, keine Bonbons, kein Popcorn, keine Pommes frites. Aber es gab Kuchen, der mit Honig

gesüßt wurde. Ein beliebter Snack wurde so zubereitet: Man erhitzte Honig in der Pfanne, gab Sesam und klein gehackte Nüsse dazu und drehte dann Kügelchen daraus.

Das Leben der meisten Kinder war härter und unsicherer als heute. Ein Vater konnte seine Kinder sogar als Sklaven verkaufen, wenn er glaubte, sonst nicht über die Runden zu kommen. Der Preis richtete sich danach, was die Kinder schon leisten konnten. Auf Bauernhöfen mussten die Kinder so früh wie möglich mithelfen, sie hüteten zum Beispiel die Gänse. Zum Spielen blieb da vielleicht gar nicht so viel Zeit.

Spiele waren für Römer aller Altersklassen wichtig. Die Römer lebten in einer Spaßgesellschaft, in der gute Unterhaltung einen denkbar hohen Stellenwert hatte – denn nach der Qualität des Circusprogramms wurde der jeweilige Kaiser beurteilt. Dabei bewertete das Volk die Exotik der Tiere, die Blutrünstigkeit der Kämpfe, die Zahl der Statisten und die Neuheit der Bühneneffekte. Forscher gehen heute davon aus, dass die Einwohner Roms 20 bis 30 Prozent ihrer Tage im Circus verbrachten. Deshalb muss es auch in Köln zumindest ein Amphitheater gegeben haben, denn Köln war immerhin Provinzhauptstadt. Es ist undenkbar, dass hier das wichtigste Freizeitvergnügen neben den Thermen gefehlt hat. Zwar ist man bisher noch nirgendwo auf Reste einer solchen Anlage gestoßen, doch wurde in Marienburg ein Grabstein gefunden, auf dem ein Gladiatorenkampf zu sehen ist. Der hier Bestattete war also offensichtlich ein Gladiator, der als Sklave in der Arena gekämpft hatte. Auch andere archäologische Funde deuten auf Kölner Circusspiele hin, so etwa typische Fanartikel wie eine Trinkflasche und ein Klappmesser mit Gladiatorendarstellungen. Von einem Gladiator, der in Süditalien nach 15 siegreichen Kämpfen starb, ist bekannt, dass er aus Köln stammte. Die erfolgreichsten Gladiatoren wurden von den Massen gefeiert wie heute Popstars und Fußballspieler. Männer diskutierten über ihre Kämpfe auf der Straße, Kinder spielten sie nach und so manche Frau aus vornehmer Familie traf sich mit ihrem Idol aus der Arena zu einem heimlichen Rendezvous.

Auch mit Tierkämpfen muss das Kölner Publikum regelmäßig unterhalten worden sein. Statt Löwen, Tigern und Elefanten wurden in der Arena am Rhein vermutlich Bären aufeinandergehetzt – oder sie bekamen lebende Menschen zum Fraß vorgeworfen. Die Zuschauer empfanden das nicht als grausam, denn

Fast wie Janoschs Tigerente:
Ziehfigur aus dem römischen Köln

die Menschen, die dieses furchtbare Schicksal erleiden mussten, waren verurteilt worden und bekamen in den Augen des Publikums nur, was sie verdienten. Die brutalen Hinrichtungen sollten nicht nur unterhalten, sie sollten gerade auch die Macht des Rechts demonstrieren. Mit den massenhaft abgeschlachteten Tieren hatte man schon gar kein Mitleid, denn das waren Bestien, Ausgeburten einer damals noch ungezähmten Natur, vor der man sich fürchtete. Dass die tapferen Gladiatoren umkamen, war auch kein Drama. Jeder musste bereit sein, für Rom zu kämpfen und zu sterben.

Wie viel Rom steckt heute noch in Köln? Das von Außenstehenden oft als maßlos empfundene Selbstbewusstsein der Kölner kann im Kern vielleicht darauf zurückgeführt werden, dass Köln eben schon vor sehr langer Zeit eine bedeutende Stadt war. Im Übrigen gilt das, was Goethe in seiner *Italienischen Reise* über Rom geschrieben hat, auch für Köln: »Wenn man so eine Existenz ansieht, die zweitausend Jahre und darüber alt ist, durch den Wechsel der Zeiten so mannigfaltig und vom Grund aus verändert, und doch noch derselbe Boden, derselbe Berg, ja oft dieselbe Säule und Mauer, und im Volke noch die Spuren des alten Charakters, so wird man ein Mitgenosse der großen Ratschlüsse des Schicksals.«

KÖLN

IN DIE NEUE WELT

Ein Fußboden wie aus Pompeji:
das Dionysos-Mosaik, Prunkstück
des Römisch-Germanischen Museums

IN DIE NEUE WELT
VON DEN RÖMERN ZU DEN FRANKEN

Kölner tun mitunter so, als wäre ihre Stadt der Nabel der Welt. Es gab im Laufe zweier Jahrtausende jedoch einige Zeitabschnitte, in denen Köln diesen Status tatsächlich beanspruchen konnte. Sie dauerten nicht lange, aber es gab sie. Der erste kam sogar recht früh, im Jahre 98 nach Christus. Damals residierte für mehrere Monate der römische Kaiser in Köln und machte die Stadt damit zum Machtzentrum des Imperiums.

Es begann damit, dass der alternde Kaiser Nerva im Jahre 97 den 44 Jahre alten Senator Marcus Ulpius Traianus zu seinem Nachfolger bestimmte, indem er ihn adoptierte. Gleichzeitig übertrug er ihm eine Fülle von Machtbefugnissen. So wurde Traian - zum Zeitpunkt der Adoption Statthalter von Obergermanien - Oberbefehlshaber aller Heere in allen Provinzen. Als *proconsul* war er nun der zweite Mann des Imperiums. Eine seiner ersten Amtshandlungen war es, Obergermanien zu verlassen und nach Niedergermanien zu reisen. Das bedeutete ganz selbstverständlich, dass er nach Köln kam, in die Hauptstadt von Niedergermanien. Die Einwohner müssen ihm einen prächtigen Empfang bereitet haben. So wie es üblich war, werden sie zu Tausenden am Straßenrand gestanden haben, um dem feierlichen Einzug des Kaisersohnes beizuwohnen. Die meisten werden ihre Toga getragen haben, die traditionelle Kleidung des römischen Bürgers. Soldaten hatten vielleicht ihre metallenen Gesichtsmasken angelegt, kostspielige Maßanfertigungen, die innen mit Leder ausgefüttert waren und ihnen ein märchenhaft-unheimliches Aussehen verliehen. Altäre wurden an den Straßenrändern aufgebaut, um den Göttern Weihrauchopfer zum Wohl des künftigen Herrschers darzubringen. Auf dem Forum versammelten sich in prächtiger Kleidung die Dekurionen, die Ratsherren, und alle anderen

Amtsträger der *Colonia Claudia Ara Agrippinensium*. Traian wird als Erstes den Kapitolstempel im Südosten der Stadt besucht haben, um dort den Schutz der wichtigsten Götter Iupiter, Iuno und Minerva zu erbitten. Anschließend könnte er sich ins Praetorium begeben haben, das für die Dauer seines Aufenthaltes in Köln zum Regierungssitz wurde. Denn die Regierung war immer dort, wo sich der Kaiser oder sein designierter Nachfolger aufhielten.

Am 28. Januar 98 starb der alte Kaiser Nerva in Rom. Damit wurde Traian zum neuen Kaiser – und Köln zum Kaisersitz. Für einige Monate war es nun das Machtzentrum des Römischen Reiches. Die Truppen Nieder- und Ostgermaniens entsandten Abordnungen nach Köln, um dem neuen Kaiser zu huldigen. Die Einwohner der Stadt wie auch Menschen aus dem Umland dürften zum Praetorium gekommen sein, um den mächtigsten Mann der Welt mit eigenen Augen zu sehen und ihm zuzujubeln. Vermutlich im Sommer 98 verließ Traian Köln.

Jeder bringt seinen Gott mit

Für die Stadt begann nun eine Blütezeit, denn in den folgenden 150 Jahren herrschte die *pax romana* – der römische Friede. Eine rege Bautätigkeit setzte ein. Der *cardo maximus*, eine der beiden Hauptverkehrsachsen der Stadt, wurde zu einer 24 Meter breiten Prachtstraße ausgebaut. Nach dem Vorbild Roms entstanden an beiden Seiten eindrucksvolle Säulengänge, in denen wahrscheinlich Geschäfte und Tavernen untergebracht waren. Auch die Straßenpflasterung wurde mit großen Trachytplatten verbessert.

An der Rheinseite muss sich zu dieser Zeit eine Baustelle an die andere gereiht haben. Da das Gelände zum Fluss hin abfiel, musste zunächst der Höhenunterschied von zwölf Metern durch große Erdaufschüttungen ausgeglichen werden. Dazu wurden Terrassenstützmauern angelegt, die mehrere Meter dick waren. So war die Basis dafür geschaffen, dass dort Prachtbauten in die Höhe wachsen konnten: das immer wieder erweiterte und umgebaute Praetorium, der Kapitolstempel und andere Tempelanlagen und prunkvolle Privatsitze wie die Villa mit dem Dionysosmosaik. Auch der Bevölkerung ging es gut. Köln war ein bedeutendes Handelszentrum. Es importierte Güter aus allen Provinzen des

Imperiums und führte selbst zum Beispiel kunstvolle Keramik aus, unter anderem Terrakottamasken, Tonstatuetten, Krüge, Vasen und den sogenannten Kölner Jagdbecher, der mit Jagdszenen verziert war.

In Köln herrschte weitgehende Glaubensfreiheit. Jeder durfte seine Religion frei ausüben, solange er nicht gegen römische Gesetze verstieß. Und so wurde neben den zahlreichen römischen Göttern auch einheimischen Muttergottheiten gehuldigt, die oft als Dreiheit dargestellt wurden: zwei ältere Frauen mit einer jüngeren in der Mitte. Die Römer nannten sie *matronae*, Mütter. Es gab auch Anhänger der Kybele, der Großen Mutter aus Phrygien, einer Region der heutigen Türkei, oder des persischen Lichtgottes Mithras, der der Sohn des Sonnengottes ist und in der Nacht zum 25. Dezember aus einem Felsen geboren wird. Im Römisch-Germanischen Museum ist ein Kultstein zu sehen, der die Felsgeburt des Mithras zeigt. Auch die Göttin Isis aus dem fernen Ägypten hatte in Köln ihre Anhänger. Die Schwester und Ehefrau des Gottes Osiris galt den Ägyptern als Mutter der Schöpfung, Göttin der Liebe, als Gottesmutter und als Zauberin. In Köln waren Isis Weihesteine gewidmet, junge Mütter baten sie um Segen für ihre Kinder. Die Römer sahen in diesen fremden Gottheiten keine Bedrohung – sie existierten für sie ebenso wie ihre eigenen Götter; es konnte überhaupt nicht schaden, sich zusätzlich auch noch ihres Schutzes zu versichern. So wurden fremde Religionen mühelos in den römischen Alltag integriert. Das einzige Problem waren die Christen.

Sie waren den Römern verdächtig, weil sie sich weigerten, neben ihrem eigenen Gott auch die römischen Staatsgötter zu verehren. Damit riskierten sie nach römischem Verständnis den Frieden zwischen Göttern und Menschen. Die Menschen waren demzufolge verpflichtet, die Götter zu verehren und ihnen zu opfern, und konnten dafür Schutz von ihnen erwarten. Dies galt gerade auch für die Kaiser, die nach ihrem Tod meist ebenfalls zu Schutzgöttern des Staates erhoben wurden. Ihnen zu opfern, wurde deshalb als römische Bürgerpflicht betrachtet. Die Christen aber lehnten dies ab. Sie beteten ausschließlich ihren eigenen Gott an und bestritten die Existenz aller anderen Götter. Damit gefährdeten sie in den Augen der Römer das Wohlergehen des Staates und schadeten dem Gemeinwohl. Dazu kam, dass die Christen einen Mann als Messias verehrten, der von den römischen Behörden zum Tode verurteilt und hingerichtet worden war. Dies konnte als Auflehnung gegen die römische Rechtsordnung verstanden werden. Die ersten Christen in Köln waren deshalb darauf bedacht, ihren Glauben nicht allzu öffentlich, sondern nur im Familienkreis und in der eigenen Gemeinde auszuüben. Im Gegensatz zu den Anhängern anderer Kulte hinterließen sie darum keine Götterbilder oder Weihesteine. Allein aus diesem Grunde ist es schwierig zu bestimmen, wann sich die ersten Christen in Köln ansiedelten. Von Christenverfolgungen in Köln ist nichts bekannt. Vielleicht gab es schon seit dem 2. Jahrhundert eine christliche Gemeinde. Gesichert ist dies jedoch erst für das 4. Jahrhundert. Denn zu dieser Zeit ist erstmals von einem Bischof die Rede, Maternus. Im Jahre 313 nahm er auf Einladung des zum Christentum übergetretenen Kaisers Konstantin an einer Synode in Rom teil. Ein Jahr später reiste er zu einer Synode nach Arles. Möglicherweise war Maternus gar nicht der erste Kölner Bischof. Aber er war der erste Kölner Bischof, der urkundlich erwähnt wurde.

Köln als Gegen-Rom

Im dritten Jahrhundert endete das Goldene Zeitalter des römischen Köln. Es rumorte an allen Ecken und Enden des Imperiums. Im Süden Germaniens verbreiteten die Alamannen, die den Limes durchbrachen, Unruhe. Am Mittel- und Niederrhein rückten die Franken vor, die aus mehreren westgermanischen Völkerschaften hervorgegangen waren. In den Jahren 256/57 überrannten sie die Rheingrenze und zogen plündernd nach Gallien. Die unbefestigten Siedlungen im Kölner Umland mussten aufgegeben werden, die Menschen flohen in die Sicherheit der Stadt. Draußen eroberte sich die Natur Äcker und Weiden zurück – Eichen- und Erlenbruchwälder breiteten sich aus. Im gesamten Rheinland sind vergrabene Münzschätze aus dieser Zeit gefunden worden, die von panischen Aufbrüchen künden. Ihre Besitzer hatten sich der Hoffnung hingegeben, nach dem Barbarensturm zurückkehren und ihr Vermögen wieder heben zu können. Aber daraus wurde nichts.

Um die Gegenoffensive gegen die Franken zu koordinieren, kam 256 der Kaisersohn Gallienus nach Köln. Im Jahr darauf folgte auch Kaiser Valerian selbst. Von Köln aus brach Valerian zu einem Feldzug gegen die Perser auf, wurde jedoch geschlagen und gefangen genommen – eine beispiellose Demütigung für das Römische Reich, zumal er nie wieder freikam. Gallienus zog 258 nach Süden, ließ aber seinen noch unmündigen Sohn Saloninus in Köln zurück. Einer der Militärs, die auf ihn aufpassen sollten, war Marcus Postumus. Als es wieder einmal zu Frankeneinfällen kam, schlug er die Eindringlinge zurück und nahm ihnen ihre Beute ab. Saloninus bestand darauf, die Beute an die Staatskasse zu überführen, doch Postumus weigerte sich. Er belagerte Köln, nahm die Stadt ein und ließ Saloninus hinrichten. Anschließend ließ er sich selbst zum Gegenkaiser ausrufen – mit Erfolg: Als sich zeigte, dass er die Barbaren wirksam bekämpfen konnte, erkannten ihn auch andere Befehlshaber an. So entstand das sogenannte Gallische Sonderreich, das nach einigen Monaten schon ein Drittel des Imperiums umfasste. Postumus herrschte nun über ganz Gallien, Britannien und Spanien. Hauptstadt des Reiches war Köln, das Postumus wohl zu einem zweiten Rom ausbauen wollte. Er legte sich eine kaiserliche Leibwache aus Prätorianern zu. Außerdem prägte er Münzen, was ebenfalls Vorrecht des Kaisers war. Eine besonders schöne aus Gold befindet sich im Römisch-Germanischen Museum: Der Kaiser vom Rhein ist darauf mit Locken, Philosophenbart und Herrscherblick dargestellt, sogar die kleinen Falten rund um die Augen sind zu erkennen – eine meisterhafte Miniatur.

269 wurde Postumus von seinen eigenen Soldaten ermordet. Insgesamt konnte sich das Sonderreich jedoch 15 Jahre halten, weil das Römische Reich in dieser Phase von allen Seiten zugleich bestürmt wurde, von Franken, Alamannen, Goten und Persern. Dies hinderte den Kaiser in Rom daran, seine militärischen Kräfte auf Postumus und dessen Nachfolger zu konzentrieren. Schließlich aber stabilisierte sich die Lage an den Fronten. Das Imperium schlug zurück, und der letzte Gegenkaiser Tetricus unterwarf sich. Das war 274. Das Gallische Sonderreich wurde wieder dem Gesamtreich angegliedert. Und dann zeigten die Römer noch einmal, was in ihnen steckte: Sie kämpften sich zurück und hielten den Niedergang noch einmal auf.

Kölns erste Brücke

Der nächste Meilenstein der Kölner Geschichte ist mit Konstantin dem Großen verbunden, der von 306 bis 337 regierte. In dieser Zeit stieg das Christentum zur wichtigsten Religion des Reiches auf. Konstantin lebte zunächst vor allem in Trier und kam von dort mehrfach nach Köln, wo er vermutlich im Praetorium residierte. Um die Rheingrenze nachhaltig zu sichern, ließ er 310 eine Brücke ins Territorium der Franken bauen, die erste feste Rheinbrücke Kölns. Es war eine Holzbrücke mit 19 Steinpfeilern, 10 Meter breit, 400 Meter lang. Die steinernen Brückenpfeiler ruhten auf Eichenstämmen, die in den Flussgrund gerammt waren. Einige Reste davon sind im Römisch-Germanischen Museum zu besichtigen. Die Brückenpfeiler ragten so hoch aus dem Strom, dass Schiffe darunter hindurchfahren konnten. Auch für die Römer war dies eine große technische Herausforderung. Am Rhein gab es nur noch eine andere feste Brücke, in Mainz. Am Ende der Brücke errichtete Konstantin eine mächtige Verteidigungsanlage: das *castellum divitia*, benannt nach den Soldaten der XXII. Legion, den *divitienses*, die es bauen mussten. Es war die Geburtsstunde von Deutz. Von diesem Brückenkopf aus konnten nun Ausfälle ins Feindesland unternommen werden. Die quadratische Anlage hatte eine Seitenlänge von mehr als 140 Metern, die Mauern waren mehr als 3 Meter dick. Sie wurden von 14 Rundtürmen überragt. Zwei Tore, von je zwei Türmen flankiert, lagen in der verlängerten Achse der Brücke. Zusätzlich waren die Festungsmauern von einem 12 Meter breiten und 3 Meter tiefen Graben umgeben. In den Mannschaftskasernen sollen bis zu 1000 Legionäre Platz gefunden haben. Das Kastell hatte Vorbildcharakter und war in den ersten Jahren nach seiner Entstehung uneinnehmbar, da die Germanenstämme noch keine Belagerungsgeräte kannten. Hansgerd Hellenkemper, der frühere Direktor des Römisch-Germanischen Museums, hat dazu geschrieben: »Deutz war sozusagen die Musterfestung an der Hauptkampflinie – hier wurde Weltpolitik gemacht.« Als das Kastell etwa im Jahre 315 vollendet und von den Truppen bezogen wurde, scheint Konstantin persönlich zugegen gewesen zu sein. Eine in Trier geprägte Goldmünze zeigt ihn in der Festung auf einer Tribüne, eine Rede an seine Soldaten haltend. Konstantin lernte auch das Oberhaupt der Kölner Christen, Maternus, kennen. Er muss ihn sehr geschätzt haben, denn

Geschichtsriese Konstantin:
Kopf der Kolossalstatue aus den
Kapitolinischen Museen in Rom

313 berief er Maternus als einen von nur drei nicht italienischen Bischöfen zu einer Synode nach Rom. Der Historiker Werner Eck vermutet sogar, dass Maternus bei der Annäherung Konstantins an das Christentum eine wesentliche Rolle gespielt haben könnte. So oder so ist es für jeden, der einmal vor dem gewaltigen Konstantinkopf in den Kapitolinischen Museen gestanden hat, ein faszinierender Gedanke, dass Köln für diesen Geschichtsriesen so wichtig war.

Wie lange die Konstantinbrücke existiert hat, ist umstritten. Manches deutet daraufhin, dass sie um 400 schon verfallen war, also nur etwa 90 Jahre nach ihrer Fertigstellung. Vielleicht haben die Römer sie später bei ihrem Abzug auch zerstört. Erwiesen ist, dass von Anfang an Instandhaltungsarbeiten nötig waren. So haben Forscher gezeigt, dass schon in den 340er-Jahren die Eichenstämme des Fundamentes ausgetauscht wurden. In jedem Fall war die Brücke die erste und bis 1855 einzige feste Rheinbrücke Kölns.

Auch architektonische Pionierleistungen wie diese konnten nicht darüber hinwegtäuschen, dass ein Ende der römischen Herrschaft am Rhein in den Bereich des Möglichen gerückt war. Der Anfang dieses Endes war 355 eine Rebellion des Franken Silvanus, der in der römischen Streitmacht zum Heermeister aufgestiegen war. Zu Unrecht eines Komplotts verdächtigt, sah er seinen einzigen Ausweg darin, sich tatsächlich gegen Rom zu stellen. Er ließ sich in Köln zum Gegenkaiser ausrufen, wurde jedoch schon nach 28 Tagen von seinen Soldaten erschlagen. Kurz danach brach die Katastrophe über Köln herein: Vor den Mauern der Stadt erschienen große fränkische Verbände und begannen mit einer Belagerung. Sie hatten mittlerweile viel von den Römern gelernt, auch was deren Kriegstechnik betraf. Nach zwei Monaten nahmen sie Köln im November 355 ein – ob sie die Stadt erstürmten oder ob sie sich ergab, verschweigen die Quellen. Jedenfalls war Köln zum ersten Mal in seiner Geschichte nicht mehr römisch. Einem zeitgenössischen Historiker zufolge wurde die Stadt von den Franken zerstört. Das ist vermutlich übertrieben, aber in jedem Fall dürfte sie schwer gelitten haben. So brannte zu diesem Zeitpunkt wahrscheinlich das Haus mit dem Dionysosmosaik ab. Die Nachricht vom Fall der noch nie zuvor eroberten *Colonia* löste am Kaiserhof einen Schock aus. Erst nach zehn Monaten trafen frische römische Verbände ein und brachten die Stadt wieder unter ihre Kontrolle.

Aus Tempeln werden Kirchen

Das römische Köln blieb danach noch einige Jahrzehnte bestehen. Ausgrabungen zeigen, dass es noch ein funktionierendes Stadtleben gab. Erstaunlich ist, dass in dieser unsicheren Zeit, nämlich zwischen 350 und 365, der Urbau von St. Gereon errichtet wurde, ein 24 Meter hoher überkuppelter Ovalbau. Im heutigen Dekagon von St. Gereon ist der antike Ursprungsbau noch 14 Meter hoch erhalten – das grobe Mauerwerk liegt im unteren Bereich sowohl innen wie außen noch an einigen Stellen offen, der restliche Teil wurde im 13. Jahrhundert ummantelt. Der Ovalraum war der späteste römische Monumentalbau im gallisch-germanischen Raum. Um vergleichbare Bauten aus der Spätantike zu finden, muss man bis ans Mittelmeer reisen. Welche Funktion das Oval mit seinen acht Nischen hatte, ist unklar. War es eine Grabkirche für ein Mitglied der kaiserlichen Familie? Eine Gedächtnisstätte für Märtyrer? Der Legende nach fanden in St. Gereon Märtyrer der Thebäischen Legion ihre letzte Ruhestätte.

Der Kuppelbau war verschwenderisch ausgestattet und muss den frühbyzantinischen Kirchen Italiens geglichen haben. Wände und Kuppel waren mit goldenen Mosaiken geschmückt, weshalb die Kirche unter dem Namen »Die Goldenen Heiligen« bekannt war, bevor sie nach dem Heiligen Gereon benannt wurde. Dazu Marmor, Säulen, Kapitelle ... Im Hochmittelalter wurde der Gebäudekern zu einem Dekagon, einem Zehneck, ausgebaut. Die 1227 vollendete Kuppel ist die größte des Mittelalters. Zwischen der Fertigstellung der Kuppel der Hagia Sophia in Konstantinopel im Jahr 562 und der 1434 geschlossenen Kuppel des Florentiner Doms hat Europa nichts Vergleichbares gesehen. All dies macht St. Gereon zum nach dem Dom bedeutendsten Bauwerk von Köln.

In der ersten Hälfte des 5. Jahrhunderts brach die römische Herrschaft am Rhein zusammen. Die Franken übernahmen die Macht. Es wohnten aber weiterhin noch viele Römer in Köln, allerdings nannten sie sich nun »Romanen«. Auch die lateinische Sprache verschwand nicht von heute auf morgen – noch im 6. Jahrhundert wurden viele Grabinschriften in Latein verfasst. Auch spätrömisches Münzgeld wurde weiter benutzt. Der Christ Salvian von Marseille hat über diese Zeit des Übergangs geschrieben. Er entstammte noch der römischen

Oberschicht und wurde vermutlich um das Jahr 400 in Köln oder in der Umgebung geboren. Salvian klagte einerseits darüber, dass die Romanen ihre Position und ihr Ansehen nach und nach einbüßten. Andererseits betrachtete er ihren Niedergang als gerechte Strafe für spätrömische Dekadenz und die Anbetung heidnischer Götzen.

Die Franken nutzten die Stadt so, wie sie sie vorgefunden hatten. Sie zogen in verlassene Häuser der Römer ein, sie befuhren die römischen Straßen. Im Praetorium wohnten vermutlich die Frankenherrscher – neue Akteure in alten Mauern. Allerdings taten die Franken wenig, um die römische Infrastruktur zu erhalten. Was zerstört war oder verfiel, bauten sie in der Regel nicht wieder auf. Die große Eifelwasserleitung war bereits im Jahr 260 durch einen Angriff der Germanen zerstört worden. Damals war das Wasser in den Thermen versiegt. Nun wurde auch das Abwassersystem aufgegeben. Schon lange fanden in den Theatern keine Aufführungen mehr statt und in der Arena keine Spiele. Köln verfiel, und seine Einwohnerzahl ging zurück. Den anderen Städten erging es nicht besser: Die einstige Millionenstadt Rom sollte im Mittelalter nur noch 20 000 bis 30 000 Einwohner zählen.

Eine Zeit lang bestanden beide Kulturen – die römische und die fränkische – nebeneinander. Um 527 empörte sich der Mönch und spätere Bischof Gallus von Clermont bei einem Aufenthalt in Köln über die weiterhin gut besuchten römischen Tempel. Als er einen dieser Tempel niederbrannte, zeigten die Einheimischen dafür wenig Verständnis. Der zeitgenössische Geschichtsschreiber Gregor von Tours hielt dazu fest: »So kam der Heilige nach Köln, wo noch ein prunkvoller Götzentempel stand. Es war gerade die Zeit des Opferfestes, und das Volk überließ sich beim Mahle der maßlosesten Völlerei. Solcher Gräuel ging dem Manne Gottes tief zu Herzen, und er ereiferte sich dermaßen, dass er Feuer in den Tempel warf, also dass dieser samt den Götzenbildern verbrannte. Die wütenden Heiden suchten ihn auf und wollten ihn ermorden; aber er hatte in der königlichen Burg (vermutlich dem Praetorium) eine sichere Zufluchtsstätte gefunden.«

Nach und nach verschwanden auch alle anderen Tempel. Auf den Überresten entstanden mitunter christliche Kirchen – das bekannteste Beispiel dafür ist St. Maria im Kapitol, die den römischen Kapitolshügel noch im Namen trägt. St. Severin, St. Ursula und St. Kunibert erheben sich auf römischen Gräberfeldern, Groß St. Martin wird auf einer römischen Sportschule mit Schwimmbad errichtet. St. Cäcilien entsteht in unmittelbarer Nähe der Thermen. St. Kolumba steht auf den Resten eines römischen Wohnviertels, St. Pantaleon auf einer römischen Vorstadtvilla. Manchmal wurden erhaltene Wände römischer Bauten in neue Häuser integriert, noch häufiger dienten sie als Steinbruch. So erwuchs allmählich aus einer alten Welt eine neue. Der Prozess erstreckte sich über Jahrhunderte, aber irgendwann war das römische Köln in der Erde verschwunden oder in neuen Gebäuden aufgegangen, und an seiner Stelle stand eine andere Stadt: das »Heilige Köln« mit seinen zahllosen Kirchen.

Ein neuer Machtfaktor: der Erzbischof

Die Kirche stieß in das Machtvakuum vor, das durch den Zerfall staatlicher Strukturen nach dem Ende des Römischen Reiches entstanden war. In einer unsicheren Übergangszeit bot die Kirche Schutz und Halt und konnte ihren Einfluss immer weiter ausbauen. Ein großer Sprung war die Erhebung zum Erzbistum Ende des 8. Jahrhunderts. Zu verdanken hatten die Kölner dies niemand anderem als Karl dem Großen. Es war sein Erzkaplan Hildebald, der zunächst Bischof und dann auch erster Erzbischof von Köln wurde. Einer Legende zufolge hatte Karl Hildebald zufällig während einer Jagd in den Wäldern bei Köln kennengelernt. Als er von seiner Jagdgesellschaft getrennt wurde, gelangte er zu einer kleinen Kapelle, in der er sich etwas ausruhen wollte. Bald begann sich die Kapelle zu füllen, und Hildebald, ein einfacher Pfarrer, hielt einen Gottesdienst ab. Karl gefiel die Messe so gut, dass er Hildebald anschließend ein Goldstück geben wollte. Doch Hildebald hielt den Kaiser für einen einfachen Jäger und wollte das großzügige Geschenk deshalb nicht annehmen. Stattdessen erbat er sich nur ein Stück von der Haut eines erlegten Rehes, um mit dem Leder sein altes Gebetbuch neu binden zu lassen. Karl soll von dieser Bescheidenheit so beeindruckt gewesen sein, dass er Hildebald später zum Bischofsamt verhalf.

Die Geschichte ist eine Legende, doch Fakt ist, dass Hildebald eine der einflussreichsten Persönlichkeiten am Hofe Kaiser Karls war. Der Papst hatte ihn auf Karls Wunsch hin von seiner Residenzpflicht in Köln entbunden, sodass er den Herrscher an dessen Hof in Aachen beraten konnte. Dort behauptete er sich 20 Jahre lang an der Spitze des gesamten Hofklerus, hütete den Reliquienschatz des Herrschers und zelebrierte die Gottesdienste. Doch Hildebald war nicht nur der mächtigste Geistliche des Frankenreiches, er war auch ein Gelehrter von hohem Rang. So wurde in der von ihm initiierten Kölner Enzyklopädie das aus der Antike stammende Wissen auf den Gebieten der Astronomie, Arithmetik und Zeitrechnung zusammengefasst. Eine damals brennende Frage war die Bestimmung des Weltalters anhand der in der Bibel verstreuten Zeitangaben von der Schöpfung bis hin zu Jesus. Hildebald war auch der Sterbehelfer Karls. Er stand ihm während der letzten sieben Tage seines Lebens zur Seite und reichte ihm die heilige Kommunion. In Karls Testament wird das Erzbistum Köln die »eleganteste Braut Christi nach Rom« genannt.

Wenn man heute nach Xanten fährt und dort die beeindruckenden Ausgrabungen und Rekonstruktionen des Römerparks besichtigt, fragt man sich vielleicht, warum aus der *Colonia Claudia Ara Agrippinensium* eine Millionenstadt hervorgegangen ist und aus der *Colonia Ulpia Traiana* nicht. Ein Grund ist sicherlich, dass Köln schon zu römischer Zeit Provinzhauptstadt war. Entscheidend dürfte aber auch gewesen sein, dass Köln Sitz eines Erzbischofs wurde. Viele Jahrhunderte lang sollten die Kölner von den Verbindungen dieses mächtigen geistlichen Fürsten zum Beispiel nach Flandern und England profitieren. Der Erzbischof schützte und förderte die Stadt, die dadurch erblühte. Mit diesem Aufstieg wuchs allerdings auch das Selbstbewusstsein der Kölner Bürger – und dies führte zu einem Dauerkonflikt mit dem Erzbischof.

KÖLN

WUTBÜRGER GEGEN GOTTESKRIEGER

Krieg der Ritter:
die Schlacht von Worringen
auf einer Münze

WUTBÜRGER GEGEN GOTTESKRIEGER
DER WEG ZUR FREIEN REICHSSTADT

Es muss ein atemberaubendes Bild gewesen sein, das sich am späten Vormittag des 5. Juni 1288 auf der Fühlinger Heide nördlich von Köln bot: Zwei gewaltige Ritterheere mit jeweils rund 2500 Panzerreitern standen sich an diesem Samstag gegenüber, dazu kamen noch mehrere Tausend Mann Fußvolk. Große Banner mit Wappen gaben an, wer wer war: Die eine Seite wurde befehligt vom Kölner Erzbischof Siegfried von Westerburg, dem Grafen Rainald I. von Geldern und dem Grafen Heinrich VI. von Luxemburg. Die andere Seite stand unter dem Kommando des Herzogs von Brabant, Johann I., und des Grafen Adolf V. von Berg, dem Herrn des nach seiner Familie benannten Bergischen Landes. Was folgte, sollte als Schlacht von Worringen in die Geschichte eingehen.

Mehrere Ursachen hatten den Konflikt zwischen den beiden Seiten eskalieren lassen. Zum einen war da die Rivalität zwischen dem Erzbischof und Adolf von Berg, der vergeblich versucht hatte, bei der Wahl 1274 seinen Bruder als Erzbischof durchzusetzen. Dann war da der Erbfolgekrieg um Limburg im heutigen Belgien. Dort war eine Dynastie in männlicher Linie ausgestorben, und nun meldeten sowohl Geldern als auch Brabant Rechte an – ein typischer Konflikt des Mittelalters.

Zu den Gegnern des Erzbischofs gehörten aber auch die Bürger von Köln. Sie kämpften aufseiten Brabants und Bergs, auch wenn sie keineswegs so kampferprobt waren wie die adeligen Ritter. Das zeigte sich gleich zu Beginn, als Gerhard Overstolz – einer der reichsten Kaufleute seiner Zeit – vom Pferd stieg, um persönlich die kölnischen Fußtruppen anzuführen. Das aber war wohl zu viel für den Geschäftsmann – er starb »ohne Schlag und Stoß, bevor er ins Gefecht kam«.

Der Erzbischof war sich seines Sieges so sicher, dass er viele Eisenketten und Seile mitgenommen hatte, um alle Kriegsgefangenen fesseln zu können. Es kam dann aber anders. Wie das Ganze im Einzelnen ablief, ist nicht wirklich klar; es gibt nur wenige gesicherte Erkenntnisse. Ein wichtiges Prinzip war aber, dass immer gleichrangige Gegner den Kampf miteinander suchten. So stand der Erzbischof von Köln seinem großen Rivalen, dem Grafen von Berg, gegenüber. Wenn schon, dann sollte man vom Richtigen erschlagen werden.

Ein zweites Prinzip war der ritterliche Kampf, der nicht auf den Tod abzielte, sondern auf die Gefangennahme des Gegners. Dadurch konnte man Lösegeld erpressen und die gegnerische Familie finanziell schwächen oder ruinieren. Die Ritter waren die militärische Elite des Mittelalters. Ihre großen Stärken waren ihre Ausbildung, ihr Pferd und ihre Rüstung. Sie trainierten ständig, schon deshalb konnten es einfache Soldaten nicht mit ihnen aufnehmen. Das Pferd verschaffte ihnen einen zusätzlichen Vorteil durch Geschwindigkeit und erhöhte Position. Die immens teuren Rüstungen machten aus ihnen gepanzerte Kampfmaschinen.

Ihre Kettenhemden bestanden aus bis zu 40 000 Metallringen, in monatelanger Handarbeit vernietet und verschweißt. Der Vorteil: Das Hemd passte sich dem Körper an, man konnte sich gut darin bewegen. Der Nachteil: Stöße wurden nur abgedämpft, konnten dem Träger aber immer noch die Knochen brechen. Gegen mehrkantige spitze Pfeile bot das Hemd ebenfalls keinen Schutz. Deshalb kam seit Mitte des 13. Jahrhunderts zusätzlich die Plattenrüstung auf. Dieser Ganzkörperpanzer bot Rundumschutz. Eine solche Maßanfertigung samt Panzerhandschuhen und Visierhelm erforderte höchste Schmiedekunst und kostete ein Vermögen. Der Metallpanzer wurde nur selten von den gegnerischen Waffen durchschlagen, doch dafür lasteten auf den Schultern des Ritters einige Dutzend Kilogramm Gewicht. Es konnte auch ziemlich heiß darin werden. Die Bewegungen in dem Metallkorsett waren eingeschränkt, ebenso das Sichtfeld, und ein Kampf war kräfteraubend. Fiel der Ritter vom Pferd, war er so hilflos wie ein auf dem Rücken liegender Käfer.

Die Schlacht von Worringen tobte mehrere Stunden. Über den genauen Verlauf ist wenig bekannt, aber ein zeitgenössischer Kriegsbericht in Versform deutet darauf hin, dass der Kampf am Ende nicht von den hochgerüsteten und gut trainierten Rittern entschieden wurde, sondern von Amateuren – den bergischen Bauern, die einfach alles kurz und klein schlugen, was ihnen vor Spieß, Axt und Harke kam. Möglicherweise war der entscheidende Fehler, dass der Erzbischof die überlegene Formation seiner Truppen bereits zu einem frühen Zeitpunkt preisgegeben hatte und die Schlacht dadurch zu einem wilden Kampf von Mann gegen Mann ausgeartet war. Dies würde auch die für einen mittelalterlichen Ritterkampf sehr hohe Zahl von Toten erklären.

Der Ausgang war jedenfalls eindeutig: Erzbischof Siegfried von Westerburg und Rainald von Geldern verloren. Der Graf von Luxemburg und seine drei Brüder lagen erschlagen auf der Heide. Die Anwohner betrieben aktive Abrüstung, indem sie die Gefallenen um ihre wertvollen Waffen, Schilde und Panzer erleichterten. Auch Seidenröcke und überhaupt alle Kleidung nahmen sie mit, sodass die Gefallenen am Ende nackt auf dem Schlachtfeld zurückblieben. Die Leichen wurden von Mönchen auf Karren abtransportiert und in einem Massengrab beigesetzt. Ein Gebetbuch der Kirche von Worringen berichtet: »1100 sind im Krieg gestorben, und nach dem Krieg starben von den Verwundeten 700. Von den Unbekannten sind aber auf dem Worringer Friedhof in der Nähe des Zaunes 600 beerdigt worden.« Noch einmal 1000 – die Zahl war wohl eher symbolisch und stand für »sehr viele« – gerieten in Gefangenschaft, darunter auch der Erzbischof selbst. Er wurde auf Schloss Burg festgesetzt, ehe er sich ein Jahr später freikaufen konnte. Das Limburger Erbe ging nun an Brabant. Düsseldorf erhielt Stadtrechte und wurde später Residenz der Grafen von Berg. Und die Kölner Bürger hatten in ihrer Stadt fortan faktisch das Sagen. Im Triumphzug rollten sie den in der Schlacht eroberten Fahnenwagen des Erzbischofs mit dessen Banner in die Stadt, wo er stolz aufbewahrt wurde, bis ihn die Franzosen 1794 verfeuerten.

Anno muss durchs Loch

Die Schlacht von Worringen bildete gleichsam den Schlusspunkt eines jahrhundertelangen Kampfes zwischen den Kölner Bürgern und dem Bischof. Es war ein Kampf zweier ungleicher Gegner, und dass ihn die Bürger gewinnen würden, erschien anfangs gänzlich unwahrscheinlich. Anders als heute war der Erzbischof nicht in erster Linie ein Mann der Kirche, sondern einer der mächtigsten Politiker seiner Zeit. Wie ein kleiner König herrschte er unangefochten über das Kurfürstentum Köln, auch bekannt als Kurköln oder Erzstift Köln. Dies war ein zerstückeltes Territorium, das sich zusammensetzte aus einem Flickenteppich im Linksrheinischen, aus einem Stück Land im heutigen nördlichen Ruhrgebiet, dem Vest Recklinghausen, und aus dem Herzogtum Westfalen. Als Kirchenfürst stand der Erzbischof an der Spitze eines noch viel größeren Gebietes: Er war nicht nur das geistliche Oberhaupt seines eigenen Bistums, sondern auch der Bistümer Utrecht, Lüttich, Aachen, Münster und Osnabrück. Schließlich war er auch noch einer der sieben Kurfürsten, die den deutschen König wählten, der dann meist auch zum Kaiser bestimmt wurde. Unter diesen sieben Kurfürsten war der Erzbischof von Köln lange Zeit der bedeutendste, was für alle sichtbar darin zum Ausdruck kam, dass er den neuen König krönte. Aus der Hand des Erzbischofs von Köln empfing der deutsche König seine Macht. Und dies galt nicht nur symbolisch: Der Erzbischof galt mitunter als Königsmacher, der Gekrönte als König von Kölner Gnaden. Viele Erzbischöfe waren auch Feldherren. Bei manchen brauchte es nicht viel, damit sie eine Fehde vom Zaun brachen. Dabei verfolgten sie stets nur ihre eigenen Machtinteressen: Es waren Gotteskrieger der etwas anderen Art. Direkt neben dem Vorgängerbau des Doms legten sie sich einen Palast an, der den Pfalzbauten der Könige nachempfunden war.

Die Kölner konnten sich glücklich schätzen, von einem so großen Herrn regiert und beschützt zu werden. Für ihre Wirtschaft war es zum Beispiel von unschätzbarem Wert, dass der Erzbischof durchweg aus dem Hochadel kam und dadurch mit anderen Fürsten wie dem deutschen Kaiser oder dem König von England verwandt und verschwägert war. So konnte er ihnen günstige Handelsbedingungen sichern. Das Territorium des Kurfürstentums bildete das natürliche Hinterland Kölns, ein gesichertes Absatzgebiet für seine Waren. Und schließlich versorgten die Erzbischöfe ihre Stadt über Generationen hinweg mit Reliquien. Darunter waren Körperteile wie die Knochen der Heiligen Drei Könige, die Schädel der Märtyrer Felix und Adauctus oder der Oberschenkel der Heiligen Barbara, aber auch der Stab und die Ketten des Apostels Petrus, Fetzen von Marias Schwangerschaftsgewand oder sogar Brotreste von der Speisung der Fünftausend. Die Pilger nahmen fast alle ein Souvenir mit und hatten dabei die Wahl zwischen Heiligenfiguren in allen Größen und Preisklassen. Wenn man Geld hatte, konnte man sich einen ganzen Schädel kaufen, der in einer praktischen Tragetasche in Gestalt eines aufklappbaren Holzkopfes verstaut wurde. Für die anderen gab es Nachbildungen aus Pappmaschee oder Pfeifenmännchen, die als Massenware hergestellt wurden.

Mit Fug und Recht lässt sich festhalten: Ohne die Erzbischöfe wäre Köln niemals das geworden, was es heute ist. Und doch wollten sich die Kölner Bürger von einem bestimmten Zeitpunkt an nicht mehr alles gefallen lassen. Denn so mächtig und wichtig der Erzbischof auch war – die Bürger waren auch nicht irgendwer. Vor allem die Kaufmannschaft verfügte über Geld und Beziehungen. Deshalb wollte sie mitbestimmen – zumal der Erzbischof aufgrund seiner internationalen Verpflichtungen und Machtinteressen oft jahrelang fort war und dann gar keine Entscheidungen treffen konnte.

Der erste große Zusammenstoß ereignete sich bereits in der Regierungszeit von Erzbischof Anno II. im 11. Jahrhundert. Es war kurz nach Ostern 1074. Anno hatte den Bischof von Münster bei sich zu Gast und wollte ihm eine standesgemäße Heimreise ermöglichen. Dafür beschlagnahmte er kurzerhand das Schiff eines Kölner Kaufmanns, das gerade im Hafen lag. Anno – der 100 Jahre später von der Kirche heiliggesprochen werden sollte – fühlte sich dabei völlig im Recht und hatte keinerlei Skrupel. Schließlich betrachtete er sich als den von Gott erwählten Gebieter über die Stadt. Doch als Annos Männer der Besatzung befahlen, das Schiff zu entladen, und sogar mit Gewalt drohten, war das Maß voll. Der geschädigte Schiffseigner hatte einen mutigen Sohn, der in der Stadt bekannt und beliebt war. Zusammen mit Knechten und anderen jungen Männern vertrieb er die Leute des Erzbischofs vom Schiff seines Vaters. Mehr und mehr Menschen schlossen sich ihm an, bis plötzlich fast die ganze Stadt rebellierte. Die Menge stürmte zum erzbischöflichen Palast und bewarf ihn mit Steinen. Drinnen saß Anno gerade mit dem Bischof von Münster zusammen und speiste. Er erschrak nicht schlecht, als draußen das Volk wütend an den Türen rüttelte. In letzter Minute konnte er aus dem Palast in die Bischofskirche fliehen, wo er sich verschanzte. Die Aufständischen stürmten den Palast, plünderten ihn, bedienten sich im Weinkeller und wandten sich dann der Kirche zu. Annos Leute hatten die Türen von innen mit Steinblöcken verrammelt, doch die Kölner gingen mit Sturmböcken dagegen an. Da öffneten sich die Türen plötzlich von innen. Die Aufrührer drangen in die Kirche ein, bereit, den verhassten Anno zu lynchen – doch der war nirgends zu finden, nicht in der Kirche und auch nicht in der übrigen Stadt. Erst später stellte sich heraus, wie ihm die Flucht geglückt war: Über den Domhof war er in das Haus eines verbündeten Domherrn gelangt, das direkt an die römische Stadtmauer grenzte. Durch einen kleinen Durchbruch in der Mauer machte er sich davon. Noch heute kann man das vermeintliche »Annoloch« in der Tiefgarage unter dem Dom bestaunen.

Annos Abgang war mehr als schmachvoll gewesen. Doch schon bald holte er zum Gegenschlag aus. Er versammelte in Neuss ein Heer aus Getreuen und rückte damit gegen Köln vor. Die großenteils unbewaffneten Kölner Bürger hatten dem wenig entgegenzusetzen. Annos Ritter gingen mit großer Härte gegen die Aufständischen vor. Der junge Kaufmannssohn, der den Aufstand angezettelt hatte, wurde geblendet. Viele der reichsten Handelsherren mussten die Stadt verlassen, nach Angaben des zeitgenössischen Chronisten Lampert von Hersfeld mehr als 600, wobei diese Zahl übertrieben sein dürfte. »Schauriges Schweigen herrschte auf den Straßen der fast verödeten Stadt.« Im Rückblick aber markiert ihr gescheiterter Aufstand den Anfang ihres letzlich erfolgreichen Widerstands gegen die erzbischöfliche Macht. Die Bürger hatten bewiesen, dass sie zusammenstehen und ihren hohen Herrn in Bedrängnis bringen konnten. Eine solche Erhebung gegen einen Herrscher von Gottes Gnaden hatte es bislang in keiner anderen deutschen Stadt gegeben. Und was Anno betrifft: Selbst einer seiner Nachfolger, Kardinal Joseph Höffner, hat 900 Jahre später über ihn gesagt: »Es fällt schwer, in Anno einen Heiligen zu sehen.«

Geld gegen Macht

Schritt für Schritt trotzten die Kölner Bürger dem Erzbischof nun Mitbestimmungsrechte ab. Spätestens seit 1103 existierte ein Schöffenkolleg, das die meisten Kriminalfälle behandelte und dessen Mitglieder sich als »Senatoren« bezeichneten. Zwischen 1114 und 1119 legte sich die Kölner Bürgerschaft ein eigenes Stadtsiegel zu, eines der ersten Europas – normalerweise führten nur

Fürsten ein Siegel. Da das Schöffenkolleg vom Erzbischof kontrolliert wurde, begründeten reiche Familien im 12. Jahrhundert ein unabhängiges Gremium, das man spöttisch die »Richerzeche« nannte. Selbstbewusst übernahmen sie diese Bezeichnung als Ehrennamen. Ihre beiden Vorsteher wurden nach dem Vorbild der römischen Stadtverwaltung *magistri civium* – Bürgermeister – genannt. Sie wechselten jährlich. Im Laufe der Zeit zog die Richerzeche die Zunft- und Gewerbeaufsicht an sich; ihren Sitz hatte sie im »Haus der Reichen«, das sich bereits an der Stelle befand, wo später das Rathaus gebaut wurde. Seit 1216 ist außerdem der Stadtrat belegt. All diese Gremien waren anfangs noch nicht fest umrissen, sondern veränderten sich ständig. So fächerte sich der Rat bis Anfang des 14. Jahrhunderts in einen engen und einen weiten Rat auf, in dem mehr Familien vertreten waren.

Gegen den Willen des Erzbischofs verdoppelten die Kölner im 12. Jahrhundert ihr Stadtgebiet. Dies hatte zur Folge, dass sie auch eine neue Stadtmauer brauchten, denn die ganze Stadt musste gesichert sein. So begannen sie mit der Anlage des größten zusammenhängenden Bauwerkes des gesamten Deutschen Reiches: 7½ Kilometer lang und mit 12 Torburgen und 52 Türmen versehen. In einer kriegerischen Zeit legte Köln einen undurchlässigen Steinpanzer an. Erzbischof Philipp von Heinsberg wollte das eigenmächtige Vorgehen nicht dulden, schließlich war er seit alters für die Stadtbefestigung zuständig. Doch schließlich einigte er sich mit den Bürgern darauf, dass sie ihm eine große Summe Geld zahlten und er dafür dem Ausbau zustimmte. Wenn die Kölner Bürger im Einigungsvertrag als ebenbürtige Vertragspartner erscheinen, so bedeutet das einen weiteren Fortschritt auf ihrem Weg zur Emanzipation. Dass der Kölner Erzbischof häufig Geld brauchte und die Kölner Kaufleute Geld hatten, war ihre beste Karte im Spiel um die Macht. Am Ende wollte Philipp von Heinsberg unbedingt den Eindruck erwecken, dass doch er es war, der die Stadtmauer erbaut hatte: Sein Grabmal im Dom ist komplett von einem Modell der neuen Mauer mit mächtigen Wehrtürmen eingeschlossen – es sieht aus wie eine riesige Spielzeugritterburg.

Das nächste große Kräftemessen zwischen Bürgern und Bischof fiel in die Mitte des 13. Jahrhunderts. Es war die Ägide Konrad von Hochstadens, des wohl schillerndsten aller Kölner Kirchenfürsten. Ein Streit um das Münzrecht reichte dem Gottesmann, um »seine« Stadt vom Rhein her zu belagern. Nur

KONRAD
VON

vier Jahre nachdem er den Grundstein für den Dom gelegt hatte, ließ er Köln mit Wurfmaschinen beschießen und brennende Schiffe gegen die vor Anker liegenden Schiffe treiben. Eine solche Eskalation aus vergleichsweise nichtigem Anlass mag aus heutiger Sicht bizarr erscheinen, doch wie Johan Huizinga in seiner klassischen Studie über den »Herbst des Mittelalters« dargelegt hat, besaß das Treiben der Fürsten damals noch »ein phantastisches Element, das uns an den Kalifen aus Tausend und eine Nacht erinnert«. Immerhin besaßen beide Parteien am Ende so viel Weisheit, den Krieg – denn eben dazu hatte sich der Konflikt nunmehr ausgewachsen – von einem Schiedsmann beenden zu lassen: Albertus Magnus, der bedeutendste Naturwissenschaftler des Mittelalters, vermittelte zuerst den »Kleinen Schied« von 1252, und als der nicht hielt, grenzte er im »Großen Schied« von 1258 die Einflusssphären voneinander ab: Konrad von Hochstaden wurde ohne Umschweife als »Herr der Stadt in geistlichen wie in weltlichen Dingen« anerkannt, doch zugleich musste er sich verpflichten, die Rechte der Bürger zu achten. Es war das erste Mal, dass die Rechte der Bürger schriftlich fixiert wurden.

Von Dauer war dieses Gleichgewicht nicht. Hochstaden und sein Nachfolger Engelbert von Valkenburg versuchten nun verstärkt, die Bürgerschaft zu spalten, indem sie zum Beispiel die Handwerker gegen die Patrizier aufhetzten oder die eine Patrizierfamilie gegen die andere unterstützten. In der Nacht vom 14. auf den 15. Oktober 1268 kam es dabei zu einem sagenumwobenen Ereignis: Die Bürger hatten Erzbischof Engelbert von Valkenburg aus der Stadt vertrieben, doch durch einen heimlich gegrabenen Tunnel unter dem Mauerring gelangten seine Soldaten eines Nachts doch in die hochgesicherte Stadt. Die Eindringlinge wurden aber überrascht und in der »Schlacht an der Ulrepforte« zurückgeschlagen. Schließlich wurde wieder der große Albert als Vermittler eingeschaltet. Diesmal entschied er sehr zugunsten der Bürger: Engelbert musste ihre Freiheitsrechte ausdrücklich anerkennen und blieb fortan permanent in Bonn, wo er auch starb und begraben wurde.

Der Bischof kann mich mal:
Figur unter dem Standbild des Erzbischofs
Konrad von Hochstaden am Rathausturm

Die Gaffeln putschen

Nach der Schlacht von Worringen residierten die Erzbischöfe für Jahrhunderte außerhalb von Köln. Sie hatten in der Stadt, die ihrem Erzstift den Namen gegeben hatte, fast nichts mehr zu sagen, auch wenn sie die Oberhoheit weiter beanspruchten. Die »vrie burgere van Colne« waren nun faktisch unabhängig, ihr mehr als 200 Jahre währender Kampf gegen den »ertzbischove« seit den Tagen Annos war zu Ende. Ein päpstlicher Untersuchungsausschuss, der das Vorgehen der Kölner zwei Jahre nach der Schlacht überprüfte, hörte einen Zeugen sagen: »Die Kölner Bürger sind mächtig geworden und können daher keinen Herrn über sich ertragen.« Doch ihr Sieg brachte ihnen nicht nur Vorteile. Das Umland von Köln – das Erzstift, über das der Erzbischof weiterhin uneingeschränkt herrschte – war nun fremdes, mitunter sogar feindliches Territorium. Köln stand gleichsam allein gegen den Rest der Welt, und das sollte sich bei der Durchsetzung wirtschaftlicher Interessen langfristig als Nachteil erweisen.

Zudem traten nun nach der Kaltstellung des gemeinsamen Gegners die Gegensätze zwischen den Bürgern offen zutage. Kölns Führungsschicht bestand aus etwa 40 alteingesessenen Familien, den sogenannten Geschlechtern, die sich mittlerweile selbst wie Hochadelige aufführten und ihre Abstammung auf römische Senatoren zurückführten. Misstrauisch verteidigten sie ihre Stellung gegen jeden potenziellen Konkurrenten. Ihre Namen waren Programm: Overstolz (Überstolz), Gyr (Gier) oder Hardevust (harte Faust) hießen sie. Und so muss man sie sich vorstellen: »Gekleidet in indische Seide und russische Pelze, behängt mit venezianischem Schmuck, gesalbt mit arabischen Wohlgerüchen und gemästet von ungarischen Ochsen.« So schildert es der Autor Wolf Schneider. »Ihre Kinder schickten manche auf die Universitäten von Bologna oder Padua.« Von 1388 an besaß Köln dann allerdings seine eigene Universität, die erste im Deutschen Reich, die nicht auf die Initiative eines Fürsten, sondern einer Bürgerschaft zurückging.

Die Masse der Bevölkerung war jedoch von jeder Einflussnahme ausgeschlossen. Nicht alle waren bereit, sich damit abzufinden. Genauso wie die reichsten Kaufmannsfamilien einst ihren Kampf gegen den Erzbischof begonnen hatten, bestanden nun auch gesellschaftliche Aufsteiger wie neu zugezogene Fernhandelskaufleute, reich gewordene Tuchmacher oder Handwerker mit gut gehenden Betrieben auf einer Beteiligung an der Macht. Um diese Forderung durchzusetzen, organisierten sie sich in sogenannten Gaffeln. Dies waren miteinander verbündete Zünfte, die sich mehr und mehr zu politischen Interessengruppen entwickelten. Es gab Kaufmanns-, Brauer- oder Bäckergaffeln, später taten sich aber auch kleinere Berufsgruppen zusammen, die eher wenig miteinander zu tun hatten. Der Name leitet sich ab von den zweizinkigen Tranchiergabeln, die bei gemeinsamen Festessen verwendet wurden.

1370 gelang es der ältesten Zunft, den Webern, für eineinhalb Jahre die Macht in der Stadt zu übernehmen. Die Richerzeche – die Vertretung der alten Elite – musste sich auflösen. Zwar konnten die Geschlechter die Kontrolle in einer Schlacht zwischen Waid- und Griechenmarkt noch einmal zurückgewinnen, doch 1396 übernahmen die Zünfte endgültig das Stadtregiment. Innerhalb weniger Wochen arbeiteten sie nun eine Verfassung für Köln aus, die 400 Jahre lang Bestand haben sollte – den berühmten Verbundbrief. Er schuf ein politisches System, das durchaus schon demokratische Züge trug. Etwas vereinfacht sah es so aus: Regiert wurde die Stadt fortan vom Stadtrat, der jeweils für ein Jahr zwei Bürgermeister ernannte. Die Mitglieder des Rats wurden von den Gaffeln gewählt. Jeder Bürger Kölns musste zu einer der insgesamt 22 Gaffeln gehören. Das hört sich fast schon perfekt an, allerdings besaß nur eine Minderheit der Einwohner das Bürgerrecht, nach manchen Schätzungen ein Drittel. Die wichtigste Voraussetzung war Geld. So war die Macht nun auf wesentlich mehr Schultern verteilt, aber noch längst nicht auf alle. Nach den Maßstäben der damaligen Zeit war die Regierung von Köln allerdings schon sehr demokratisch.

Der letzte formelle Schritt zur Unabhängigkeit wurde 1475 getan, als der deutsche Kaiser Köln zur freien Reichsstadt erhob. Damit wurden die Kölner auch offiziell davon freigestellt, dem Erzbischof zu huldigen und ihm Treue zu schwören. Köln war nun ein autonomer Staat, der sein eigenes Geld prägte, Gesetze erließ, Truppen aushob, Diplomaten entsandte und Bündnisse schloss. Es ist bezeichnend, dass sich der Erzbischöfliche Palast in Köln nicht erhalten hat, wohl aber die beiden herausragenden Gebäude des Bürgerstolzes: das Rathaus mit seinem Turm, der den Belfrieden flämischer Städte nachempfunden ist, und das Tanzhaus Gürzenich, inspiriert von flämischen Tuch- und Fleischhallen.

Im ersten Stock befand sich der größte Festsaal des ganzen Deutschen Reiches. Dieser Saal war der Mittelpunkt des Kölner Genusslebens, Schauplatz rauschender Feste und ausschweifender Festessen. 1505 wurde hier der deutsche Reichstag abgehalten, und dabei kam es zu einer bezeichnenden Szene: Die versammelten Fürsten – alle Mächtigen des Reiches einschließlich des Kaisers Maximilian I. – bekamen den Wein vom Stadtrat kredenzt, mussten sich jedoch von ihren eigenen Köchen bewirten lassen. Dabei fiel es auf, dass sich nach und nach immer mehr Fürsten an den Tisch setzten, an dem die Ratsherren von Köln tafelten, »und das darum, weil die Fürsten die Speisen genießen wollten, die ein würdiger Rat hatte kochen lassen, denn die waren meisterlich und wohl bereitet«. Was doch wohl heißen muss, dass niemand besser speiste als die reichen Bürger von Köln – selbst der Kaiser nicht.

KÖLN

FLIESSBANDARBEIT

Segel, Flaggen, Masten:
der Hafen von Köln
im 15. Jahrhundert

FLIESSBANDARBEIT
DIE HANDELSSTADT AM RHEIN

Im Schritttempo schieben sich die Doppeldeckerbusse an verspiegelten Fassaden vorbei. Am Ende der Straße ragt die Kuppel von St Paul's auf, doch es sind noch weit höhere Bürotürme, die das Bild jetzt bestimmen. Dies ist die City of London, hier regiert das Geld. Und hier befindet sich der Bahnhof Cannon Street mit angegliederter U-Bahn-Station. Dieses Gelände war im 11. und 12. Jahrhundert ein Stück Köln im Herzen von London.

»Köln«, so schreibt der englische Fachhistoriker Joseph P. Huffman, »unterhielt Beziehungen zu England, an die keine andere deutsche Stadt in dieser Epoche heranreichen konnte.« Etabliert worden war der Kontakt von den Erzbischöfen, die enge Verbindungen zum Königshaus unterhielten und deshalb als Schaltstelle zwischen England und dem Deutschen Reich fungierten. So spielte Erzbischof Adolf von Altena eine entscheidende Rolle bei den Verhandlungen, die 1194 zur Freilassung von Richard Löwenherz führten. Der König war als heimkehrender Kreuzritter vom Herzog von Österreich gefangen genommen und dem deutschen Kaiser ausgeliefert worden. Auf dem Weg nach Hause wurde Richard in Köln feierlich empfangen und danach von Erzbischof Adolf bis nach Antwerpen begleitet. Er bedankte sich dafür bei Adolf mit einem Rentenlehen und bei den in England lebenden Kölner Kaufleuten, indem er sie von allen lokalen Abgaben freistellte. Die Handelsprivilegien der Kölner wurden von jedem englischen König aufs Neue bestätigt.

Schon im 11. Jahrhundert hatte sich Köln zur dominierenden deutschen Handelsstadt aufgeschwungen. Dieser Aufstieg war zum größten Teil dem Umstand geschuldet, dass Köln an einem riesigen Fließband lag. Einem Fließband, das Tag und Nacht weiterlief und nur dann stillstand, wenn es in strengen

Wintern zufror – dem Rhein. Der Rhein hat Köln entstehen lassen und geformt, der Rhein hat Köln Geld und Macht beschert. Alles, was Köln ist, hat es diesem Strom zu verdanken, seiner Lebensader, seiner Verbindung zum Meer. Man macht es sich nicht immer klar, aber Köln ist im Grunde eine 200 Kilometer landeinwärts gelegene »Seehafen-Stadt«. Als eine solche beschrieb sie im 18. Jahrhundert Thomas Jefferson, der Vater der amerikanischen Unabhängigkeitserklärung. Und er hatte recht. Das Meer ist immerhin so nah, dass die Stadt im Jahre 1688 von einem Seemonster aufgeschreckt wurde, das »mit großem Gebrüll und Brausen« durch den Rhein pflügte. Als es ein Jahr später zurückkehrte, wurde es mit mehreren Schüssen zur Strecke gebracht. In St. Maria im Kapitol hängen über einem Beichtstuhl im Seitenschiff bis zum heutigen Tag die Knochen eines Wals, der sich vermutlich in den Rhein verirrt hatte.

Cologners in London

Der innerdeutsche Handel hat Köln im Mittelalter zur Großstadt gemacht, der Seehandel aber zur Weltstadt. Dass der Handel mit England dabei an erster Stelle stand, ergab sich fast schon aus den natürlichen Gegebenheiten: Die Mündung des Rheins liegt der Mündung der Themse direkt gegenüber. Insofern ist Köln über das Wasser auch mit London verbandelt, und das Meer ist, so gesehen, nur eine Verlängerung des Rheins. Vermutet wird, dass sich um das Jahr 1130 die ersten Kölner Kaufleute auf Dauer in London niederließen. Rund 60 Jahre, von der Regierungszeit König Heinrichs II. (1154–1189) bis zu jener König Johanns (1199–1216), übten sie eine monopolartige Kontrolle über den deutschen Handel mit England aus. In dieser Zeit etablierten die Kölner auch einen eigenen Stützpunkt in London, der zunächst als *guildhall* bezeichnet wurde (jedoch nicht der heute noch existierenden Guildhall in der City of London entspricht). Dieses Hauptquartier wurde vom König offiziell anerkannt und unter seinen Schutz gestellt, was es zu einer einzigartigen Institution in England machte. Reste der Halle – die 1666 im Großen Feuer von London abbrannte – wurden von 1987 bis 1988 bei Bauarbeiten auf dem Bahnhofsgelände von Archäologen untersucht. Seitdem ist bekannt, dass sie 30 Meter lang und

10 Meter breit war. Damit war die Gildehalle der *cologners* das größte für Handelszwecke genutzte Gebäude im England des 12. Jahrhunderts und einer der größten Steinbauten Londons. Auch befand sie sich im betriebsamsten Abschnitt des Londoner Hafens. In dieser Enklave lebten die Kölner wohl nach ihren eigenen Gesetzen – es war wirklich ein exterritoriales Stück Köln. Für Verhandlungen mit der Krone und der City of London stellten sie ihren eigenen *alderman* – einen Ältesten oder Ratsherrn.

Die Kölner ließen in der Gildehalle auch Kaufleute vom Niederrhein und aus Westfalen zu – vermutlich betrachteten sie diese Gegenden als ihr natürliches Hinterland –, nicht jedoch aus anderen Teilen Deutschlands. Erst in den 1230er-Jahren änderte sich das. Zu dieser Zeit verloren die Kölner ihr Monopol, weil der englische König Heinrich III. ihre Privilegien auf Kaufleute aus Lübeck und anderen Ostseestädten ausdehnte. 1252 kamen auch Hamburger Kaufleute in den Genuss dieser Vorrechte. Es war die Zeit, in der sich der mächtige Kaufmannsverbund der Hanse formierte. Darin spielten die Kölner eine wichtige Rolle, und gerade im Englandhandel konnten sie bei verstärkter Konkurrenz eine führende Stellung behaupten. Das Gelände der Gildehalle vergrößerte sich mit der Zeit noch deutlich, neue Wohn- und Lagerhallen entstanden, wobei die turmgekrönte Gildehalle immer das herausragende Gebäude blieb. Im 15. Jahrhundert bürgerte sich für die nun mit hohen Mauern umgebene Handelsniederlassung die Bezeichnung Stalhof ein, vermutlich abgeleitet vom niederdeutschen Wort »stalen« für das Anbringen einer Blei- oder Wachsplombe auf Tuchen. Noch im 16. Jahrhundert ließen sich mehrere Kölner Kaufleute aus dem Stalhof von Hans Holbein porträtieren. Aus den Statuten des Stalhofs ist bekannt, dass das Leben der Kaufleute bis in alle Einzelheiten geregelt war – vermutlich um sicherzugehen, dass die ausländischen Kaufleute keinen Anstoß erregten, was die ihnen gewährten Sonderrechte gefährdet hätte. Die Kontorordnung sah zum Beispiel vor, dass sich alle zum gemeinsamen Mittagessen in der Gildehalle einfinden mussten.

Kölner Kaufleute fanden sich im Mittelalter auch in vielen anderen Städten an der Ostküste Englands bis hinauf nach Newcastle upon Tyne. Ihr wichtigstes Handelsgut war Rheinwein, aber auch Wachs, Gerste und Ausrüstung für Bogenschützen fanden großen Absatz. Die Kölner Goldschmiedekunst war weithin geschätzt, auch am englischen Königshof. Umgekehrt führten die

Kölner englische Wolle ins Deutsche Reich aus. Viele Kölner siedelten sich dauerhaft in England an. So erlangte ein gewisser Arnold Fritz Thedmar, Sohn einer Kölnerin, 1265 das Bürgerrecht von London. Er häufte ein Vermögen an, heiratete in eine der angesehensten Familien ein und erwarb sich eine geachtete Stellung am Hof König Heinrichs III. Es gab allerdings auch schwarze Schafe: 1252 wurden drei Kölner wegen des Fälschens englischer Münzen in den Tower geworfen, und 1276 gestand ein Kölner, der Zuflucht in der St Paul's Cathedral gesucht hatte, ein Betrüger zu sein.

Die Warenstapler vom Rhein

Selbstverständlich waren Kölner Kaufleute nicht auf England beschränkt. Enge Verbindungen unterhielten sie seit jeher auch zu den benachbarten Niederlanden (die damals auch das heutige Belgien, Luxemburg und Teile Nordfrankreichs umfassten), einer der reichsten Regionen Europas. Auch in Paris waren Kölner Kaufleute vertreten, und in Barcelona gab es im 15. Jahrhundert eine regelrechte Kölner Kolonie. Von Kölner Bankhäusern zogen sich Fäden nach Florenz, Siena, Bologna und Rom. In Osteuropa und in Skandinavien ließen sich die Kölner überwiegend von Mittelsmännern aus Ostseehäfen wie Lübeck oder Danzig vertreten. Ihre Domäne blieb der Nordwesten Europas.

Der Kölner Exportartikel Nummer eins war Rheinwein, der in ganz Nordeuropa gefragt war, von England bis in den Ostseeraum. Die Rheinische Weinstube in London war bei den Einwohnern dermaßen beliebt, dass sie sogar noch lange nach der Zwangsschließung des Stalhofs durch Königin Elisabeth I. weiterexistierte. In den 1660er-Jahren wurde die Weinstube regelmäßig von dem Marinesekretär und Tagebuchautor Samuel Pepys frequentiert. Andere wichtige Kölner Handelswaren waren Tuche, Leder, Pelze, Metalle und Rüstungen. Viele dieser Güter wurden in Köln selbst hergestellt. So war jeder siebte bis fünfte Kölner im Textilgewerbe tätig. Das wichtige Seidengewerbe wurde von Frauen beherrscht, die sich sogar in einer eigenen Zunft organisierten, der Zunft der Seidenmacherinnen. Frauenzünfte waren eine Kölner Besonderheit - es gab sie sonst nur noch in Paris. Eine der erfolgreichsten dieser Unternehmerinnen, Fygen Lutzenkirchen (um 1450 - nach 1515), beschäftigte allein

25 Lehrtöchter. Das zweitwichtigste Kölner Gewerbe war die Metallverarbeitung – Köln war eine Rüstungsschmiede, zunächst für Panzer, Schwerter und Harnische, dann von Büchsen und Kanonen. An dritter Stelle kam das Leder- und Kürschnergewerbe.

Diese Qualitätserzeugnisse aus eigener Herstellung waren eine wichtige Voraussetzung für Kölns Aufstieg zur Handelsmetropole. Dazu kam die günstige Lage am Rhein und an der Schnittstelle europäischer Handelsstraßen. Und dann verlieh Erzbischof Konrad von Hochstaden den Kölnern 1259 auch noch das Stapelrecht: Nun durften sie von allen passierenden Kaufleuten verlangen, ihre Waren zu entladen und drei Tage in ihrer Stadt zum Kauf anzubieten, bevor sie weiterfuhren. Auf diese Weise übten die Kölner ein Vorkaufsrecht aus. Sie konnten alle Waren sichten und das Beste selber erstehen und dann weiterverkaufen. Die Konkurrenz aus anderen Städten musste mit Waren zweiter Wahl vorliebnehmen. So wurden die Kölner zu den Warenstaplern vom Rhein.

Den Kölner Hafen zu besichtigen, war damals ein Erlebnis, das man nie wieder vergaß. Große und kleine Schiffe wetteiferten um einen Ankerplatz, Ladekräne drehten sich, angetrieben von Treträdern, in denen Menschen wie Hamster auf der Stelle traten. Johann Haselberg erlebte den Hafen in der ersten Hälfte des 16. Jahrhunderts: »Die Vielzahl großer Schiffe konnte ich nicht zählen, die Summe will ich hier nicht nennen, standen alle gar da im Rhein, großmächtig, gut und prächtig dahin. Fünf Kräne fand ich gebaut schon, am Rhein hinab bei den Schiffen stehen, damit wurden die Güter geladen.« Auch 300 Jahre später herrschte im Hafen immer noch eine Atmosphäre rauer Geschäftigkeit. »Das Auf- und Abladen, das Wegführen der Waaren und der verschiedene Spekulationsgeist, der sich auf so vielen Gesichtern mahlt, sind sehr unterhaltend«, schilderte 1800 der Bayer Albert Klebe. »Hier stößt ein holländischer Schiffsknecht hastig alle Flüche seiner Sprache gegen einen köllnischen Lastträger aus, der ihm eben nicht im zierlichsten Teutsch antwortet, dort balgen sich ein paar Schiffsjungen, hier streitet sich der Spediteur mit dem gravitätischen Schiffer, der mit der langen Pfeife auf dem Verdecke spazieren geht, dort nahet sich devot ein Bettler und spricht um Allmosen an.«

Schwimmende Dörfer

Ein unwirklicher Anblick bot sich mitten im Fluss: Dort ragten Reihen kleiner Häuser aus dem Strom auf. Es waren schwimmende Mühlen, die den größten Teil des in Köln benötigten Getreides mahlten – geeignete Bäche fehlten im Stadtgebiet. Die Holzhütten waren die Mühlenhäuser mit den Mühlsteinen, dazwischen lagen die von der Strömung angetriebenen Mühlräder. Sie bewegten die Mühlsteine in den Mühlhäusern. So machten sich die Kölner die Energie des Flusses zunutze. Mit Ketten und Pfählen waren die sogenannten Rheinmühlen im Untergrund des Flusses befestigt. Dass sie etwas Besonderes waren, sieht man auch daran, dass sie eigene Namen hatten: Johann, Cono, Wienand oder Ludwig. Für Schiffe bedeuteten die mitten im Fluss liegenden Hindernisse allerdings eine ständige Gefahr – immer wieder kam es zu Kollisionen. Auch bei Hochwasser konnten die Mühlen aus der Verankerung gerissen werden und wegtreiben.

Mindestens ebenso eindrucksvoll wie dieser schwimmende Vorort Kölns war eine anderes Großereignis auf dem Fluss: Dazu wurde zunächst Alarm gegeben – alle Schiffe mussten den Hafen oder das Ufer anlaufen. Der Fluss wurde frei gemacht. Und dann kam es: ein riesiges schwarzes Etwas. Eine »ungeheure, sich daherbewegende Maschine«, wie es ein Zeitgenosse ausdrückte. 200 Meter lang, 50 Meter breit, in der Mitte ein paar Hütten – fast ein kleines Dorf. Und auf diesem platten Etwas ein paar Hundert Männer, lebendige Ochsen … Es war eines der großen Flöße, mit denen Baumstämme, in mehreren Lagen übereinandergebunden, aus den deutschen Mittelgebirgen nach Holland geschafft wurden. Die Steuerung der Holzkolosse muss wegen der Strömungen und vielfältigen Hindernisse vor allem auf dem Mittelrhein sehr schwierig gewesen sein, und wie dies genau geschah, kann heute niemand mehr sagen. Unfälle waren nicht selten. Das Floß konnte sich am Ufer verfangen und zersplittern – im schlimmsten Fall ging die ganze Fracht verloren, nach heutigem Maßstab ein Millionenbetrag. In Köln musste jedes dieser bizarren Wasserfahrzeuge aufgrund des Stapelrechts aufgebunden, zum Verkauf angeboten und dann wieder neu verschnürt werden.

Die in Köln angelandeten Waren wurden vielfach in Magazinen und Speicherhäusern zwischengelagert. Verkauft wurden sie teilweise in spezialisierten

Fischfang zwischen Schiffen
und Wassermühlen:
Gemälde von etwa 1411

Warenhäusern. So existierte ein Kaufhaus für Eisenwaren, Gewürze und Farbstoffe, eines für Seide, eines für Wolle und eines für Fisch. Große Bedeutung kam auch den Märkten zu. Der älteste war – wie der Name schon sagt – der Alter Markt. Er entstand auf dem Gelände des einstigen Römerhafens, der im Laufe der Zeit versandet und dann zugeschüttet worden war. Im 11. Jahrhundert wurden etwa in der Mitte eine Reihe von festen Marktbuden aufgestellt, wodurch die weiträumige Fläche in zwei Hälften geteilt wurde: Die südliche nannte man ab etwa 1300 Heumarkt. Alter Markt und Heumarkt konnten sich zum kommerziellen Herzen der Stadt entwickeln, weil sie direkt an die Lebensader Rhein angeschlossen waren. Der Neumarkt hatte dagegen kaum Chancen – auch daran zeigt sich wieder, dass es der Fluss war, der Köln Geld und Macht bescherte.

Köln muss überhaupt ganz vom Rhein her gedacht werden. Heutzutage kommt es immer wieder vor, dass Besucher durch die Geschäftsstraßen der Innenstadt oder durch die Altstadtgassen wandern und sich anschließend fragen: Das soll es jetzt sein? Ihnen ist entgangen, dass Köln nicht dafür gemacht ist, vom Land aus betrachtet zu werden. Wer es dabei belässt, hat nur die Rückseite gesehen. Köln ist eine Wasserstadt. Man weiß das, wenn man die Stadt nur ein einziges Mal von einem Schiff aus gesehen hat. Der Dom auf seinem Hügel, die Reihe der romanischen Kirchtürme, der mächtige Belfried des Rathauses, die spitzen Giebel der dem Fluss zugewandten Patrizierhäuser – all das ist darauf angelegt, einen über das Wasser kommenden Besucher zu beeindrucken. So war es schon im römischen Köln, und so ist es immer geblieben. Alte Stadtansichten zeigen Köln grundsätzlich aus dieser Perspektive, und immer wird die Bedeutung des Flusses so stark wie möglich herausgestellt. Als weites silbernes Band liegt er vor der Stadt ausgestreckt, Inbegriff ihrer kommerziellen Bestimmung.

Tsunami

Es ist nicht verwunderlich, dass die Kölner im Rhein fast so etwas gesehen haben wie einen heiligen Fluss. So wurde dem Rhein die Fähigkeit zugeschrieben, Sünden abzuwaschen und Unglück abzuhalten. Der italienische

Dichter und Humanist Francesco Petrarca (1304–1374) hat dieses Ritual der Flusswaschung anschaulich beschrieben. Er war am 23. Juni, dem Johannisabend, in der Stadt eingetroffen, »die Sonne neigte sich schon gen Westen. Sogleich bringt mich das Zureden der Freunde von der Herberge zum Strom, ein ganz herrliches Schauspiel zu sehen. Und ich ward nicht enttäuscht. Das ganze Ufer war bedeckt von einer unübersehbaren glänzenden Schar von Frauen. Ich stutzte. Gute Götter! Wäre das Herz nicht schon gebunden gewesen, hier hätte es in Liebe entbrennen können. Ich trat auf einen erhöhten Platz, um dies Bild zu überblicken. Unglaublich so viel Zulauf bei so wenig Gedränge. Manche hatten sich mit Kräutern geschmückt und die Ärmel bis zum Ellbogen aufgestreift. So wuschen sie in fröhlichem Durcheinander die weißen Hände und Arme im reißenden Strom und plauderten dabei in ihrer fremdartigen einschmeichelnden Sprache. Als ich einen der Freunde, bewundernd und der Dinge unkundig, fragte: ›Was soll dieser Zulauf zum Strome? Was ist dieser Seelen Begehr?‹, ward mir die Antwort: es sei uralter Brauch, und besonders die Frauen hielten dafür, dass jedes Unheil fürs ganze Jahr abgewaschen und weggespült werde vom Strome an eben diesem Tag, und es könne dann nur Erfreuliches eintreffen; und so werde denn alljährlich diese Läuterung mit nie erlahmendem Eifer vollzogen, und dies immer wieder aufs Neue. Da sagte ich lächelnd: ›O Ihr überglücklichen Anwohner des Rheins, dass Euch der Fluss alles Elend abwäscht! Das unsre abzuwaschen, hat weder der Padus vermocht noch der Tiber. Ihr schickt Eure Übel durch den Fährmann Rhein den Britanniern hinüber, wir würden das unsre gern Afrikanern und Illyriern schicken. Aber bei uns sind die Flüsse leider zu träge.‹«

Derselbe Fluss, der so verehrt wurde, konnte aber auch »ein dunkler Gott« sein, wie es Heinrich Böll ausgedrückt hat. Bei Hochwasser wurde der lebensspendende Strom zur tödlichen Gefahr. Die schlimmste Hochwasserkatastrophe ereignete sich im Jahr 1784, als der Rhein in der ersten Januarhälfte auf der Höhe von Köln zufror. Der Mittelrhein war aber noch teilweise offen, sodass immer mehr Eisschollen zur Stadt getrieben wurden und sich dort zu Eisbergen auftürmten. Mitte Februar setzte Tauwetter ein, die Eisdecke brach, ungeheurer Wasserdruck baute sich auf. Eine riesige Flutwelle riss die Schiffe von ihren Ankertauen ab, warf die Hafenkräne um und drückte dann alles mitsamt den Eisschollen gegen die Kaimauer. Die Fluten zersprengten die zum

Rhein hin gelegene Stadtmauer – die stärkste des Reiches – und ergriffen Besitz von der Stadt. Häuser stürzten ein, und wo sie standhielten, flüchteten die Bewohner auf Böden und Speicher. Die gesamte untere Stadt verwandelte sich in einen Eis-See. Ein Augenzeuge beschrieb die Folgen dieses Rhein-Tsunamis: »Mich trieb die Neugierde auf einen der höchsten Thürme der Stadt. Ich sah ein ganzes Meer, und Berge von Eisschollen. Deutz, Mülheim, Rodenkirchen und die dem Strom nächstgelegenen Orte ließen nichts von sich sehen als die Spitzen der Thürme und die Dächer der Häuser.« Am schlimmsten traf es Mülheim, wo jedes dritte Haus zerstört wurde. 21 Menschen starben – dass es nicht mehr waren, empfand man fast als ein Wunder. In einem anderen Zeugnis heißt es: »Die ganze grauenvolle Nacht hörte man nichts anderes als das Toben des Windes, das Brausen des Wassers, das Krachen der einstürzenden Häuser und – das jämmerliche Angstgeschrei der Bedrängten.« Wenn das Wasser endlich langsam zurückwich – »Der Rhein geht!«, war der erlösende Ruf –, kam oft erst das Schlimmste: Leichen, Tierkadaver und hochgeschwemmter Dreck trieben im Wasser und verbreiteten Seuchen.

Man muss sich den damaligen Rhein ganz anders vorstellen als den heutigen. Er war noch an keiner Stelle in ein steinernes Korsett gepresst, sondern bewegte sich frei, mäanderte in breiten Schleifen durch das Land, verlor sich in Nebenarmen, wechselte seine Gestalt oft von einem Jahr auf das andere. Der genaue Verlauf einzelner Abschnitte konnte sich völlig verändern. Und so war dies denn auch der größte Albtraum der Kölner: dass ihnen der Rhein abhandenkommen könnte. So unglaublich es sich anhört, zeitweise war diese Angst sehr konkret. Im 14. Jahrhundert spaltete sich der Rhein bei Hochwasser in zwei Arme: Der eine floss im gewohnten Bett, der andere brach sich Bahn über die Poller Wiesen und strömte östlich an Deutz vorbei bis nach Mülheim. Dort vereinigten sich beide Flussarme wieder miteinander. Im Kölner Stadtrat wuchs die Sorge, der Rhein könne sich auf Dauer ganz ins Herzogtum Berg verlagern. Dann wäre Köln nur noch Köln und nicht mehr Köln am Rhein gewesen. Und hätte buchstäblich auf dem Trockenen gesessen. Deshalb ließ der Rat das Ufer der Poller Wiesen befestigen, vornehmlich durch Bepflanzung. Ende des 16. Jahrhunderts entstanden nach langwierigen Verhandlungen mit dem Erzbischof, dem das Territorium gehörte, weit in den Fluss hineinreichende Dämme aus Eichenstämmen und Basalt, die sich dreieinhalb Meter hoch aus dem Wasser erhoben. Man nannte sie die Poller Köpfe. Dazu versenkten die Kölner auch noch massenhaft Schiffe. Ihre Maßnahmen hatten Erfolg – der Rhein blieb in seinem Bett. Die Strömung am gegenüberliegenden linken Ufer wurde dadurch sogar so stark, dass dort nun wieder neue Probleme entstanden und ein Turm abgerissen werden musste, der sich als Hindernis für den Schiffsverkehr erwies.

Rheinschiffer mit Flugzeug-Cockpit

Bis heute ist Köln ein bedeutender Hafen, und noch immer fahren fast unaufhörlich Frachtschiffe über den Rhein. Die einen tuckern auf die Berge zu, die anderen aufs Meer. Der Niederländer Richard Kruisinga ist so einer, der sein ganzes Leben zwischen Köln und Rotterdam hin- und herpendelt. Ein Rheinschiffer des 21. Jahrhunderts: Wenn er im Steuerhaus seiner 135 Meter langen »Duricha« in einem schwarzen Ledersessel Platz nimmt, leuchten um ihn herum Apparaturen und Bildschirme wie im Cockpit eines Flugzeuges. Es ist nur viel geräumiger hier. Kameras halten das Schiff von allen Seiten im Blick, ein satellitengestütztes Navigationssystem weist den Weg, das Radarbild bietet Orientierung bei Nacht und Nebel. Aus dem Steuerrad ist ein Hebel geworden, nicht größer als ein Telefonhörer. Und auch der Anker muss nicht mehr eingeholt werden: Das Schiff kann auf Knopfdruck Stelzenbeine ausfahren.

Die Duricha scheint nicht zu fahren, sondern über das Wasser zu gleiten. Nicht die geringste Erschütterung ist spürbar. Rechts und links ziehen Kies- und Sandufer vorbei. An schönen Sommerabenden sieht man dort die Leute grillen – das mag Kruisinga am liebsten, in solchen Momenten ist er glücklich. Wie gemächliche große Wassertiere ziehen die anderen Frachter vorbei. »Die kenne ich alle«, sagt er. »Als ich noch so klein war« – er zeigt mit der Hand etwa Tischhöhe an –, »konnte ich schon kilometerweit erkennen, welches Schiff da auf uns zukam.« Möwen segeln durch die Luft, die Vorboten des Meeres. Hat es Kruisinga nicht auch mal gelockt, zur See zu fahren, etwas anderes zu sehen als die wohlvertraute Strecke Rotterdam-Köln und wieder zurück? *De grote vaart*, die große Fahrt, nennen das die Holländer, und dabei schwingt noch etwas aus der Epoche der Ozeandampfer mit. Aber Richard

Kruisinga liebt den Blick auf die wechselnden Landschaften. Nur immer Wasser und so lange weg von zu Hause, das ist nichts für ihn.

Kruisingas Familie befährt den Strom in dritter Generation. Mit sechs Jahren kam er auf ein Internat für Schifferkinder. Am Wochenende fuhr er mit dem Zug zu seinen Eltern oder wurde von ihnen mit dem Auto abgeholt, je nachdem, wo das Schiff gerade lag. »Für mich stand immer fest, dass ich auch Schiffer werden wollte.« Das freie Leben ist es, das ihn anzieht: Fast alle Binnenschiffer sind selbstständig. Das Schiff ist eine Millioneninvestition mit einer 156 Quadratmeter großen Wohnung unter Deck. Dort muss man nirgendwo den Kopf einziehen oder sich in eine Koje zwängen. Auch der Steuermann und zwei Matrosen haben eigene Wohnungen an Bord.

Die Skyline von Düsseldorf taucht auf: Hochhäuser, der Fernsehturm, die Rheinbrücke. Aber nur selten bleibt Kruisingas Lebensgefährtin Lisette etwas Zeit, mit den beiden Kindern die Innenstadt zu erkunden, denn sobald die Container eingeladen sind, geht es weiter. Meist kann man nur kurz zum nächsten Supermarkt fahren – hinten auf dem Schiff parken dafür zwei Autos. Am Abend geht es weiter nach Krefeld und in der Nacht noch nach Duisburg, dann Richtung Antwerpen und von dort über einen Kanal nach Rotterdam. Es ist ein Leben, das nie stillsteht und sich doch ständig wiederholt. Man schläft keine zwei Tage hintereinander am selben Ort und kennt dabei alles ganz genau. »Fahren, laden, Geld verdienen«, sagt Kruisinga und lacht. Er muss das Schiff abbezahlen. Aber auch davon abgesehen, kann dieses Leben für ihn immer so weitergehen.

KÖLN

DER KOLOSSALE GESELLE

Die Krücken des Doms:
Blick ins Strebewerk

DER KOLOSSALE GESELLE
600 JAHRE DOMBAU

Mitten in der Innenstadt von Köln liegt eine Parallelwelt verborgen. Ein Laby-rinth von Strebebögen und Pfeilern, gemeißelten Blumen und aus Stein ge-hauenem Laubwerk tut sich auf. Aber da sind auch Wolfsgesichter, Teufels-hörner und Drachenflügel. Dämonen strecken ihre Klauen aus, ein Monster verschleppt einen Jungen, ein Werwolf gräbt seine Krallen in den Rücken eines schreienden Mannes. Fast immer weht ein kalter Wind, sonst hört man nur ein fernes Rauschen. Die den Blicken entzogene Zauberlandschaft befindet sich auf dem Dach des Kölner Doms. Sie ist so groß, dass dort ein Kaufhaus Platz hätte, und wird von 11 000 Türmchen und 2000 Skulpturen geschmückt. Wel-che Prachtentfaltung an einem Ort, den nur wenige je zu Gesicht bekommen!

Der Dom ist Kölns Weltwunder. Er wuchs empor inmitten von Seuchen, Krieg und unvorstellbarer Armut: Die meisten Menschen wohnten in verräu-cherten Katen mit Böden aus gestampftem Lehm und winzigen Fenstern, die gegen die Kälte mit Holzplatten verschlossen werden mussten – Glas war zu kostbar. Die Fenster des Doms dagegen haben eine Fläche von 10 000 Quadrat-metern – damit könnte man ein 30-stöckiges Hochhaus verglasen. Der Dom kann 20 000 Menschen fassen – mehr als die Hälfte der gesamten Einwohner-zahl Kölns zum Zeitpunkt der Grundsteinlegung. Auf heutige Verhältnisse übertragen, hieße das, ein Gebäude für 500 000 Menschen zu planen; selbst in das Rheinenergie-Stadion passen aber nicht mehr als 50 000. Nun gibt es schon lange noch viel größere Gebäude als den Dom, aber kein zweites, des-sen Stein in dieser Weise durchgeformt ist: einerseits übersät mit einem Ge-wirr von Türmen, Giebeln, Bögen und Blumen und andererseits doch so völ-lig systematisch aufgebaut. Im Laufe der Zeit haben sich zahllose Besucher dem Urteil angeschlossen, das Lewis Carroll, der Verfasser von *Alice im Wunderland*, 1867 fällte: »Die schönste Kirche, die ich jemals gesehen habe oder mir vorstellen kann.«

Köln hat schon seit dem 9. Jahrhundert einen Dom besessen. Der erste, der alte Dom, war auch schon 90 Meter lang und fünfschiffig und Vorbild für viele andere Kirchen. Er endete am 30. April 1248 in einem gewaltigen Feuer. Die Kölner hatten es absichtlich gelegt, um den Chor des Doms zum Einsturz zu bringen, damit sie an dieser Stelle mit der Errichtung eines neuen anfangen konnten. Dabei griffen die Flammen jedoch auch auf das Langhaus über. Im letzten Moment gelang es noch, den größten Schatz von Köln aus dem brennenden Gebäude zu retten – einen goldenen Schrein. Der Inhalt dieses Schreines war der ausschlaggebende Grund dafür, dass die Kölner zu diesem Zeitpunkt beschlossen hatten, einen neuen Dom zu errichten. Den größten Dom der Welt.

Was enthielt der Schrein? Nur drei Gerippe! Heute klingt das geradezu verrückt. Zumal die Namen derer, zu denen sie einmal gehört haben sollten, von der Bibel noch nicht einmal genannt werden. Heiliggesprochen wurden sie nie. Dass es drei waren, ist reine Spekulation. Könige können es auf keinen Fall gewesen sein. Und doch werden sie bis heute nur die Heiligen Drei Könige genannt. Der Kölner Erzbischof Rainald von Dassel hatte die Knochen 1164 als Kriegsbeute von Mailand nach Köln gebracht. Während die Gebeine in Mailand gar nicht so viel Aufsehen erregt hatten, legte Rainald – ein Riese von zwei Metern Größe – auf seiner langen Reise nach Köln immer wieder Zwischenstopps ein und ließ Messen lesen, was ihre Bekanntheit enorm gesteigert haben dürfte. Noch heute gibt es an der Strecke alte Gasthäuser wie »Zur Krone« oder »Zum Mohren«, die wohl auf diese Reliquien-Tournee zurückgehen. So kam es, dass »Sancta Colonia«, das Heilige Köln, bald nach Ankunft der Gebeine zum bedeutendsten Wallfahrtsort neben Rom und Santiago de Compostela aufsteigen konnte. »Im Hochmittelalter«, schreibt Golo Mann, »war Köln eine Hauptstadt der Christenheit so gut wie Paris.« Nach damaliger Vorstellung standen die Heiligen Drei Könige ganz nah am Thron Gottes. Wer ihre Gebeine berührte, der konnte sich fast sicher sein, dass seine Gebete von den Königen im Himmel erhört wurden. Und er durfte sich vorstellen, auf diese Weise einflussreiche Fürsprecher an höchster Stelle zu gewinnen. Diese Aussicht war Tausenden von Menschen Antrieb genug, um von weither an den Rhein zu pilgern. Um die Bedeutung der Gebeine noch stärker herauszustellen, bestellten die Kölner bei dem berühmtesten aller Goldschmiede, Nikolaus von Verdun, den größten Reliquienschrein, den man jemals gesehen hatte. Es dauerte 40 Jahre, bis der Goldsarg fertig war. Auf der Vorderseite waren kurioserweise vier Könige zu sehen: Der vierte war der damalige deutsche Kaiser Otto IV. – eine Schmeichelei, von der man sich Vorteile versprach.

Eine Kirche aus Glas

Doch auch der größte Schrein der Christenheit reichte nach Ansicht der Kölner noch nicht, um ihrem Reliquienschatz Genüge zu tun. Es musste noch eine zweite Hülle her – ein neuer Dom. Der alte war zwar auch schon groß, aber noch nicht groß genug. Der neue Dom sollte die Leute schier überwältigen. Wie ein einsamer Berg würde er über alles Irdische hinausragen. Vor allem aber sollte dieser neue Dom in einem ganz anderen Stil gebaut werden als der alte. Bisher waren die Kölner an Kirchen gewöhnt, die wie Trutzburgen des Glaubens wirkten, mit meterdicken Wänden, gedrungenen Türmen und kleinen Fenstern, die nur Dämmerlicht hereinließen. Die Mauern der neuen Kirche sollten dagegen nicht aus Stein sein, sondern – aus Glas! Und diese Glasfenster würden etwas geradezu Unglaubliches vollbringen: Sie würden Gott ein Stück weit sichtbar machen.

Nach damaliger Überzeugung war alle Schönheit nur ein Abglanz Gottes. Gott selbst war in seiner Unermesslichkeit für den Menschen nicht zu erfassen und blieb darum unsichtbar. Es gab jedoch etwas, das dem Menschen zumindest eine Ahnung von Gott geben konnte – das Licht. Licht war Gott in mehrerer Hinsicht ähnlich: Es war die Voraussetzung für alles Leben, es war nicht stofflich, nicht greifbar, und es konnte Dunkles erstrahlen lassen und dadurch verwandeln. Das Licht galt darum als Urbild alles Schönen. Aufgabe der Kunst war es, die Schönheit des Lichtes für den Menschen erfahrbar zu machen. Gelang dies, so konnte man durch das Kunstwerk einen Schimmer von Gott erhaschen. Ebendiesem Zweck dienten die riesigen Buntglasfenster der Kathedralen. Ihre Lichtarchitektur verhieß Gotteserfahrung. Ebenso wie erst das Tageslicht die Farben und Formen der Fenster sichtbar werden ließ, würde Gott am Ende der Zeiten die Menschen erleuchten und die Welt enträtseln. Und auf noch eine Weise ermöglichte die Kathedrale bereits einen Blick in die andere Welt: Mit seinen Türmen und Zinnen war der Dom ein Abbild des Himmels, den sich aufstrebende Städter wie die Kölner durchaus urban vorstellten, als gläsernen Stadtstaat inmitten einer paradiesischen Gartenlandschaft. Man sprach vom »Himmlischen Jerusalem«.

Die Entscheidung, den karolingischen Dom durch einen Neubau zu ersetzen, wurde 1246 oder 1247 vom Domkapitel getroffen, denn es war dieses Gremium, das die Finanzen des Erzbistums verwaltete. Die eigentlichen Kathedralenbauer waren also die Domherren. Finanziert wurde der Dom über Spenden. Die Geldgeber kamen aus allen Schichten der Bevölkerung: vom Handwerker bis zum König von England. Die Kirche versprach ihnen dafür die Vergebung ihrer Sünden und ewige Freuden im Jenseits.

Nun brauchte man nur noch den richtigen Architekten. Die Wahl des Domkapitels fiel auf Meister Gerhard. Dieser Gerhard, von dem man eigentlich nicht mehr weiß als seinen Namen, und auch das nur, weil er in Köln ein Haus gekauft hat, muss ein Genie gewesen sein. Vermutlich hatte er auf einer der großen französischen Kathedralbaustellen mitgearbeitet. Als sicher gilt, dass er die 1248 vollendete Sainte-Chapelle in Paris kannte, eine gotische Kapelle, deren Wände bis auf das steinerne Rahmenwerk ausschließlich aus Buntglasfenstern bestehen. Als Vorbild für den Kölner Dom wählte Meister Gerhard die 1220 begonnene Kathedrale von Amiens in Nordfrankreich. Daraus entwickelte er jedoch einen höchst eigenständigen Entwurf. Wie ausgearbeitet dieser Entwurf vor Baubeginn war, lässt sich heute nicht mehr sagen. Vermutlich war der Dom anfangs nur ein Gedankengebäude. Er existierte allein in Gerhards Kopf. Vor seinem geistigen Auge sah Meister Gerhard eine Basilika, das heißt eine Kirche mit einem Längsraum, der in mehrere – in diesem Fall in fünf – parallel zueinander verlaufende Schiffe unterteilt war. Das mittlere Schiff sollte deutlich höher ausfallen als die Seitenschiffe, wodurch im Mittelschiff eine weitere, hoch gelegene Fensterzone entstehen würde. Dieses fünfschiffige Langhaus sollte von einem dreischiffigen Querhaus durchschnitten werden, sodass beide Häuser ein Kreuz bildeten. Im Westen dachte

Eine Kirche aus Glas: die Fenster
im Obergaden des Kölner Domchores
aus dem frühen 14. Jahrhundert

sich Meister Gerhard zwei himmelstürmende Türme. Selbstverständlich war ihm klar, dass er die Fertigstellung seines Werkes niemals erleben würde.

Am 15. August 1248 legte Erzbischof Konrad von Hochstaden im Beisein einer großen Menge von Zuschauern den Grundstein. Anschließend waren die Arbeiter erst einmal neun Jahre damit beschäftigt, die Fundamente für den Chor – den hinteren Teil der Kathedrale mit dem Altarraum – zu legen. Die Grundmauern des Doms reichen so weit in die Erde wie heute manche U-Bahn-Station, mehr als 16 Meter tief. In den Augen von Gerhards Zeitgenossen war das geradezu gefährlich tief – man musste befürchten, dass er die Hölle anbohrte. Doch für Gerhard zählten andere Überlegungen: Die gotischen Baumeister betrachteten die Erdoberfläche sozusagen als Wippe. Wenn das Gewicht über und unter der Erde ausgeglichen war, blieb das Bauwerk stehen. Deshalb wiegt der Kölner Dom unter der Erde genauso viel wie über der Erde – schätzungsweise 120 000 Tonnen. Zusätzlich wählte Meister Gerhard für das Fundament einen der härtesten Steine: Basalt. Zwischen die Basalte fügte er jedoch einen sehr weichen Stein ein, Tuffstein. Denn schon damals war bekannt, dass der Rheingraben ein Erdbebengebiet war. Der elastische Tuffstein gab bei Druck nach. Japanische Architekten haben sich diese Technik später bei den gotischen Baumeistern abgeguckt – für die Wolkenkratzer von Tokio.

Senkblei statt Software

Das Erste, was danach in die Höhe wuchs, war der Chor, das spirituelle Herz des Gotteshauses mit dem Hochaltar. Heute würde man Computerprogramme einsetzen, statische Berechnungen anstellen. Meister Gerhard dagegen hatte nur Erfahrungswerte. Er konnte die Statik nicht mathematisch berechnen, kannte keine algebraischen Formeln. Seine Software war das 13-Knoten-Seil, mit dem er geometrische Formen wie Kreise und Dreiecke konstruieren konnte. Dazu kamen Messstab, Zirkel und Senkblei, mit dem er kontrollieren konnte, ob der Winkel wirklich 90 Grad betrug und die Mauer gerade stand.

Es grenzt an ein Wunder, dass die Dombaumeister mit solch einfachen Hilfsmitteln derart kolossale und komplexe Gebäude zustande brachten. Denn selbst Abweichungen im Millimeterbereich sind ein Problem, weil sie sich in der Höhe potenzieren. Ob das Gebäude wirklich halten würde, konnte Meister Gerhard darum mit letzter Sicherheit nicht wissen. Manchmal ging es schief, so 1284 in der nordfranzösischen Stadt Beauvais, wo der Chor während des Baus teilweise einstürzte.

Die gotischen Kathedralen hätten nie gebaut werden können, wenn ihre ersten Architekten in Frankreich nicht eine technische Revolution vollbracht hätten. Das entscheidende Element der Kathedralen sind ihre riesigen Fenster – ihre Wände sollten aus Glas sein. Dies war nur möglich, wenn die Wände fast keine tragende Funktion hatten. Die gotischen Baumeister verlagerten das Gewicht des Gebäudes deshalb von den Wänden auf Pfeiler. Innen sind es ranke und schlanke Pfeiler, außen mächtige Stützen. Über Bögen sind sie mit der Kathedrale verbunden und bewahren sie wie Krücken vor dem Umfallen.

Auf der Kölner Dombaustelle arbeiteten viele verschiedene Fachleute, die alle ihre eigene Bauhütte hatten: Steinmetze, Mörtelmischer, Maurer, Zimmerleute, Schmiede ... Unterstützt wurden sie von Hunderten Hilfsarbeitern. Unter ihnen waren viele Entwurzelte, die in der großen Stadt ihr Glück suchten: Leibeigene, die vor ihren Lehnsherren in die Stadt geflohen waren, oder Bauernsöhne aus kinderreichen Familien, die auf dem elterlichen Hof keine Zukunft hatten. Sie bauten alle freiwillig am Dom mit, niemand wurde dazu gezwungen. Mit Sicherheit war ihr Leben hart, allerdings boten sich ihnen auch Aufstiegsmöglichkeiten, wie man sie in der Feudalgesellschaft des Mittelalters kaum erwarten würde. Der Hilfsarbeiter konnte Facharbeiter werden, dann etwas Geld sparen, sich selbstständig machen und zum Architekten fortbilden. Vielleicht arbeiteten auch Frauen auf der Baustelle, für Paris sind jedenfalls Gipserinnen, Mörtelmacherinnen und sogar Maurerinnen belegt. Besonders mühselig war die Arbeit der Steinbrecher – sie zogen sich in den unterirdischen Gängen der Steinbrüche oft eine Staublunge zu. Der Stein für den Dom kam vom Drachenfels im Siebengebirge – es war Trachyt, ein hellgrauer Vulkanstein. Auf einer hölzernen Rutsche glitten die bis zu eine Tonne schweren Quader ans Ufer. Dort wurde jeder Stein kontrolliert und schon mit einem Hinweis dafür versehen, wie er verbaut werden sollte. Segelschiffe transportierten die Quader 50 Kilometer rheinabwärts nach Köln. Nach und nach wurde der Fels abgetragen – der Glaube versetzte buchstäblich Berge. Auch in der Eifel lebten viele Menschen davon, Steine für den Dom zu brechen. »Man darf nicht immer nur die – man sagt ja heute gern – ›Ausbeutung‹ sehen«, meint die frühere Dombaumeisterin Barbara Schock-Werner. »Die Baustelle des mittelalterlichen Doms hatte für den Bürger der Stadt Köln die gleiche Bedeutung wie Ford heute.«

Zwölf Jahre nach der Grundsteinlegung stand der Kranz der sieben äußeren Kapellen, von denen der Chor eingeschlossen wurde. So konnte Erzbischof Konrad von Hochstaden 1261 bereits in einer Domkapelle beigesetzt werden. Ungefähr zu dieser Zeit muss auch Meister Gerhard gestorben sein. Mehrere Legenden und Märchen ranken sich um seinen Tod; immer geht es dabei um eine Wette mit dem Teufel, die dieser schließlich gewinnt, worauf der Meister vom Baugerüst in die Tiefe stürzt. In den Geschichten spiegelt sich jene Mischung aus ungläubigem Staunen und Neid, die ein so rasch in die Höhe strebender Bau wohl zwangsläufig hervorrufen musste. Die Frage, ob dabei alles mit rechten Dingen zuging, lag auf der Hand.

Meister Gerhard dürfte seinen Entwurf in Gesprächen und Zeichnungen, vielleicht auch durch Holzmodelle an seine engsten Mitarbeiter weitergegeben haben. Sein Nachfolger, Meister Arnold, war vermutlich derjenige, der um 1280 den bis heute erhaltenen Fassadenriss schuf, eine mehr als vier Meter große Tuschezeichnung der Hauptfassade mit den beiden Türmen, akribisch genau, selbst kleinste Rundungen sind mit dem Zirkel gezeichnet. Da ist er bereits, der Kölner Dom, wie wir ihn kennen! Aber noch nicht in Stein, sondern nur auf Pergament.

1277 weihte der hochbetagte *doctor universalis* Albertus Magnus den Altar der Sakristei. Nun begann die Arbeit an den Obergaden des Chores, der oberen Fensterreihe. Außerdem wurden die Ostseiten des Querhauses vollendet – der Dom schlug damit gleichsam die Flügel aus. Wie eine Glucke thronte er nun auf seinem Hügel über den Häusern der Stadt. Dass der Erzbischof seit der Schlacht von Worringen nahezu entmachtet war, tat der *fabrica*, der Fabrik zum Bau des Doms, keinen Abbruch: Bauherr war ja nicht der Bischof, sondern das Domkapitel.

Der Maschinenpark des Dombaumeisters

Mittlerweile bewegten sich die Gewölbebauer in einer Höhe von 44 Metern, um das Gewölbe – das Dach – zu konstruieren. Sein tragender Baukörper waren die sogenannten Rippen: große Bögen, die sich von der einen Wand der Kathedrale zur anderen spannten und dabei jeweils überkreuzten. Die Zwischenräume wurden mit Kappen aus möglichst leichtem Stein ausgemauert. Zuletzt wurde im Scheitelpunkt der sich überkreuzenden Rippen der Schlussstein eingesetzt. Er musste wie bei einem Puzzle ganz genau passen, da die Schubkraft des Gewölbes sonst nicht richtig abgeleitet wurde, was zum Einsturz geführt hätte. Das Dach des Chores wurde mit Blei gedeckt, Regenwasser durch ein kompliziertes System von Rohren und Rinnen über verschiedene Ebenen abgeleitet und schließlich von den fantasievollen Wasserspeiern durch Monster- und Dämonenmäuler ausgespuckt. Auf dem Dach leuchteten in riesigen Buchstaben Verse zu Ehren der Heiligen Drei Könige.

Die Baustelle war nun auch zu einem Maschinenpark geworden. Das beeindruckendste Hilfsmittel war ohne Zweifel der Tretkran. Er bestand aus einem mannshohen hölzernen Laufrad, das mit der mühsamen Beinarbeit sogenannter Windeknechte betrieben wurde. Dadurch wickelte sich um die Achse des Rades ein Seil, das steil in die Höhe lief, oben über eine Rolle oder den Schwenkarm eines Kranes geleitet wurde und von dort wieder nach unten zum Boden führte, wo es an dem Quader befestigt war, der nach oben gehievt werden sollte. Durch das Aufrollen des Seils wurde die Last nach oben gezogen.

Glasbläser arbeiteten an der Herstellung der farbigen Fenster. Sie stellten relativ kleine Scheiben her und verbanden sie dann durch dünne Bleistege. Zusammengesetzt ergaben sie – ähnlich wie die Pixel eines digitalen Fotos – ein riesiges Gesamtbild. Jahrhunderte vor den Ölmalern erforschten die Glasmaler bereits die Gesetze der Optik, um die Wirkung ihrer Kunst zu vervollkommnen. Sie wussten zum Beispiel, dass das durch die Fenster fallende Licht schwarze Linien dünner und feiner erscheinen ließ, weshalb sie sie extra dick malten. Das wichtigste Fenster des Doms wurde zuerst geschaffen: Es fand seinen Platz um 1260 in der Achse des Chores. Das 17 Meter hohe sogenannte Bibelfenster erzählt in zwei senkrechten Bilderreihen die wichtigsten Ereignisse des Alten und Neuen Testaments. Ebenso wie die anderen Fenster des

Binnenchores aus dem 14. Jahrhundert ist es unversehrt erhalten, sodass der Besucher dort noch den Farbklang des Mittelalters nachempfinden kann. Die Fenstergemälde sind das reinste Kirchenkino: Die Sonne dient als Projektor, sie verändert die Farben je nach Witterung und Tageszeit, lässt mal dieses, mal jenes Detail stärker hervortreten. Die Komposition scheint zu leben.

Bei Sonne wird auch das Chorgestühl des Kölner Doms mit bunten Lichtflecken überzogen. Doch so vornehm, wie es scheint, ist es gar nicht. Der Chorraum ist so aufgebaut, dass die Fenster den Raum Gottes symbolisieren. Die Skulpturen der zwölf Apostel auf mittlerer Höhe der Chorpfeiler stehen für die Kirche als Vermittlerin zwischen Himmel und Erde. Das Chorgestühl schließlich ist die irdische Zone – mit allem, was dazugehört: Wenn man die Sitze hochklappt oder die Armstützen genauer betrachtet, kommen Ritter, Bauern, Jäger, Tänzerinnen, ja sogar Affen und Teufel zum Vorschein. Die Schnitzereien sind so verspielt und humorvoll, dass sie wohl immer schon auch der Unterhaltung während allzu langer Gebetsstunden gedient haben. Der Zisterzienserabt und Mystiker Bernhard von Clairvaux wetterte jedenfalls im 12. Jahrhundert: »Den ganzen Tag ist man damit beschäftigt, die Einzelheiten der Werke zu bewundern, anstatt über das Gesetz Gottes nachzusinnen.«

Am 27. September 1322, 74 Jahre nach der Grundsteinlegung, weihte Erzbischof Heinrich von Virneburg den Chor. Er war 43,35 Meter hoch (zum Vergleich: Das Brandenburger Tor bringt es auf 26 Meter). Ein mächtiger Raum, letztlich aber nur der hinterste Teil der Kathedrale. Jetzt erst begannen die Arbeiten am Langhaus, wofür weitere Teile des alten Doms abgetragen wurden – letzte Reste blieben immer noch stehen. Es entstanden die südlichen Seitenschiffe des Langhauses, der Südturm begann in den Himmel zu wachsen. Bei seinem Besuch in Köln im Jahre 1333 besichtigte Francesco Petrarca auch die Dombaustelle. »Ein herrliches Bauwerk«, lautete sein Urteil.

Und doch ging die ganze Sache nicht so schnell voran, wie man erwartet hatte. Die Kathedrale von Chartres, das Urbild aller gotischen Dome, war in weniger als 70 Jahren fertiggestellt worden. Warum dauerte es in Köln dann so lange? Barbara Schock-Werner nimmt die Kölner in Schutz: »Die haben im Rekordtempo gearbeitet«, sagt sie. »Dass sie trotzdem so lange gebraucht haben, liegt an der Größe und Perfektion, in der man hier gebaut hat. Eine völlig unkölsche Perfektion. Das braucht seine Zeit.«

So viel Zeit allerdings, dass der Baustil des Doms irgendwann gar nicht mehr modern erschien, sondern überholt. Gegen Ende des 15. Jahrhunderts lehnten sich neue Gebäude zunehmend an Vorbilder aus der Antike an. Dazu kam, dass das Finanzierungssystem des Doms – der Ablasshandel – in Verruf geriet. Schließlich war der letzte Groschen vermauert, um 1530 wurde die Arbeit eingestellt. Einer gestrandeten Galeone gleich, lag der Dom nun am Rheinufer: hinten der Chor wie das hochgetürmte Heck, vorne der Baukran auf dem Turmstumpf wie ein abgeknickter Mast. Ein trauriger Anblick. Als der holländische Landschaftsmaler Gerrit Berckheyde im 17. Jahrhundert nach Köln kam, retuschierte er den Dom aus seiner Stadtansicht einfach weg – er wollte sich das Bild nicht verderben. Dann kamen die Franzosen, und der Dom musste Dienst tun als Kriegsgefangenenlager, Futterspeicher und Pferdestall.

Ein folgenreicher Dachbodenfund

Dass der Dom am Ende doch noch fertiggebaut wurde, ist ganz wesentlich einem Mann zu verdanken, der heute in Köln nicht so bekannt ist, wie er es verdient hätte: Sulpiz Boisserée (1786–1854). Schon früh hatte dieser Kunsthändler – ein Nachfahre von Zuwanderern aus dem heutigen Belgien – eine »jugendliche Verehrung für den Dom« entwickelt. Damit stand er zu dieser Zeit ziemlich allein da, viele hätten den Dom am liebsten abgerissen, nur wussten sie nicht, wie man das bei diesem Riesentorso bewerkstelligen sollte. Noch keine 20 Jahre alt, entwickelte Boisserée bereits die Idee, den Dom zu vollenden. Spötter taten ihn als den »gecken Boisserée« ab. Doch davon ließ er sich nicht beeindrucken. Er beauftragte drei Zeichner, den Zustand des Doms festzuhalten, und verteilte die gedruckten Abbildungen unter Deutschlands Dichtern und Denkern. 1811 reiste er sogar nach Weimar, um dort Johann Wolfgang von Goethe für seine Idee zu begeistern. Der Dichterfürst reagierte zunächst skeptisch – es erschien ihm unmöglich, »das Märchen vom Turm zu Babel an den Ufern des Rheins« zu verwirklichen. Doch im Sommer 1815 ließ er sich schließlich dazu bewegen, zusammen mit dem preußischen Reformer Freiherr vom Stein die Stadt zu besuchen und den Dom zu besichtigen. Der erste Eindruck kann nur enttäuschend gewesen sein: Er betrat den Torso durch

das provisorische Langhaus, das wie eine überdimensionale Abstellkammer gewirkt haben muss. Am östlichen Ende des Raumes befand sich eine große Wand, darin eine Tür. Goethe ging hindurch – und stand von einem Moment auf den anderen in einem himmelhohen Raum voller Licht und Farben. Es war der Chor, der einzig vollendete Teil der Kathedrale. Goethe war überwältigt. »Ungeheures, Übergroßes«, sah er vor sich. Und warf nun selbst die »kühne Frage« auf, »ob nicht jetzt der günstige Zeitpunkt sei, an den Fortbau« zu denken. In diesem Sinne schrieb er auf Wunsch von Freiherr vom Stein an den preußischen Innenminister.

Schnell fanden sich weitere Befürworter. Der entscheidende Durchbruch kam dadurch zustande, dass sich die Idee der Domvollendung mit dem erwachenden Nationalbewusstsein der Deutschen verband. So erklärte der katholische Publizist Joseph Görres den Dom kurzerhand zum »Symbol des neuen Reiches, das wir bauen wollen«. Dabei tat sich allerdings ein Problem auf, das zunächst unlösbar schien: Niemand wusste, wie der fertige Dom überhaupt aussehen sollte. Mittelalterliche Pläne waren nicht mehr vorhanden, sämtliche Domakten waren von französischen Truppen verschleppt worden. Es ist einem unglaublichen Zufall zu verdanken, dass sich das änderte: 1814 entdeckte ein Zimmermannsgeselle auf dem Speicher des Darmstädter Wirtshauses »Zur Traube« die eine Hälfte des von Meister Arnold gezeichneten Domrisses mit dem Nordturm. Das Pergament diente dort zum Bohnentrocknen. Der Architekt Georg Moller erkannte die Bedeutung des Fundes und unterrichtete Boisserée. Zwei Jahre später gelang es diesem, in Paris die dazugehörige zweite Hälfte mit dem Südturm ausfindig zu machen. In dem Moment, in dem er beide Hälften zusammenlegte, sah er vor sich die Hauptfassade des Doms, wie sie von Meister Gerhard erdacht worden war. Jede Kreuzblume, jeder Fries war mit eingezeichnet. Nun musste nur noch der Teil zwischen Hauptfassade und Chor von Zeichnern rekonstruiert werden.

Dennoch erschien der Weiterbau als Fantasterei, denn wie sollte ein solches Projekt finanziert werden? Zwar veröffentlichte der »wackere Boisserée«, wie Goethe ihn nannte, 1823 sein wegweisendes Werk *Geschichte und Beschreibung des Domes*, das auch die kölnferne preußische Oberschicht für den Weiterbau gewinnen sollte; zwar nahm im selben Jahr die Dombauhütte wieder ihren Betrieb auf, doch ihre Aufgabe erschöpfte sich vorerst darin, den

Der Bauplan des Kölner Doms:
der Fassadenriss, entstanden um 1280

Dom vor dem völligen Verfall zu bewahren. »Die Domarbeiten sind das Gefährlichste, was es gibt«, schrieb der preußische Oberbaudirektor Karl Friedrich Schinkel an seine Frau. »Ich selbst glaubte, überall in Lebensgefahr zu sein, weil die Verwitterung so zugenommen hat, dass täglich Stücke der vielen freistehenden Teile herabstürzen.« Mit Müh und Not konnte man im Laufe der Jahre die ärgsten Schäden beheben – an einen Weiterbau war jedoch nicht zu denken, dafür fehlte das Geld. Ein Stadtführer von 1828 vertrat die Auffassung, dass »der Gedanke an den Fortbau des Doms nur unter die patriotischen Phantasien zu rechnen« sei.

Symbol des neuen Deutschland

Das Schlüsselereignis war 1840 die Thronbesteigung Friedrich Wilhelms IV., der seit seiner Jugend ein glühender Befürworter des Weiterbaus war. Sofort wandte sich Boisserée zusammen mit Gleichgesinnten an den neuen König und bat ihn, die Gründung eines Dombau-Vereines zu erlauben. Friedrich Wilhelm stimmte zu, und so konstituierte sich 1842 der Zentral-Dombau-Verein zu Köln, der später vor allem durch die überaus erfolgreiche Dombaulotterie sicherstellte, dass die Millionen weiter flossen. Im selben Jahr 1842 legte Friedrich Wilhelm feierlich den Grundstein für die zweite Bauphase und stellte selbst die Hälfte der benötigten Gelder zur Verfügung. So manch einer hielt das alles für reaktionären Wahn. Heinrich Heine dichtete 1844 in seinem *Wintermärchen*:

Doch siehe! dort im Mondenschein
Den kolossalen Gesellen!
Er ragt verteufelt schwarz empor,
Das ist der Dom von Köllen.

Er sollte des Geistes Bastille sein,
Und die listigen Römlinge dachten:
In diesem Riesenkerker wird
Die deutsche Vernunft verschmachten!

Da kam der Luther, und er hat
Sein großes »Halt!« gesprochen –
Seit jenem Tage blieb der Bau
Des Domes unterbrochen.

Er ward nicht vollendet – und das ist gut.
Denn eben die Nichtvollendung
Macht ihn zum Denkmahl von Deutschlands Kraft
Und protestantischer Sendung.

Ihr armen Schelme vom Domverein,
Ihr wollt mit schwachen Händen
Fortsetzen das unterbrochene Werk,
Und die alte Zwingburg vollenden!

O thörichter Wahn! Vergebens wird
Geschüttelt der Klingelbeutel,
Gebettelt bei Ketzern und Juden sogar;
Ist alles fruchtlos und eitel.

Doch anders als Heine es darstellte, symbolisierte der Dom bald weniger den katholischen Glauben als vielmehr die Idee eines geeinten und starken Deutschland. Dombaumeister war ein Protestant – Ernst Friedrich Zwirner. Unter seiner Führung kam Bewegung in den Baukran. Auf den beiden ältesten Fotografien von Köln aus dem Jahre 1847 ist der Baufortschritt schon deutlich zu erkennen: Die Lücke zwischen Chor und Südturm ist nun geschlossen. Bis hin in die entlegensten ostpreußischen Zipfel des Königreiches nahm man Anteil an den Bauarbeiten, nicht zuletzt auch deshalb, weil der Dom am Rhein alle Kathedralen des Rivalen Frankreich in den Schatten stellten sollte. 1854 starb Boisserée mit 70 Jahren in Bonn – ohne den fertigen Dom gesehen zu haben, aber im Bewusstsein, dass sein Lebensziel verwirklicht werden würde.

Es klingt wie ein Paradox, doch gerade dadurch, dass der Dom erst nach einer Unterbrechung von 300 Jahren zu Ende gebaut wurde, erstand er nun in einem so einheitlichen Stil, wie dies im Mittelalter niemals der Fall gewesen wäre. Denn damals entwickelten die Baumeister ihren Entwurf fortwährend weiter und passten ihn neuen Strömungen an. Das Ergebnis war so manches Mal ein stilistischer Mix, bei dem sich zum Beispiel die Türme ein und derselben Kathedrale in Form und Höhe unterschieden. In Köln dagegen wurde der Dom im 19. Jahrhundert in genau jenem hochgotischen Stil vollendet, den der Chor vorgab. Nur einmal wichen Meister Gerhards moderne Nachfolger von den gotischen Vorlagen ab: Gegen den Widerstand der Puristen bauten sie den Dachstuhl aus Eisen statt aus Holz. Bis zur Errichtung des Eiffelturms war der Dachstuhl des Doms die größte Stahlkonstruktion der Welt.

Ein Spektakel bot der Bau der Türme. Nie zuvor hatten Menschen in solcher Höhe gearbeitet. Die Gerüste waren jetzt nicht mehr im Erdboden verankert, sondern die Halterung wurde am Turm befestigt – man sieht es noch auf alten Fotos. Der Dom wirkt wie ein im Käfig gefangener Gulliver, der sich riesenhaft über Liliput erhebt. Mit 157 Metern war er nun das höchste Gebäude der Welt, allerdings nur für vier Jahre, dann wurde er vom Washington Monument übertroffen. 1880 war es schließlich so weit: Nach 632 Jahren und 2 Monaten Bauzeit waren Meister Gerhards Gedanken zu Stein geworden. Die Vollendung des Doms wurde jedoch nicht als Triumph der Architekten, Kölns oder der Kirche gefeiert, sondern als pompöse Selbstdarstellung des Hohenzollernhauses, das mittlerweile zu Kaiserwürden gekommen war. Der Erzbischof war nicht einmal zugegen, er saß als Flüchtling in Maastricht – eine Folge des Kulturkampfes zwischen Bismarck und der katholischen Kirche. Zu den Zaungästen, die von einem Balkon aus einen Blick auf den freundlich dreinblickenden Kaiser in seiner offenen Kalesche erhaschen konnten, gehörte auch ein vier Jahre alter Junge, der darüber noch 85 Jahre später erzählen sollte: Konrad Adenauer.

Der Dom wird schwarz

Damals, im Jahre der Fertigstellung, sah der Dom genauso aus, wie sich ihn heute viele wünschen: ohne Baugerüst und hell. Lange ist das allerdings nicht so geblieben, dafür sorgten Kohleheizungen, Fabrikschornsteine und Dampflokomotiven. Die Züge schienen sogar geradewegs in den Dom hineinzufahren, denn die bis 1859 errichtete Dombrücke – der Vorgänger der Hohenzollernbrücke – war eigens so platziert worden, dass sie genau in der Längsachse der Kathedrale lag. Bis heute ergibt dies einen spektakulären Effekt für jeden Bahnreisenden. Die Verbindung von Dom und Eisenbahn – den technischen Höchstleistungen des 13. und des 19. Jahrhunderts – hatte allerdings ihren Preis: Der Dombau-Verein wies frühzeitig darauf hin, dass der Dom auf diese Weise im Kriegsfall ins Visier der Angreifer geraten konnte. Genauso ist es dann später auch gekommen. Während des Zweiten Weltkrieges, als Köln binnen drei Jahren 264 Mal bombardiert wurde, war der Dom hochgradig gefährdet, weil er in unmittelbarer Nachbarschaft zweier der wichtigsten Ziele lag: des Bahnhofs und der Hohenzollernbrücke. Dass die britischen Bomberpiloten Anweisung hatten, das Kulturdenkmal zu verschonen, ist eine Legende. Sie hätten weder den Befehl ausführen können, den Dom auszusparen, noch den Befehl, ihn zu zerstören – denn so genau konnten sie bei Weitem nicht treffen. Dementsprechend bekam auch der Riesenbau seinen Teil ab: 70 Treffer, um genau zu sein. Insgesamt 14 große Fliegerbomben ließen die Gewölbe teilweise einstürzen und zahlreiche Türmchen zu Bruch gehen – die Fenster hatte man rechtzeitig ausgebaut und in Sicherheit gebracht. Das größte Loch wurde am Abend des 3. November 1943 gerissen, als eine Fliegerbombe in den unteren Teil des Nordturms einschlug. Der rote Ziegelstein, mit dem die Lücke notdürftig zugemauert wurde, wirkte fortan wie eine klaffende Wunde. Doch der Dachstuhl mit der einst umstrittenen Stahlkonstruktion hielt stand; 14 Bomben, die dort einschlugen, wurden von den Freiwilligen gelöscht, die ihr Leben riskierten, um unter dem Dach Dienst zu tun. Dass der Dom letztlich stehen blieb, ist ein weiterer Beweis für seine Standfestigkeit und damit für das Genie von Meister Gerhard.

Bis heute ist die Dombauhütte mit der Ausbesserung von Kriegsschäden beschäftigt. Der zweite große Kampf ist der gegen den Steinfraß – die Luftverschmutzung, die dem Dom an die Substanz geht. Allerdings ist die Kölner Luft heute so gut, dass sie für den Stein schon fast ideal ist. Alles, was heute restauriert wird, dürfte darum viel länger halten als früher.

Der Dom ist Deutschlands meistbesuchtes und beliebtestes Bauwerk. Die Kölner selbst passieren ihn im Alltag oft teilnahmslos, fast so, als sähen sie ihn nicht. Das ist der Gewöhnungseffekt – Londoner schauen sich auch nicht nach

Big Ben um. Zudem ist der Dom eben »kein furchteinflößender Potentat«, wie Dieter Wellershoff schreibt, nein, er duldet »das vulgäre Leben, das heute durch die Domplatte noch näher an ihn herangerückt ist«. Wellershoff spricht treffend von der »volkstümlichen Majestät« des Doms, von seiner »freundlichen Väterlichkeit«. Aber genauso gibt es Situationen, in denen der Kölner gleichsam vom Dom überrascht wird. Etwa wenn seine massigen Umrisse nach längerer Heimfahrt plötzlich am Horizont auftauchen oder wenn ihm die Flutlichtscheinwerfer sein blasses Nachthemd angelegt haben. Dann kann es sein, dass auch derjenige, der ihn schon tausendmal gesehen hat, für einen Moment wieder wie vom Donner gerührt ist.

KÖLN

DIE DUNKLE SEITE

Schmutz und Verfall:
das Kölner Hafengebiet
auf einem Gemälde
von William Turner, 1826

DIE DUNKLE SEITE
ÜBERLEBEN IN DER STADT

Jahrhundertelang hatte Köln zwei Gesichter: eines am Tage und eines bei Nacht. Von der vollkommenen Finsternis vormoderner Städte kann man sich heute kaum noch eine Vorstellung machen. Es war wichtig, im Haus immer mindestens eine Feuerstelle oder eine Kerze brennen zu lassen: Erlosch sie, war man mit Blindheit geschlagen. Am Abend beeilte man sich, rechtzeitig nach Hause zu kommen. Eine Zeit lang hörte man vielleicht noch das Lärmen von Betrunkenen, die im Stockdunklen nicht selten verunglückten, dann herrschte Schweigen. Unterbrochen wurde die Stille nur von Hundegebell und den Zeitansagen des Nachtwächters. Er war die einzige Verbindung zum Tage, da er eine Lampe mit sich führte. Außerdem trug er eine Hellebarde, denn er hatte das Recht, verdächtige Personen anzuhalten, zu befragen und notfalls zu verhaften. Auf diese Weise erinnerte er daran, dass die städtische Ordnung auch bei Nacht weiterbestand. Außerdem führte der Nachtwächter immer einige glühende Kohlen bei sich, sodass er einem Unglücklichen, dessen Lichtquelle erloschen war, wieder ein Feuer anzünden konnte.

Die Stadt zog Gesindel an. Landstreicher und Bettler waren noch geduldet, sie gaben einem Christenmenschen immerhin die Möglichkeit, seine Mildtätigkeit unter Beweis zu stellen. Aber in einer solchen Metropolis wie Köln mit ihren 40 000 Einwohnern schlüpften auch Berufsverbrecher unter: Diebe und Räuber. Manche Gegend war so verrufen, dass sich bei Einbruch der Dämmerung keine rechtschaffene Seele in diese Dunkelzone wagte. Der Berlich zum Beispiel war das Terrain der »Schönfrauen«, der Prostituierten. Das ganze Viertel galt dementsprechend als »berüchtigt und verachtet«, doch wurde der Betrieb vom Rat offiziell geduldet und auch reglementiert. So war die Öffnungszeit auf zehn Uhr morgens festgelegt – Kleriker, Verheiratete und Nichtchristen durften das Haus nicht frequentieren. In der Spielmannsgasse nahmen durchreisende Musikanten, Gaukler, Schauspieler, Schausteller und andere Unterhaltungskünstler ihr Quartier. Auf dem Alten Graben (heute Kardinal-Frings-Straße) und im Altengrabengässchen wiederum wohnten die Kloakenreiniger, die spöttisch »Goldgräber« genannt wurden, und der ebenso gefürchtete wie verachtete Henker. Dann gab es Orte, die aus anderen Gründen zu später Stunde zu meiden waren. Die Burgmauer war das Revier der Weißen Frau, einer gut gekleideten Dame von allerdings ungesund blasser Gesichtsfarbe, die dort alle drei Monate um Mitternacht erschien. In breitem Kölsch beklagte sie, zu Lebzeiten Milch mit Wasser verdünnt zu haben, weshalb sie nun keine Ruhe finden könne. In St. Maria in Lyskirchen versammelten sich in der Weihnachtsnacht die Seelen der ertrunkenen Rheinschiffer zur letzten Christmette, bevor sie das Schleppschiff des Todes bestiegen. Ertönte in der Karfreitagsnacht wildes Getöse in der Nähe des Rathauses, so wusste man, dass die Feuerkutsche nahte. Von brennenden Pferden gezogen und von einem glühenden Kutscher gelenkt, raste sie die Straße zum Gürzenich entlang und versank dort im Boden.

Köln mochte reich und berühmt sein, aber es war in vielerlei Hinsicht ein lebensfeindlicher Ort. Überall lauerte Gefahr, und an den scheinbar sichersten Orten konnte plötzlich der Tod hervortreten. Köln war ein unersättlicher Menschenfresser. Wenn die Stadt wuchs – und sie wuchs zeitweise schneller als jede andere Stadt – dann geschah dies nicht, weil sich die Einwohner so rege vermehrten, sondern weil arbeitsuchende Menschen aus ländlichen Gebieten zuzogen. Aufgrund der vielen Seuchen war Köln ein so ungesunder Ort, dass immer deutlich mehr Menschen starben als geboren wurden. Der Fachbegriff der Geschichtswissenschaft dafür lautet seit einer bahnbrechenden Studie aus dem Jahre 1803 »urbaner Friedhofseffekt«. Besonders gefährdet waren Kinder. Zahlen liegen nicht vor, doch geschätzt wird, dass nur jedes zweite das fünfte Lebensjahr erreichte.

Die Kinderkrankheiten des Hermann von Weinsberg

Über ein einziges dieser Kinder weiß man besser Bescheid, obwohl schon ein halbes Jahrtausend vergangen ist, seit es in der Kölner Altstadt umherlief. Es hieß Hermann – Hermann von Weinsberg. Geboren am 3. Januar 1518, gestorben am 23. März 1597. Hermann von Weinsberg ist also 79 Jahre alt geworden. Damit gehörte er zu den ganz Wenigen, denen ein sehr langes Leben vergönnt war. Er muss eine gute Konstitution gehabt haben, er selbst bezeichnete sich als »zimlich stark und gesont«. Im Übrigen hatte er einfach unglaubliches Glück.

Das zeigt sich schon in seinem Geburtsjahr 1518. Da herrscht »ein großes schreckliches Sterben zu Köln und anderswo«. Schulen und Gerichte schließen, Priester tragen Reliquien durch die Stadt, aber die Seuche wütet weiter. Köln bietet jeder Epidemie ideale Bedingungen, denn die Stadt ist in weiten Teilen ein zum Himmel stinkender Slum. Dicht gedrängt stehen die Häuser, vier, fünf Stockwerke hoch, unterwandert und durchkreuzt von einem Gewirr aus Gassen, Treppen, Hinterhöfen und Durchgängen. Ab und an ertönt ein Warnschrei, und dann ergießt sich von oben der Inhalt von Eimern, Nachttöpfen und Abfallbehältern auf die Straße. Wobei das Wort »Straße« irreführend ist, denn die schlauchartigen Wege sind ungepflastert. Sie bestehen aus platt getretenem Dreck, der sich aus Kot, Küchen- und Betriebsabfällen zusammensetzt. Bei Regen verwandelt sich alles in Schlamm; die Karren bleiben darin stecken, wer hineinfällt, bekommt seine Kleider nicht mehr sauber. Tagsüber wird der Straßenbelag von Hunden und Schweinen durchwühlt. Schweine gibt es sehr viele in Köln, und sie werden alle auf die Straße getrieben. In einem solchen Umfeld kann sich eine Infektionskrankheit rasend schnell ausbreiten – aber diese Zusammenhänge werden erst Jahrhunderte später erkannt. Was man schon weiß, ist, dass Aussätzige isoliert werden müssen. Die Unglücklichen müssen die Stadt verlassen und vor den Toren im Siechenhaus zu Melaten ihr Dasein fristen. An der viel befahrenen Straße nach Aachen können sie dort Reisende um eine milde Gabe anbetteln.

Die Eltern Weinsberg setzen sich mit dem kleinen Hermann zur Sicherheit nach Dormagen ab, wo die Großmutter wohnt. Erst Monate später wagen sie sich zurück in die Stadt, wo Vater wie Mutter als Weinhändler und Tuchfärber arbeiten. Im nächsten Sommer bekommt Hermann die Röteln: »ein Ausschlag von roten Mälchen im Gesicht und über den ganzen Leib, wovon man sagt, alle Kinder müssten die Krankheit einmal gehabt haben«. Der einjährige Junge kratzt sich, schreit und plärrt, »dass man's auf dem ganzen Heumarkt hören kann«. Nachts, wenn er nicht in den Schlaf finden kann, spielt ihm der Vater zur Beruhigung etwas auf einem Musikinstrument vor.

Kaum hat Hermann die Röteln überstanden, stürzt am 20. Dezember 1519 die Dienstmagd mit ihm im Arm auf der Straße; der Kleine fällt auf einen Stein und schlägt sich ein Loch in den Kopf. Die Eltern befürchten eine Gehirnverletzung, »doch hat mir Gott durch die Ärzte bald geholfen«.

Harmlos, aber lästig sind die Läuse, von denen Hermann am ganzen Körper befallen wird. Als die Erwachsenen beratschlagen, wie man das Ungeziefer am besten bekämpfen kann, ob durch Einreiben mit Salben oder durch Bäder, kommt Hermann mit einem eigenen Vorschlag: »Mutter, mich deucht, wer ein Netz hätte und sie darein triebe, der finge sie wohl!« Damit erntet er allgemeines Gelächter – und wird später oft damit aufgezogen.

1522 ringt Hermann mit dem Tod. Im Frühjahr brechen unter Kölner Kindern die Pocken aus. Er steckt sich an, ebenso wie seine Schwestern Merg und Drutgin, die auch noch Kleinkinder sind. Alle drei liegen sie nebeneinander im großen Saal des Hauses Weinsberg am Heumarkt, umsorgt von den Eltern, Verwandten und Ärzten. Als Erstes stirbt Merg, kurz darauf Drutgin. Als Hermann über die Krankheit weint und klagt, wird er ermahnt, er möge sein Leiden mit Geduld ertragen, denn der Herrgott prüfe gerade diejenigen, die er lieb habe. Darauf erwidert der Vierjährige: »Der hat mich nicht lieb, der ist böse!«

Wenigstens Hermann wird wieder gesund. Aber schon bald hängt sein Leben wieder am seidenen Faden: An einem Waschtag bückt er sich zu weit über eine Wanne und fällt hinein. Keine der Mägde merkt etwas davon. Nur weil der Vater oben auf dem Speicher zufällig aus dem Fenster schaut und den Jungen in der Wanne strampeln sieht, wird er gerettet. Von den Mägden aus dem Bottich gezogen, läuft Hermann das Wasser aus dem Mund, er wirkt mehr tot als lebendig. Aber er erholt sich auch diesmal.

Als Nächstes befallen ihn Bauchschmerzen, gepaart mit Schwindelgefühlen und Halluzinationen. Er liegt in seinem Bettchen in der Küche und bildet sich ein, »aller Hausrat, Schüsseln, Töpfe und Kessel seien über den Haufen

Verschlossene Miene, offenherzige Schreibe: Hermann von Weinsberg im Alter von 22 Jahren auf einer zeitgenössischen Zeichnung

Effigies Hermannn à Weinsberg Anno 1539 ... depicta
tatis. 22 ...

125

175

geworfen«. Die Erwachsenen führen das Leiden auf Wurmbefall zurück und wollen ihm darum Kraut verabreichen. Sie bitten ihn, sie drohen ihm: Nur das Kraut könne ihn retten, andernfalls müsse er »in die schwarze Erde fahren«. Aber Hermann lässt sich nicht einschüchtern – er nimmt die Medizin nicht. Und wird auch so wieder gesund.

Im Sommer 1523 stellt sich heftiges Nasenbluten ein, sodass er bleich und ohnmächtig wird. Die Eltern setzen ihn ganze Tage in den Keller, weil sie meinen, Kühle sei die beste Behandlung. Sie führen das Bluten auf Hermanns hitzige Natur zurück – dazu passe auch, dass er jedes Mal rot werde, wenn er einen Fremden ansprechen müsse oder von jemandem angeschaut werde. Als die Kelleraufenthalte keine Linderung bringen, erproben die Erwachsenen andere Methoden: Sie stopfen ihm die Nasenlöcher zu, hängen ihm allerlei Dinge um den Hals, schütten ihm unvermittelt kaltes Wasser in den Nacken oder nähen ihm Blutsteine ins Hemd. Hilft das? »Gott mag's wissen«, seufzt Hermann. Mit der Zeit gibt sich das Nasenbluten von selbst.

An Karneval 1524 hat er wieder Glück: Die Eltern zapfen Wein, und da löst sich plötzlich ein Balken und fällt direkt neben ihm zu Boden. »Wäre er ein klein Stückchen näher gekommen, so hätte er mich ohne Zweifel totgeschlagen.« Zwei Jahre später, als er nichts ahnend Wecken bei der Bäckersfrau kauft, zischt eine Kugel an seinem Kopf vorbei: Ein gewisser Peter von Berchem hat auf Krähen gezielt und danebengeschossen.

1527. Hermann ist nun neun und geht seit drei Jahren zur Schule. Die Nachbarn sagen, er sei ein »Engel«. In jedem Fall ist er ein schüchterner Junge mit glattem braunem Haar, der viel im Haus ist und dort seinen Eltern hilft. Aber bei Streichen wie Schellemännchen ist er genauso dabei wie andere Jungen seines Alters. Von Krankheit bleibt er weiterhin nicht verschont: Im Mund bildet sich ein Geschwür. Der Bartscherer soll helfen. Er nimmt eine Schere und schneidet Hermann »das faule Zahnfleisch« weg. Etliche Zähne zieht er ebenfalls, ohne dass Hermann Schmerz dabei empfindet. Es sei höchste Zeit gewesen, das Geschwür zu entfernen, sonst wäre er daran gestorben, meinen die Großen. Kurz darauf erleidet Hermann einen Leistenbruch, der den rechten Hoden in Mitleidenschaft zieht. Es ist ein Unglück, das sein ganzes Leben beeinträchtigen wird, denn einen solchen Bruch zu operieren, übersteigt die Möglichkeiten ärztlicher Kunst bei Weitem. Um einer Verschlimmerung vorzubeugen, versucht Hermann fortan, unnötige Bewegung zu vermeiden. Außerdem hält er den Bruch geheim, denn er schämt sich dafür. »Es hat mich scheu gemacht, junge Frauen zu nehmen«, gesteht er. Nie wird er sich später nackt zeigen, noch nicht einmal vor seinen beiden – wesentlich älteren – Ehefrauen: »Meine Frauen haben meines Wissens nicht gemerkt, dass es ein Bruch war«, schreibt er als Witwer. »Oder sie haben es doch bemerkt, mir aber nichts davon gesagt.« Seine Schlussfolgerung lautet in jedem Fall: »O wie vielfältige Gebrechen müssen alte und junge Leute und Kinder leiden, mich wundert es nicht, dass täglich so viele Menschen sterben, dieweil der Mensch so mannigfaltigen Gebrechen unterworfen ist.«

Die Pest in Köln

Unter allen Seuchen in der langen Geschichte Kölns gab es eine, die sich dem kollektiven Gedächtnis besonders nachhaltig eingeprägt hat: die Pestepidemie von 1349. Zwei Jahre lang kroch sie auf die Stadt zu. Am Anfang gab es nur sehr ungenaue Berichte. Es hieß, in China und Persien habe es Wasser mit Würmern geregnet und Feuerbälle, groß wie Menschenköpfe, seien vom Himmel gefallen und hätten schrecklichen Rauch gemacht. Allmählich wurden die Berichte konkreter – und mit jeder Einzelheit, die bekannt wurde, gewann die unbekannte Seuche an Schrecken. Reisende und Boten aus dem Süden berichteten, jeder, der auch nur mit den Kranken spreche, sterbe selbst.

1348 entvölkerte die Seuche Florenz, eine der größten Städte Europas, was Giovanni Boccaccio zu seinem *Dekameron* inspirierte: »Im Angesicht solcher Not und solchen Elends brach aller Respekt vor den Gesetzen Gottes und der Menschen in unserer Stadt zusammen«, schrieb er. »Jeder tat, was er wollte (...) Vater und Mutter scheuten sich, nach ihren Kindern zu sehen und sie zu pflegen – als ob sie nicht die ihren wären.«

Anfang 1349 bahnte sich das Unheil seinen Weg über die Alpen und erreichte bayerisches Gebiet. Wie eine Vorhut trieb es unheimliche Prozessionen vor sich her: In Lumpen gekleidete Gestalten peitschten sich mit stachelbewehrten Geißeln. Sie behaupteten, ein Mittel zu kennen, um das Strafgericht abzuwenden: Die Menschheit müsse ihre Sünden bekennen und Buße tun.

Der Kölner Handel hatte mittlerweile schwer gelitten. Aus bestimmten Städten war gar keine Nachricht mehr zu erhalten, so als wären sie ausgestorben. Und nun wanderte die Seuche rheinaufwärts. Im August 1349 hielt sie Einzug in Frankfurt, jetzt war sie nur noch einen Tagesritt entfernt. Panik machte sich breit. Alle Randgruppen, die unter den Türmen von Köln ihre Schattenexistenz führten, mussten nun das Schlimmste befürchten: Aussätzige, Bettler, fahrendes Volk – sie alle hatten schon einmal als Sündenbock herhalten müssen. Diesmal aber traf es eine Gruppe, die für alle sichtbar mitten im Zentrum lebte: die Juden.

Schon bald nach Ausbruch der Pest hatte sich in Südfrankreich und Nordspanien das Gerücht verbreitet, die Juden hätten die Seuche durch Brunnenvergiftung herbeigeführt. Ein jüdischer Arzt aus der Schweiz gestand, spanische Rabbiner hätten das Gift über Helfershelfer in ganz Europa verstreut. Das reichte, um eine Kette von Massakern in Gang zu setzen. Sie wüteten überall, in Spanien, Frankreich und dann besonders heftig in den deutschsprachigen Ländern, auch wenn Papst Clemens VI. die Juden in einer Bulle in Schutz nahm, die Vorwürfe gegen sie als absurd zurückwies und ihren Verfolgern Exkommunikation androhte. Der Pontifex führte für ihre Unschuld das kaum widerlegbare Argument an, dass so viele von ihnen doch selbst der Seuche erlegen seien.

Die jüdische Gemeinde von Köln war die älteste nördlich der Alpen. Ihr Viertel lag unmittelbar vor dem Rathaus. Es war eine Stadt in der Stadt mit Synagoge, Kultbad, Tanzhaus, Hospital, Badestube. Dennoch waren die Juden ihres Lebens nicht sicher. Der Mob war durch alte Ritualmordlegenden aufgehetzt, manchen Mittelständler reizte die Aussicht, seinen Gläubiger loszuwerden. Die Juden sahen die Katastrophe auf sich zukommen: Monate vor der Seuche flutete die Pogromwelle den Rhein hinunter, eine Stadt nach der anderen traf es. Im Kölner Judenviertel muss in diesen bangen Tagen im Keller des Hauses von Joel von Dortmund ein Münzschatz vergraben worden sein. Da Joel selbst zu diesem Zeitpunkt schon tot war, waren es vielleicht seine beiden Töchter, die das Vermögen auf diese Weise in Sicherheit bringen wollten. Sie haben es jedoch nie wieder ausgraben können – erst 1953 wurde es beim Neubau des Spanischen Baus neben dem Rathaus wiederentdeckt. Die Münzen zeugen vom Kaufmannsgeist der jüdischen Kölner: Prager Groschen sind dabei, Sterlinge, Gulden aus Florenz und Nachprägungen aus Böhmen.

Münzen aus aller Herren Länder:
der 1349 von einer jüdischen Kaufmannsfamilie
vergrabene Geldschatz

In der Bartholomäusnacht zum 24. August 1349 war es so weit: Der Pöbel stürmte über die Mauer hinweg, die den Lebensraum der Juden begrenzte, brannte die Häuser ab, erschlug Männer, Frauen und Kinder. Am nächsten Morgen zeugten nur noch rauchende Trümmer von dem Viertel, in dem zuvor mehrere Hundert Menschen gelebt hatten. Später siedelten sich zwar erneut Juden an, doch 1424 wurden sie endgültig vertrieben, als der Stadtrat beschloss, ihr Aufenthaltsrecht nicht zu verlängern. Die Juden wichen daraufhin nach Deutz aus, wo sie den Schutz des Kölner Erzbischofs genossen.

Obwohl der Mob in der Bartholomäusnacht kurzen Prozess mit den angeblichen Brunnenvergiftern gemacht hatte, kam die Pest näher und näher, bis vor die Tore der Stadt. Und dann ... Irgendwann wird vielleicht einigen Kölnern aufgefallen sein, dass sehr viele Ratten tot in den Straßen lagen. Dann wird es nicht mehr lange gedauert haben, bis die ersten mit Fieber im Bett bleiben mussten. Am Hals, in den Achselhöhlen und in der Leistenbeuge entwickelten sich schwarz-blaue Beulen von der Größe eines Hühnereis, rissen auf, und Eiter quoll heraus. Nach einigen Tagen fiel der Kranke ins Delirium und starb. Der Schwarze Tod war in Köln angekommen.

In den nächsten Wochen sprang das Verhängnis von Gasse zu Gasse. Köln war zur Todesfalle geworden. Niemand war sicher, aber die Armen traf es häufiger: Sie waren durch Hunger und Ungeziefer geschwächt und lebten in drangvoller Enge. Auf Bahren und Brettern schaffte man die Leichen aus den Häusern, um sie in Massengräbern vor der Stadt zu verscharren. Wie viele insgesamt starben, weiß man nicht, aber Köln gehörte nicht zu den am schlimmsten betroffenen Städten, in denen mehr als die Hälfte der Bevölkerung ausgelöscht wurde. Köln hatte Glück, vielleicht starb nur jeder Dritte. 1350 ebbte die Seuche ab.

In den Katakomben des Kölner Doms hat sich bis heute ein beeindruckendes Zeugnis dafür erhalten, wie die Pest die Stadt veränderte. Dort stehen sich an einer Stelle zwei Pfeilerfundamente gegenüber. Der eine Pfeiler ist achteckig und sehr sauber gearbeitet, der andere geradezu grob. Während der erste aus der Zeit um 1330 stammt, datiert der zweite von 1449. In der Zwischenzeit hatte die Pest so viele Menschen hinweggerafft, dass Löhne und Preise explodiert waren. Die Dombaumeister mussten sich wohl über übel mit einer einfacheren Bauweise begnügen.

KÖLN

GEGEN DEN STROM

A *Kirch S. Urban gesprengt.* B. *die Aptey.* C. *das Rathaus* D. *die Freyheit.* E. *Bruck.*
I. *Fahrgaß.* M. *Fischergaß.* N. *Blumengaß.* O.P. *anfall der Reutterey.* Q. *anfall der Eng.*
Schwedischen mit sich hinweg geführt. T. *Oberster Merode zu Cöln.* V. *Abzug der Schw.*

T.Martini Magn.
Senatoris

Templum S. Petri
et Trium Regum

A.Minores
S.Clara

S.Gereons

Iperdom S.Lub,
M.adgrad

S.Christi

Neu Iesuiter kirch:

S.Vrsulum

T.madhoven

S.Johan Cord:

S.Cunibert

F L V V I V S

P

Brucker Pfort   G. Sicbergergass.   H. die Kuhgass.   I. Sducbergergass.   K. Bolwerckgass.
anfall des gelbe Regemet   S. 200 Gefangne von den Cölnischen Soldaten welche die
Rendevous bey Deutz im feldt gehalten.   W. Schwedische Snick.

Katastrophe in Deutz:
Bei Kämpfen zwischen kölnischen
und schwedischen Truppen
explodiert 1632 die Kirche St. Urban.

GEGEN DEN STROM
KÖLN UND DIE PROTESTANTEN

Der größte Dichter der Niederlande war ein Kölner. Am 17. November 1587 wurde er geboren, in der Großen Witschgasse 5: Joost van den Vondel. Das Haus trug den schönen Namen »Zur Viole«. Es war ein schmales, mehrstöckiges Gebäude mit tiefem Garten und Bäumen ganz in der Nähe des Rheinufers. Dort hat Vondel als Kind oft gespielt. Ein Junge mit braunen Augen und schwarzbraunen Haaren – so hat er es als Greis seinem Biografen erzählt. Den Rhein hat er sehr gemocht und ihn später in einem seiner Gedichte besungen: »(Ich) folg deinem ausgelassnen Schwang, sing in dein Rauschen meine Lieder / Hüpf meine Kölner Kais entlang und fahr mit dir durch Basel nieder.« Die beiden benachbarten Kirchen St. Maria in Lyskirchen und St. Maria im Kapitol dürften ihm dagegen fremd geblieben sein. Denn Vondel war anders als die meisten Kinder aus seiner Straße. Er war Protestant.

Köln und die Protestanten – das war jahrhundertelang ein Widerspruch in sich. Und doch: Mindestens einmal sah es so aus, als würde das »Rom des Nordens« evangelisch werden. Man muss sich einmal vorstellen, was das bedeutet hätte: Ein Köln ohne Karneval, ohne Kardinal und ohne Heilige Drei Könige, denn deren Gebeine hätten die Protestanten als Götzenzeug vernichtet. Ein ganz anderes Köln wäre das geworden.

Der Mann, der in Köln die Reformation einführen wollte, hieß Hermann von Wied (1477–1552) und war niemand anderer als der Erzbischof selbst. Zunächst deutete nichts darauf hin, dass ausgerechnet er vom alten Glauben abfallen sollte. Sonst wäre er 1515 gar nicht erst zum Erzbischof ernannt worden. Als sich einige Jahre später die Lehre des Doktor Luther im Reich auszubreiten begann, wurden dessen Schriften auf dem Domhof öffentlich den Flammen übergeben. 1529 waren es dann schon Menschen, die verbrannt wurden: der protestantische Prediger Adolf Clarenbach und einer seiner Anhänger.

Hermann von Wied unterstützte die Verfolgung der Ketzer. Er war aber nicht blind für die Missstände in der katholischen Kirche: Sie galt es nach seiner festen Überzeugung zu beseitigen, um den Anhängern Luthers dadurch den Nährboden zu entziehen. Hermann selbst, eine Ehrfurcht gebietende Erscheinung mit langem Patriarchenbart, war ein frommer Mann, theologisch ungebildet zwar – er sprach angeblich noch nicht einmal Latein – aber voll guten Willens. Als seine Reformbemühungen Mal um Mal scheiterten, öffnete er sich allmählich dem Einfluss des gemäßigten Luther-Freundes Philipp Melanchthon. Und schließlich erklärte er sich für die »ware, ongeferbte reformation«. Die Kölner reagierten schockiert, im Rest des Kölner Erzstiftes jedoch, also im linksrheinischen Umland der Stadt und in Westfalen, stieß der große Schwenk überwiegend auf Zustimmung. Die weltlichen Stände des Erzstiftes stimmten der neuen Kirchenordnung 1543 zu. Schon erklangen Luthers Choräle in den Kirchen, protestantische Prediger erklommen die Kanzeln, und Priester gingen auf Brautschau. »Eyn erschröcklich schisma«, klagten die Kölner. Ihnen drohte die Isolierung als katholische Enklave in einem evangelischen Kurstift, und wie lange sie das durchhalten würden, war die Frage. Bald begann der Rückhalt sogar im Domkapitel zu bröckeln.

Aber in diesem Moment, in dem es wirklich kritisch wurde für den Kölner Katholizismus, griffen höhere Mächte ein: der Papst und der Kaiser. Das Erzbistum Köln war zu wichtig für sie, es durfte ihnen auf keinen Fall von der Fahne gehen. Zwar verfügte der Erzbischof von Köln nur über ein bescheidenes Territorium, doch trug er einen der sieben Kurhüte des Heiligen Römischen Reiches Deutscher Nation. Das bedeutete: Er war einer von nur sieben Fürsten, die den König wählten und damit den Kaiser vorbestimmten. Drei von ihnen – der Pfalzgraf, der Herzog von Sachsen und der Markgraf von Brandenburg – waren bereits zu den Evangelischen übergelaufen; zusammen mit Hermann hätten sie die Mehrheit gehabt, und somit wäre der nächste Kaiser ein Protestant geworden. Um das zu verhindern, war Papst und Kaiser jedes Mittel recht: Kurzerhand erklärten sie Hermann für abgesetzt. Um einen für ihn aussichtslosen Krieg zu verhindern, erklärte er 1547 seinen Rücktritt. Köln blieb katholisch.

Der Feind in meiner Stadt

Das bedeutete jedoch nicht, dass in der Stadt keine Protestanten gelebt hätten. Es gab sie durchaus, Leute wie die Familie von Joost van den Vondel. Seine Eltern stammten aus Antwerpen, einer Stadt, die sehr viel Ähnlichkeit mit Köln hatte. Sie war berühmt für ihre gotische Kathedrale und reich geworden durch den Handel. Mit den Niederlanden – die damals die heutigen Beneluxstaaten und einen Teil Nordfrankreichs umfassten – war Köln seit Jahrhunderten auf das Engste verbunden. Und deshalb war es auch für Köln eine Tragödie, als die Niederlande in einen Konflikt mit ihrem fernen Landesherrn, dem sehr katholischen König von Spanien, gerieten. Der Krieg löste einen der größten Flüchtlingsströme der Frühmoderne aus: 60 000 Niederländer flohen ins Ausland – vor allem nach Deutschland. Viele entschieden sich für Köln.

Dort war der Widerstand gegen die niederländischen Calvinisten allerdings deutlich größer als in anderen Städten wie zum Beispiel Frankfurt. Der Rat misstraute den Flüchtlingen und ließ sie genau überwachen. Zu diesem Zweck erhielt Arnold Mercator, der Sohn des großen Kartografen Gerhard Mercator, 1570 vom Rat den Auftrag, einen sehr genauen Plan der Stadt anzufertigen. Er zeigt das urbane Labyrinth aus der Vogelperspektive. Wenn man näher an die Karte herangeht, ist es, als würde man eine Aufnahme bei Google Earth heranzoomen: Gassen und Stiegen werden sichtbar, Hinterhöfe, Gärten, Häuser, Anbauten, ja einzelne Bäume und Brunnen. Die Stadt erscheint wie von einem Spionagesatelliten aufgenommen. So bringt der Plan auch den Wunsch zum Ausdruck, das Chaos der Stadt zu durchdringen und damit zu beherrschen.

1583 wurde zum zweiten Mal ein Kölner Erzbischof Protestant. Dieser Gebhard Truchsess von Waldburg-Trauchburg handelte anders als 40 Jahre zuvor Hermann von Wied nicht aus religiöser Überzeugung, sondern verfolgte rein persönliche Interessen: Es ging ihm darum, seine Geliebte zu heiraten. Darum plante er, das Erzbistum in ein protestantisches Herzogtum umzuwandeln. Doch daran wollte sich das Domkapitel auf keinen Fall beteiligen. Es stellte sich quer und rief die Spanier zu Hilfe. Gebhard wiederum bekam Unterstützung vom Rebellenführer Wilhelm von Oranien, sodass Spanier und Niederländer ihren Konflikt nun auch auf dem Boden des Kölner Erzstiftes fortführten. In diesem Truchsessischen oder Kölner Krieg (1583–1588) wurden viele

Orte zerstört, darunter Deutz, Bad Godesberg, Linz am Rhein, Rheinberg und Neuss. Köln selbst blieb dank seiner mächtigen Befestigungswerke verschont. Als Folge dieses Krieges fühlten sich die Kölner Katholiken in einem fortwährenden Belagerungszustand und betrachteten die protestantische Minderheit innerhalb der Stadtmauern als potenzielle Verräter, immer auf eine Gelegenheit lauernd, sich mit äußeren Feinden der Stadt zu verbünden und einen Umsturz herbeizuführen. Das galt besonders für die kleine Gruppe der Wiedertäufer, zu der auch die Familie Vondel gehörte. Seit sie 1535 die Bischofsstadt Münster in ihre Gewalt gebracht und dort eine Willkürherrschaft errichtet hatten, standen die Wiedertäufer im Ruf, gefährliche Fanatiker zu sein. Zwar war dies zur Zeit von Vondels Geburt schon lange nicht mehr der Fall, die Wiedertäufer waren nun geradezu friedfertig geworden und lehnten jede Form von Gewalt ab, doch der Rat traute ihnen nicht und verfolgte sie mit wachsendem Eifer. Am 27. Juni 1595 musste sich auch Joost van den Vondel senior vor den Behörden verantworten – Jost von den Funden, wie er in den Akten genannt wird. Er wurde für schuldig befunden, an ungesetzlichen Zusammenkünften teilgenommen und seinen Sohn auf eine verbotene Schule geschickt zu haben. Zur Strafe wurde er zur Zahlung von 41 Goldgulden verurteilt – eine immense Summe, die der Hutmacher unmöglich aufbringen konnte. »Also patt ehr umb gnaedtt«, heißt es im Protokoll. Aber es gab keine Gnade: Am 30. Juni beschloss der Rat, dass alle Wiedertäufer die Stadt binnen 14 Tagen verlassen mussten. So blieb Vondel senior und seiner Frau Sara Cranen nichts anderes übrig, als von ihren Verwandten Abschied zu nehmen und mit ihren Kindern durch eines der Stadttore in die Fremde zu ziehen. Der junge Vondel war da noch keine acht Jahre alt. Zunächst wandte sich die Familie nach Süden, nach Frankfurt, wo sie jedoch nicht lange blieb. Über Bremen, Emden und Utrecht gelangte sie schließlich nach Amsterdam, wo sie ihren Glauben frei ausüben konnte.

Die Heilige Ursula in Amsterdam

Man sollte meinen, dass Vondel seine Heimatstadt nach dem Trauma der Vertreibung so schnell wie möglich vergessen wollte. Doch das Gegenteil ist der Fall – er hat sich sein ganzes Leben lang eine tiefe Zuneigung zu ihr bewahrt. Nicht nur, dass er von Anfang an die Nähe zu anderen Kölner Exilanten suchte, er heiratete 1610 auch eine Kölnerin. Und nachdem er im Alter von 17 Jahren mit dem Schreiben begonnen hatte, besang er immer wieder aufs Neue »Kölns stolze Mauern«. Selbst als er schon über 40 Jahre nicht mehr dort wohnte, empfand er nach eigenen Worten »eine große Sehnsucht nach meinem Geburtsort«. Was die Stadt für ihn so unverwechselbar machte, war ihre lange Geschichte, ihr kultureller Reichtum. Dies wird besonders deutlich, wenn man seine Verse über Köln mit den Lobpreisungen auf seine neue Heimatstadt Amsterdam vergleicht. Amsterdam bewundert er für seine Modernität und die vielen neuen Gebäude, an Köln dagegen fasziniert ihn gerade das Alter. Die Kirchen zum Beispiel, »an Zahl den Tagen eines Jahres gleich«. In einem seiner schönsten Verse heißt es: »Man sieht die Sonne Roms in Köllens halbem Mond.«

Mit dem Bild des Halbmondes spielte er auf die Form der Stadt an, die an der einen Seite vom Rheinufer begrenzt und landeinwärts hin in einem eleganten Bogen von der Stadtmauer eingerahmt wurde. Interessanterweise hatte auch der Grachtengürtel von Amsterdam am Meeresarm IJ die Form eines Halbmondes.

Vondels Kölnliebe ging so weit, dass er 1639 sogar die bekannteste Stadtlegende zu einem Theaterstück verarbeitete. Der Titel seiner Tragödie *Maeghden* heißt übersetzt nichts anderes als »Jungfrauen«; das Stück erzählt die Geschichte von der Heiligen Ursula, die auf einer Pilgerfahrt in Köln zusammen mit 11 000 Jungfrauen erschlagen wird. Entsprechend blutig fiel auch Vondels Stück aus. Kurz nach der Fertigstellung schickte er das Werk in gedruckter Form an den berühmten Völkerrechtler Hugo Grotius nach Paris und schrieb dazu, es handele sich um »St. Ursulas Jungfrauen, ein Gedicht zu Ehren von Köln, meiner Geburtsstadt«.

In Amsterdam, der Stadt der weiß getünchten, kahl geschlagenen Kirchen und calvinistischen Pfeffersäcke, eine katholische Heiligenlegende auf die Bühne zu bringen, zeugt von Vondels Mut und Unangepasstheit. Er scheute auch nicht davor zurück, in seinen Stücken gegen die herrschenden Oranier-fürsten Stellung zu beziehen und musste deshalb vorübergehend sogar unter-tauchen. Dass der Ursula-Stoff in Holland unmöglich ein Erfolg werden konn-te, dürfte ihm völlig klar gewesen sein. Es dauerte mehr als zehn Jahre, bis 1650 die Uraufführung stattfand. Aber die alten kölschen Geschichten hatten sich in Vondel festgesetzt, er trug die Stadt einfach in sich. Das sahen auch die anderen: Obschon Vondel im Laufe der Jahrzehnte zu so etwas wie dem nie-derländischen Nationaldichter aufstieg, von dem zum Beispiel auch die Kom-mentierung aktueller politischer und militärischer Ereignisse erwartet wurde, blieb er doch immer auch der »Deutsche« und der »Agrippiner« - der Kölner. Die niederländische Sprache, in der er es zu so großer Meisterschaft brachte, hatte er sich in Amsterdam zumindest in ihren Feinheiten erst einmal aneig-nen müssen: In der Einleitung zu einem Gedicht bedauerte er einmal, dass seine Mutter ihn »kein besseres Niederländisch gelehrt« habe.

Das bessere Köln auf der anderen Rheinseite

Die Kölner Protestanten - mittlerweile ungefähr zehn Prozent der Bevöl-kerung - wurden weiter unterdrückt. Nur spät abends hinter verschlossenen Türen oder auf Rheinschiffen konnten sie es wagen, Gottesdienste abzuhalten. Bis etwas geschah, das sie Hoffnung schöpfen ließ: 1609 wurde auf der ande-ren Rheinseite im Herzogtum Berg Glaubensfreiheit eingeführt. Jeden Sonn-tag setzten nun zahlreiche Kölner Protestanten über den Rhein, um in Mül-heim zur Kirche zu gehen. Binnen weniger Monate entstanden in dem Ort eine kleinere lutherische und eine größere calvinistische Gemeinde. Der Stadt-rat von Köln reagierte empört. Spitzel wurden nach Mülheim entsandt, um an den Kirchentüren auszukundschaften, wer dort die verbotenen Gottesdienste besuchte. Jeder, der ertappt wurde, musste hohe Geldstrafen bezahlen, im Wie-derholungsfall drohten Verhaftung, Entzug des Bürgerrechts und Auswei-sung aus der Stadt. Die Spannungen verschärften sich noch, als 1612 deutlich wurde, dass der Pfalzgraf und der Kurfürst von Brandenburg mit Mülheim Großes vorhatten: Das Fischerdorf sollte zu einer befestigten Stadt von der Größe Frankfurts mit Hafen, Werft und Börse ausgebaut werden. Das ließen sich viele protestantische Kaufleute Kölns nicht zweimal sagen: Sie zogen ans andere Ufer und errichteten dort stolze Patrizierhäuser. Damit nahm nun in Sichtweite der Kölner ein neuer Handelsplatz Gestalt an, der geradezu als Gegenentwurf zu ihrer eigenen Stadt betrachtet werden konnte: ein Ort der Toleranz, an dem sowohl die »Catholische Romische« als auch »beyderley Evangelische Religionen« zugelassen waren. Mülheim, das bessere Köln.

Nun ging es für Köln um die wirtschaftliche Existenz. Sofort kamen dem Rat wieder die Spanier in den Sinn, die der Stadt auch schon im Truchsessischen Krieg beigestanden hatten. General Ambrogio Spinola erhielt den Auftrag, das Problem Mülheim aus der Welt zu schaffen. 1614 zerstörte er die Mülheimer Befestigungen, sodass der Ort schutzlos war und damit ohne Zukunft. Doch der Stadt Köln reichte das noch nicht: Sie bestand auf dem Abriss der gesamten Neustadt einschließlich der lutherischen Kirche. Binnen vier Tagen hatten Kölner Handwerker das Zerstörungswerk vollendet. 1617 tat die Stadt den letzten Schritt zum Ausschluss der Protestanten: Sie koppelte das Bürgerrecht an den katholischen Glauben. Lutheraner und Calvinisten konnten von nun an jederzeit ausgewiesen werden, selbst wenn sie in Köln geboren waren. Dieses neue Bürgerrecht, das bis zur Franzosenzeit an der Wende zum 19. Jahrhundert gültig blieb, kann in mancherlei Hinsicht als das wichtigste Ereignis in der Kölner Geschichte der frühen Neuzeit betrachtet werden. Die Stadt entschied sich damit radikal gegen die neuen Bekenntnisse und gegen jede Form von stillschweigender Duldung. Dies prägte das politische, wirtschaftliche und gesellschaftliche Leben der Stadt bis zur Französischen Revolution. Köln wurde zur rückständig-engstirnigen Trutzburg des Katholizismus.

Die Protestanten hatten verstanden, dass sie in Köln nicht mehr leben konnten: Sie verließen die Stadt. Um die Jahrhundertmitte war ihre Zahl auf nicht mehr als 300 gesunken. Der wirtschaftliche Schaden, der Köln daraus entstand, lässt sich kaum überschätzen. Der Wiedertäufer Nicolaes Ruts zum Beispiel, 1573 in Köln als Kind Antwerpener Flüchtlinge geboren, war ein überaus erfolgreicher Kaufmann. 1613 unterhielt er zwei Wohnsitze: einen in seiner Heimatstadt Köln und einen in Mülheim. Anscheinend wollte er sich zu diesem Zeitpunkt noch alle Optionen offenhalten. Seine erste Frau heiratete er 1594 in Elberfeld, die zweite 1608 in Solingen. Im Schicksalsjahr 1617 jedoch, als sich Köln das neue Bürgerrecht gab, wurde Ruts erstmals in Amsterdam

vermeldet. Dort spezialisierte er sich nun auf den Russlandhandel und häufte große Reichtümer an. 1631 ließ er sich von niemand Geringerem als Rembrandt porträtieren. Auf dem lebensgroßen Bildnis – heute in der Frick Collection in New York – präsentiert sich der fast 60-Jährige ebenso würdevoll wie führungsstark und selbstbewusst. Er wirkt wie auf dem Sprung, so als ließen ihm die Geschäfte kaum Zeit zum Posieren. In der Hand hält er einen Brief, am Körper trägt er sein eigenes Handelsprodukt: Sein Mantel ist mit russischem Zobel besetzt, dem kostbarsten aller Stoffe, wertvoller noch als französischer Damast oder persische Seide – insofern ist das Bild geradezu ein Werbeposter. Mit durchdringendem Blick schaut der vollbärtige Mann den Betrachter an und wirkt dabei so ungemein lebendig, als würde er im nächsten Moment zu sprechen beginnen. Welche Sprache wäre das dann wohl gewesen: Niederländisch, Russisch – oder Kölsch? Es ist das großartigste Bildnis eines Kölner Unternehmers – und es zeigt bezeichnenderweise einen Kölner im Exil.

Der Rhein soll verlegt werden

Als das neue Bürgerrecht am 27. November 1617 veröffentlicht wurde, waren es nur noch sechs Monate bis zum Ausbruch jenes furchtbaren Konfessionskrieges, den man später den Dreißigjährigen nennen sollte. Da sich Köln so eindeutig positioniert hatte, wäre es in gewisser Weise naheliegend gewesen, wenn sich die Stadt der Katholischen Liga angeschlossen hätte. Dies war jedoch undenkbar, da sich Köln damit die Feindschaft der niederländischen Republik zugezogen hätte. Die Niederlande waren mit der Protestantischen Union deutscher Fürsten verbündet und verfügten über eine der schlagkräftigsten Armeen Europas. Vor allem aber war Köln wirtschaftlich von den Holländern abhängig, da diese den Rheinhandel jederzeit nach Belieben blockieren konnten. Dies nutzten sie bereits aus, indem sie die Kölner Rheinschiffer mit hohen Abgaben belasteten. Es kam jedoch noch schlimmer: 1626 verfielen die Spanier auf die wahnwitzige Idee, den Rhein umzuleiten – von Holland in die spanischen Niederlande. Dazu begannen sie mit dem Bau eines 50 Kilometer langen Kanals, der von Rheinberg am Niederrhein bis Venlo reichen und dort in die Maas münden sollte. Dies sollte jedoch nur der erste Abschnitt sein –

anschließend sollte der Kanal bis zum spanisch kontrollierten Antwerpen verlängert werden. Es gab sogar Pläne, den gesamten unteren Rhein in ein neues Bett zu verlegen. Mit Beginn der Grabungsarbeiten sperrten die Spanier den Rhein kurzerhand ab, sodass die Schifffahrt zum Erliegen kam. Obwohl die Bauarbeiten immer wieder durch Überfälle der Niederländer gestört wurden, kamen sie überraschend schnell voran. Erst als den Spaniern 1629 das Geld ausging, musste das weit fortgeschrittene Kanalprojekt eingestellt werden. Die Aufhebung der Sperre kam für die Kölner Rheinschiffer jedoch zu spät – sie erholten sich von dem Schlag nicht mehr und hatten ihre Mittlerstellung zwischen Frankfurt und den Niederlanden für immer verloren. Da der Niederrhein nun schon seit Jahrzehnten umkämpft war, verlagerten sich viele Handelsströme auf Dauer, zum Beispiel zur Weser und auf die Eifelstraße. Ihren England- und Ostseehandel mussten die Kölner den Holländern überlassen, der Handel mit Südeuropa litt unter der protektionistischen Wirtschaftspolitik Frankreichs. Während die Welt immer größer wurde – europäische Schiffe fuhren nun bis nach Japan – schrumpfte der Radius des Kölner Handels stetig. Die Stadt hatte ihre einstige Strahlkraft über Grenzen und Meere hinweg eingebüßt.

Wenigstens gelang es Köln als einer von wenigen Städten, sich aus dem Dreißigjährigen Krieg herauszuhalten. Nur einmal wurde es brenzlig: Nachdem die Katholische Liga mehr als zehn Jahre Sieg um Sieg errungen hatte, eroberte der protestantische Schwedenkönig Gustav Adolf 1632 große Teile des Deutschen Reiches. Es war sein erklärtes Ziel, auch das neutrale Köln einzunehmen. Im März 1632 schimpfte er im Gespräch mit einem niederländischen Gesandten, es sei nur der mangelnden Unterstützung der Regierung in Den Haag zuzuschreiben, dass die protestantische Seite dieses Ziel bislang nicht erreicht habe. Die Kölner mussten das Schlimmste befürchten. Doch nicht nur sie bangten um ihre Stadt, sondern auch Joost van den Vondel im fernen Amsterdam. Der mittlerweile berühmte Dichter zögerte nicht, in der protestantischen Republik für die Katholikenhochburg Partei zu ergreifen. Er gab ein Gedicht in Druck, das den Titel trug: »Olivenzweig für Gustav Adolf – Um Seine Majestät zu bewegen, dass er Köln, meine Geburtsstadt, verschone«. Vondel bekennt sich darin zu seinem Heimweh nach Köln – »eine Stadt voller Volk, voller Klöster, voller Kirchen« –, er besingt den Rhein und die Weinberge, er schwelgt in Kindheitserinnerungen – und berichtet von seiner Sorge, dass dieser Ort nun von den Schweden verwüstet werden könne. »Oh Gustav«, bittet er, diese Stadt muss verschont werden! Und dabei argumentiert Vondel bemerkenswerterweise mit der Kölner Geschichte. Eine Stadt, die so alt ist, die so viel erlebt hat, die darf man nicht zerstören. Er erinnert an das römische Erbe und die Legende von der Heiligen Ursula, er beschreibt das Kölner Wappen mit den Kronen der Heiligen Drei Könige, und er warnt Gustav Adolf, die Stadt ebenso zu unterwerfen und zu zerstören, wie dies einst die Franken taten. In einem solchen Fall müsste der König nämlich »des Dichters scharfen Stil« fürchten: Vondel droht hier also dem mächtigsten Heerführer Europas – und zwar mit der einzigen Waffe, die ihm zur Verfügung steht: der Feder.

Die Hexe muss brennen

Es sei dahingestellt, ob es der Intervention Vondels geschuldet war, aber Gustav Adolf ließ Köln tatsächlich in Frieden und zog südwärts. Doch auch wenn die Stadt von Belagerung und Plünderung verschont blieb, litt sie unter dem Krieg, der das Wirtschaftsleben in weiten Teilen Deutschlands zum Erliegen gebracht hatte. Missernten verstärkten die Endzeitstimmung. Europa befand sich im Griff der Kleinen Eiszeit, was mit feuchten Sommern und strengen Wintern einherging. Im Februar 1621 zum Beispiel war der Rhein wochenlang zugefroren, sodass die Kölner Volksfeste auf dem Eis veranstalten und nach Deutz hinüberwandern konnten. Das war aber auch der einzig angenehme Nebeneffekt – aufs Ganze gesehen wirkte sich der Klimawandel katastrophal aus. Schon bald glaubte man, für das Unglück eine Erklärung gefunden zu haben: Es kam durch den »Wetterzauber« der Hexen. Die Krisenzeit des Dreißigjährigen Krieges ist auch der Höhepunkt der Hexenverfolgungen. Die Kettenprozesse und Massentötungen beschränkten sich dabei nicht auf katholische Gebiete – bei den Protestanten loderten die Scheiterhaufen genauso. Darum muss man die Verfolgung wohl auch als einen Aspekt der »Konfessionalisierung« begreifen: Katholische wie protestantische Landesherren versuchten, ihre Untertanen zu disziplinieren und fest an den jeweiligen Glauben zu binden.

In Köln wurden insgesamt 38 Todesurteile wegen Hexerei vollstreckt. Das ist viel im Vergleich zu anderen Reichsstädten wie Frankfurt oder Nürnberg, aber wenig, wenn man das Kölner Umland berücksichtigt. Dort, im Kurstift, tat sich der Kölner Erzbischof Ferdinand von Bayern (1577–1650) als einer der unerbittlichsten Hexenverfolger hervor: Etwa 2000 Hinrichtungen soll es in seinem Herrschaftsbereich gegeben haben. Die Ratsherren der Stadt Köln waren nach seiner Meinung viel zu milde – er beschimpfte sie als »Patroni Veneficarum« – Verteidiger der Zauberinnen.

In den Augen der Verfolger wurde die ganze Christenheit von einem Netzwerk des Bösen bedroht – an der Spitze stand der Teufel persönlich. Zu den 38 Kölner Opfern des Wahnes gehörten nicht nur Frauen, sondern auch drei Männer und ein Junge. Ein achtjähriges Mädchen, das ebenfalls eine Hexe sein sollte, wurde aus der Stadt verbannt. Jeder konnte beschuldigt werden – sogar eine Patrizierin wie Katharina Henot. Sie entstammte einer niederländischen Einwandererfamilie und war zum Zeitpunkt der Anschuldigungen schon eine ältere Frau, etwa 50 oder 60 Jahre alt. Wie in so vielen Fällen stand auch hier am Anfang ein Gerücht. Im Klarissenkloster waren einige Fälle von Besessenheit aufgetreten, und die Schwestern erklärten, sie seien von Katharina Henot verhext worden. Es dauerte nicht lange, und die reiche Witwe wurde zum Stadtgespräch. Am 10. Januar 1627 erschien schließlich ein Trupp Soldaten vor ihrem Haus und zerrte sie auf Geheiß des Rats hinaus. Sie wurde im Frankenturm eingeschlossen und mehrmals gefoltert – so schlimm, dass sie ihren letzten Verteidigungsbrief mit der linken Hand schreiben musste, die rechte konnte sie nicht mehr bewegen. Doch ein Schuldbekenntnis konnten ihr ihre Peiniger nicht abringen. Bewegend sind die Briefe an ihren Bruder Hartger, einen Domherrn, dessen Einfluss aber gleichwohl nicht ausreichte, um sie zu befreien. »Schick mir den Doctor her, ich bin sehr kranck«, bat sie ihn, und »cito, Cito, Cito (schnell, schnell, schnell) mit allem Beweis (...) damit ich nit vnschuldig vmb kom«. Einmal seufzte sie: »Ach, wehr ich darauß! Ach mein Gott, wie beligen mich die Menschen und böse feindt.« Da eine Verurteilung nach damaliger Rechtsauffassung nur auf der Grundlage eines Geständnisses erfolgen durfte, hätte Henot freigelassen werden müssen. Inständig bat sie die Schöffen, sie wenigstens auf Kaution zu entlassen. »Darauff wollten sey mir kein Antwordt geben. Ich bin dreymal vor sey auff die Knie gefallen.« Am

Ende stand das Todesurteil wegen Schadenszauber, Rutengängerei und Unzucht, verhängt durch das Hohe Weltliche Gericht. Am 19. Mai 1627 fuhr man sie in einem Karren die Ehrenstraße hinunter nach Melaten. Vor einer versammelten Menge beteuerte sie noch einmal ihre Unschuld, doch es half nichts. Sie wurde erdrosselt und anschließend in einer Reisighütte verbrannt.

Ein unverbesserlicher Kölnfreund

Nach der Verwüstung Deutschlands und der Erschöpfung aller Ressourcen einigten sich Katholiken und Protestanten, deutsche und ausländische Mächte 1648 in Münster auf den Westfälischen Frieden. Die Rechte der Landesherren – wie des Kölner Erzbischofs – wurden gestärkt, der Kaiser und damit auch die ihm direkt unterstellten Reichsstädte wie Köln verloren an Macht. Was die konfessionelle Landkarte betraf, wurden im Wesentlichen die Vorkriegsverhältnisse wiederhergestellt; so gesehen war also der ganze Krieg umsonst gewesen. 1624 wurde als »Normaljahr« festgelegt: die Stunde Null der Frühmoderne. Die private Glaubensausübung religiöser Minderheiten musste überall dort garantiert werden, wo sie auch schon vor dem 1. Januar 1624 bestanden hatte. Der Kölner Rat argumentierte indessen, dass die Protestanten in dieser Stadt auch schon damals keine Rechte gehabt hätten, und dementsprechend sei ihnen die Ausübung ihrer Religion nach wie vor nicht gestattet.

So blieb es. Einen Einblick in das beschwerliche Leben der wenigen verbliebenen Kölner Protestanten gibt ein Gedicht der Anna Maria van Schurman, einer in ganz Europa bewunderten Universalgelehrten, die 1607 in Köln als Kind Antwerpener Flüchtlinge geboren war. Sie beherrschte zwölf Sprachen, malte, dichtete, musizierte, stand im Austausch mit dem Philosophen René Descartes und dem französischen Regierungschef Kardinal Richelieu. In einem viel beachteten Traktat forderte sie die Öffnung der Universitäten für Frauen und wird deshalb heute als Vorkämpferin für die Gleichstellung gesehen. Nach langen Jahren in Utrecht kehrte sie 1653 vorübergehend wieder in ihre Geburtsstadt zurück, doch als Protestantin konnte sie sich dort nicht mehr eingewöhnen. Jeden Sonntag musste sie nach Mülheim übersetzen, um dort einen calvinistischen Gottesdienst besuchen zu können. Sie schrieb: »Vor allem muss ich Köln die Ehre geben, dass es den Beginn meines Lebens gesehen hat, sodass ich dieses Band nicht verkennen kann, das mich der Stadt als meinem Vaterland verpflichtet.« Die Kölner selbst charakterisiert sie als »freundlich, höflich und mild«. Und doch bleibt ihr die Stadt fremd: »Der vielen Kirchen hier steh'n alle uns entgegen. Wir müssen über'n Rhein, durch Wind, durch Schnee, durch Regen, und wenig an der Zahl gehen mit uns gegen den Strom. Unsere Kirche, unser Haus und meinen Herd kann ich in Köln nicht finden.«

In den Niederlanden dagegen träumte Vondel immer noch von Köln. Unter dem Einfluss eines Kölner Priesters war der gefeierte Dichter mittlerweile zum Katholizismus übergetreten – ein handfester Skandal in der calvinistisch dominierten Republik. Obschon Vondel keine Verfolgung befürchten musste – in den Niederlanden herrschte Gewissensfreiheit – kostete ihn dieser Schritt viele Sympathien. Er selbst vertrat die Auffassung, es komme letztlich nicht so sehr auf die Religion eines Menschen an, sondern auf seine Haltung und tätige Nächstenliebe. Dabei schloss er die Juden ausdrücklich mit ein: »In Christo geldt gewis / Noch voorhuid noch besnijdenis«, dichtete er – frei übersetzt: Christus interessiert sich bestimmt nicht dafür, ob man beschnitten ist oder nicht.

Nach der Heiligen Ursula wählte Vondel 1667 noch einmal einen Kölner zum Helden eines Theaterstücks: In *Zungchin oder Untergang der chinesischen Herrschaft* dramatisierte er das Leben des Kölner Jesuiten Johann Adam Schall von Bell (1592–1666), der 1619 als Missionar nach China gegangen war und es dort zum Direktor des astronomischen Amtes gebracht hatte, bevor er in Ungnade fiel. Vondel war inzwischen 80 Jahre alt – uralt in einer Zeit, da die Lebenserwartung bei nicht mehr als 50 Jahren lag, und auch das nur, wenn man das kritische Kleinkindalter überlebt hatte. Nach Angaben seines zeitgenössischen Biografen Geeraardt Brandt ist der Greis zu dieser Zeit noch einmal nach Köln zurückgekehrt, um dort die Orte seiner Kindheit aufzusuchen, darunter das Geburtshaus in der Großen Witschgasse. Vondel starb 1679 mit 91 Jahren. Kurz vor seinem Tod dichtete er noch seine Grabinschrift: »Hier liegt Vondel, ziemlich alt. / Er ist gestorben: Ihm war kalt.«

KÖLN

DER GROSSE KEHRAUS

Eine neue Sprache für Köln:
französisches Straßenschild
Rue de l'Arsenal – Zeughausgasse

DER GROSSE KEHRAUS
KÖLN ALS FRANZÖSISCHE STADT

Bis weit ins 19. Jahrhundert konnte auch ein Blinder jederzeit sagen, ob er sich auf dem Land oder in der Stadt befand. Er merkte es am Geruch. So ziemlich alles in der Stadt stank: die Straßen nach Kot, Urin und Abfällen, die Spitäler nach Geschwulstkrankheiten, die Kirchen nach den Leichen, die unter den Bodenplatten verwesten. Es stanken die Fischmärkte, Schlachthöfe und Exekutionsstätten, es stanken die Gerberhöfe, Färbereien und Siedereien mit ihren qualmenden Schornsteinen. Überall war das so – alle Städte stanken. Aber eine stank mehr als alle anderen, sie galt als die Kapitale des Gestankes. Und diese Stadt hieß Köln.

»Köln ist die hässlichste und schmutzigste Stadt, die ich gesehen habe«, urteilte 1738 der englische Methodistenprediger John Wesley. Dem schottischen Philosophen David Hume erschien die Stadt »äußerst verfallen«, so als wäre sie »von einer Pest oder Hungersnot« heimgesucht worden. Der Schriftsteller Johann Kaspar Riesbeck kam fast 50 Jahre später zu dem gleichen Schluss: »Die Straßen und Einwohner sind gleich schmutzig und finster. Köln ist in jedem Betracht die abscheulichste Stadt von Deutschland.« Der englische Dichter Samuel Taylor Coleridge nannte Köln 1798 eine »Stadt der Mönche und Knochen«, gepflastert mit »mörderischen Steinen« und voller »Hexen und abscheulicher Huren«. Er habe dort nicht weniger als 72 verschiedene Gestanksrichtungen gezählt.

Von Ann Radcliffe, der Meisterin der *Gothic novel*, stammt eine Schilderung, die geradewegs einem ihrer Schauerromane entnommen sein könnte. Nachdem es ihr zuvor schon in Neuss nicht gefallen hatte, zeigte sie sich von Köln geradezu schockiert: »Die finsteren Häuser, erbärmlichen Gossen und kläglich aussehenden Menschen in Köln erinnerten uns sofort an die Schrecken von Neuss. Eine enge Straße folgte der anderen. Die Häuser: ekelerregend mit ihren dreckigen Fenstern und Türen in dem massiven Mauerwerk.« Die Schriftstellerin Johanna Schopenhauer meinte, in einer einzigen Hinsicht könne sich Köln mit Paris messen: »In Hinsicht des Straßenkotes.« Der große Mief – wieder und wieder wird er in zeitgenössischen Reiseberichten aus Köln heraufbeschworen.

Mitten in dieser Kloake gab es jedoch eine Insel, auf der sich alle bekannten Wohlgerüche konzentrierten: eine Fabrik zur Gestanksbekämpfung. Sie war von oben bis unten vollgestopft mit allem, was gut roch. In Tiegeln, Truhen, Fässern, Säcken und Ballons lagerten dort Öle, Essenzen, Lotionen, Tinkturen, Balsame, Pomaden, Harze, Puder, Pasten, Gewürze, Riechsalze und – Parfums. Eines davon war Kölns erfolgreichster Exportartikel: das »Eau de Cologne« – Kölnisch Wasser, ein Duft »wie ein italienischer Frühlingsmorgen«, leicht und frisch, ganz anders als die schwülen Essenzen, die den Markt bis dahin beherrscht hatten. Zur Herstellung destillierte der Parfümeur Giovanni Maria Farina – »die absolute Nase« – reinen Alkohol und löste darin Duftstoffe wie Limette, Zitrone, Bergamotte, Pampelmuse und Orange auf. Das genaue Rezept bewahrte er in einem Buch auf, das in einem fest verschlossenen Eisenkäfig wie in einem Tresor gesichert wurde – der Schlüssel dazu lag in einem Geheimversteck. Der Duft war ein Luxusgut, der Preis für ein einziges Flakon, mit einem Glaspfropfen verschlossen, dazu versiegelt und verschnürt und wie ein Juwel in ein wattegefüttertes Kästchen eingelegt, betrug so viel wie das halbe Jahresgehalt eines Beamten. Um die Mitte des 18. Jahrhunderts war das Parfum in ganz Europa begehrt, nahezu alle Herrscher- und Fürstenhäuser zählten zur Stammkundschaft. So hatte ausgerechnet die größte Stinkstadt *den* Duft für feine Nasen kreiert. Was beweist, dass Köln auch im 18. Jahrhundert noch Erfolge verbuchen konnte. Gegen die schlechte Luft wurden auch zunehmend Bäume gepflanzt. So rühmte ein Besucher aus Schweden den von Bäumen gesäumten Neumarkt 1774 als einen »der größten und schönsten Marktplätze in ganz Europa«.

Es mieft

Köln stand jedoch im Ruf, auch in ganz anderer Hinsicht eine miefige und finstere Stadt zu sein. Vor allem protestantische Besucher beschrieben die Stadt der zahllosen Kirchen als den rückständigsten Ort des Deutschen Reiches. Die »erzkatholische Statt« sei »sehr unangenehm«, klagte etwa 1725 der Schweizer Albrecht von Haller. Während die intellektuelle Elite Europas längst daran zweifelte, dass die Heilige Schrift eine göttliche Offenbarung darstellte, hielt Köln weiter an seinem Protestantenbann fest. Dadurch entstand nicht nur ein Klima bedrückender Engstirnigkeit, die Stadt brachte sich so auch um viele wirtschaftliche Impulse und enorme Steuereinnahmen, da gerade Protestanten oft sehr eifrig waren. Als weithin sichtbare Symbole der Kölner Fortschrittsfeindlichkeit erschienen den Kritikern die mittelalterlichen Kirchen und der Dom: »Die Kirchen, deren eine sehr große Menge, sind meist gothisch und haben nichts Schönes«, urteilte zum Beispiel Albrecht von Haller. In anderen Städten riss man solche »altfränkischen« Gemäuer deshalb zu dieser Zeit ab und ersetzte sie durch neue – in Köln jedoch fehlte dafür das Geld, es wurde überhaupt nur noch wenig gebaut. »Das finstre, traurige Köln haben wir recht gern verlassen«, schrieb 1790 Georg Forster, den doch so schnell nichts schrecken konnte: Er war mit Kapitän Cook um die Welt gesegelt.

Köln schien in einer Zeitkapsel gefangen, was es in den Augen des Schriftstellers Ernst Moritz Arndt zur »hässlichsten Reliquie des Mittelalters« im Rheinland machte. Zutiefst fortschrittsfeindlich war zum Beispiel die Zunftordnung, an der die Stadt verbissen festhielt. Nur wer Mitglied einer Zunft war, durfte ein Handwerk ausüben, und das auch nur in der vorgeschriebenen Weise. Um sich Konkurrenten vom Hals zu halten, blieben die Zunftbrüder am liebsten unter sich und ließen kaum einen Neuling zu. In der Politik stank der Kölner Klüngel zum Himmel. Es herrschte eine Kultur der Käuflichkeit und Vetternwirtschaft; einige wenige Familien verteilten die besten Ämter untereinander und entschieden alle wichtigen Fragen im Hinterzimmer. Einmal – noch im 17. Jahrhundert – hatte ein unzufriedener Bürger dagegen aufbegehrt: Der Kaufmann Nikolaus Gülich hatte die Missstände angeprangert und versucht, den Korruptionssumpf trockenzulegen. Dafür erfuhr er so viel Zustimmung aus der Bevölkerung, dass er es 1683 sogar wagte, das Rathaus zu besetzen, zwei

Bürgermeister festzunehmen und den Stadtrat nach Hause zu schicken. Alle, die in der Vergangenheit schon einmal Mitglied im Rat gewesen waren, durften danach nicht mehr gewählt werden – und auch selbst nicht mehr mit abstimmen. Vier Wochen nach dem Umsturz wurde ein neuer Rat aus lauter neuen Köpfen gewählt – damit war die gesamte Machtelite auf einen Schlag ausgewechselt worden.

Allerdings hatte dieser neue Rat nicht mehr viel zu sagen. Gülich erlag den Versuchungen der Macht, schwang sich zum Alleinherrscher auf, verbreitete »forcht« und Schrecken und machte Jagd auf seine Gegner. Dies kostete ihn so viel Unterstützung, dass ihn der Kaiser 1685 in Acht und Bann erklärte und daraufhin die letzten Getreuen von ihm abfielen. 1686 wurde Gülich als »Haupt-Rebell und Rädelsführer« in Mülheim enthauptet – das Letzte, was er sah, war vielleicht das Kölner Stadtpanorama. Sein Wohnhaus wurde abgerissen und an seiner Stelle eine Schandsäule errichtet, auf der der in Erz gegossene Kopf Gülichs aufgespießt war. Mehr als 100 Jahre blieb der Kopf dort als Warnung an alle Aufwiegler stehen. Dann kam das Jahr 1794. Da wurde die Schandsäule zerstört und der Kopf feierlich weggetragen. Denn nun galt Gülich auf einmal nicht mehr als Aufwiegler, sondern als Vorkämpfer der Demokratie.

Die Armee der Vogelscheuchen erobert Köln

1794 markiert einen der tiefsten Einschnitte in der Kölner Geschichte, denn in jenem Jahr wurde die Stadt von einer französischen Revolutionsarmee eingenommen und war damit erstmals seit der Frankenzeit wieder von fremden Truppen besetzt. Blut war zum Glück nicht vergossen worden: Die pragmatischen Kölner hatten sofort eingesehen, dass jeder Widerstand zwecklos gewesen wäre. Am 6. Oktober fuhr eine Abordnung des Rats den vorrückenden Truppen entgegen und übergab einem Kommandanten an der Aachener Straße die Stadtschlüssel, die bis heute im Pariser Nationalarchiv aufbewahrt werden. Die Soldaten, die am Nachmittag durch das Hahnentor in die Stadt einzogen, sahen aus wie Vogelscheuchen. Sie besaßen vielfach weder Schuhe noch Strümpfe und gingen in Lumpen, der eine trug eine Mütze, der zweite einen Helm, der dritte eine Grenadierkappe. Ein bunter Haufen, der gleichwohl

Respekt genoss, denn er hatte die stärksten Armeen Europas bezwungen. Sein Erfolg hatte wesentlich damit zu tun, dass dies keine Armee von Söldnern mehr war, sondern eine Armee von Wehrpflichtigen. Sie sahen sich in der Tradition jener Pariser, die fünf Jahre zuvor die Revolution begonnen hatten. Eine Revolution, wie es sie noch nie gegeben hatte, weil sie die gesamten gesellschaftlichen Verhältnisse auf den Kopf stellte. Auslöser dieses Umsturzes war eine neue Idee: Alle Menschen sind freie Vernunftwesen und haben deshalb gleiche Rechte – Menschenrechte. Folglich müssen sie vom Gesetz gleich behandelt werden und haben als mündige Bürger Anspruch darauf, ihre Regierung mitzubestimmen. Um diesem Prinzip Geltung zu verschaffen, hob die französische Nationalversammlung den Adel ebenso auf wie das Feudalsystem, die Sklaverei und den enormen Grundbesitz der katholischen Kirche. Sie erließ eine Verfassung, die eine Gewaltenteilung festlegte, die Menschenrechte, Rechtsgleichheit und Privateigentum garantierte und die Wahl der Volksvertreter regelte. Das Wahlrecht hatte jeder erwachsene männliche Franzose, der Steuern zahlte.

Die Ereignisse hielten Europa in Atem. Die einen waren entsetzt, die anderen begeistert – kalt ließ die Revolution niemanden. Auch in Köln gab es Sympathisanten. Allerdings drangen nun immer unerhörtere Berichte aus Paris: Der Nationalkonvent, der an die Stelle der Nationalversammlung getreten war, hatte den König für abgesetzt erklärt und den Christengott per Gesetz abgeschafft. Die radikalsten Verfechter der Revolution, die Jakobiner, witterten bald überall »Feinde der Freiheit« und ließen sie reihenweise köpfen. Auch der König kam unter die Guillotine. Es regierte der große Terror des Tugendwächters und Vernunftanbeters Maximilien de Robespierre. Als die französischen Truppen durch das Hahnentor zogen, lag diese radikalste Phase der Revolution erst gut zwei Monate zurück.

Bisher hatten die Kölner nur in kurzen, trockenen Zeitungsartikeln von den Geschehnissen gelesen und dazu vielleicht noch den Erzählungen von Flüchtlingen aus Aachen gelauscht, das bereits längere Zeit von französischen Truppen besetzt war. Doch nun waren auch die Kölner von einem Tag auf den anderen direkt beteiligt. Es muss eine Mischung aus Angst und Neugier gewesen sein, mit der sie den Einmarsch der 12 000 Soldaten verfolgten. In der Folgezeit versuchten die Kölner zunächst, ihre Besatzer davon zu überzeugen, dass Köln schon seit Jahrhunderten eine Bürgerrepublik mit gewählten Bürgermeistern und Ratsherren sei, die *république de Cologne*. Bürgermeister Nikolaus DuMont reiste zu diesem Zweck nach Paris, hielt eine Rede vor dem Nationalkonvent, in der er die republikanische Tradition seiner Vaterstadt pries, und ließ sich zur Dokumentierung seiner Aussagen sogar den Verbundbrief von 1396 in die französische Hauptstadt schicken. Den Stadtrat bezeichnete DuMont als »Senat der Ubier«, konnten die Ubier doch sozusagen als die edlen Wilden des Rheinlandes betrachtet werden, und für edle Wilde konnte man sich gerade sehr begeistern. All das machte jedoch wenig Eindruck auf den Nationalkonvent. Man ließ DuMont wissen, der seltsame Verbundbrief interessiere nicht weiter: Köln sei Teil des Deutschen Reiches, und mit diesem Reich liege Frankreich im Krieg. Folglich sei Köln besetztes Feindgebiet. Dementsprechend wurde die Stadt erst einmal behandelt. 40000 Kölner mussten 12000 Soldaten beherbergen und versorgen. Zumindest waren die Soldaten trotz ihrer heruntergekommenen Aufmachung sehr diszipliniert: Soweit man weiß, beging kein einziger einen Mord oder eine Vergewaltigung.

Nach Meinung der Franzosen hätte Köln im Übrigen gar nichts Besseres passieren können, als von ihnen besetzt zu werden. Denn anders als die Eroberer früherer Zeiten wollten sie sich nicht einfach auf Kosten der Unterlegenen bereichern, sondern diese befreien und glücklich machen. Die Franzosen waren entschlossen, das finstere Mittelalter ein für alle Mal aus Köln zu vertreiben und die Stadt mit dem Geist der Aufklärung zu erleuchten. Ganz pragmatisch begannen sie dabei zunächst einmal mit mehr Licht auf den Straßen. Schon nach wenigen Wochen ordneten sie die Anbringung von Laternen an, die von sieben Uhr abends bis sieben Uhr morgens brennen sollten. Entsetzt zeigte sich der Stadtkommandant über den stinkenden Dreck in den Straßen. Er befahl deshalb kurzerhand, »dass alle Tage morgens um 8 die Straßen gekehrt und der Kot weggeschafft werde, dieweil von der Reinlichkeit die Gesundheit abhängt«. Den Abtransport sollten Unternehmer garantieren, die den Abfall als Düngemittel weiterverkaufen konnten. Näheres regelte ein »Reglement für die Straßenreinigung und das Hinwegführen des Unraths«.

Die Kirche wird entmachtet

Den französischen Modernisierern schwebte jedoch keineswegs nur eine äußere Reinigung vor, die Stadt sollte von Grund auf befreit und erneuert werden. Der wichtigste Schritt dahin war die schlagartige Entmachtung der katholischen Kirche. Sie wurde von den neuen Herren ganz einfach enteignet. Ihr gesamter Besitz – und ihr gehörte bis dahin annähernd die Hälfte des Kölner Bodens – fiel dem Staat zu. Später folgte die Auflösung aller Stifte und Klöster. Die Nonnen und Mönche wurden mit einer kleinen Rente auf die Straße gesetzt und mussten teilweise betteln gehen. Die größten Kirchen konnten als Pfarrkirchen weitergeführt werden, die anderen wurden entweder abgerissen und durch öffentliche Plätze, Parks, Grünflächen und Gärten ersetzt oder zum Spital, Wohnhaus, Gefängnis oder auch zur Fabrik umgebaut. Dadurch wurde die berühmte Stadtsilhouette »mit ihrer großen Anzahl Thürme und Kirch-Spitzen« (Heinrich Zedlers *Universal-Lexicon* von 1733) in erstaunlich kurzer Zeit deutlich weniger stachelig. Dass auf einen Schlag zahlreiche große Gebäude freikamen, war eine der Voraussetzungen für die frühe Industrialisierung Kölns. 1801 wurde das Erzbistum Köln aufgelöst; Köln wurde dem neu gegründeten Bistum Aachen zugeschlagen. Für die Besoldung der Pfarrer war nun der Staat zuständig.

Die Zwangsräumung der Kirchen bedeutete auch, dass eine riesige Menge an sakraler Kunst auf den Markt geworfen wurde – all die Bilder, Altäre, Kreuze und Monstranzen, die die Kirchenräume geziert hatten. Die *Kreuzigung Petri* von Peter Paul Rubens aus der Kirche St. Peter wurde von den Franzosen kurzerhand beschlagnahmt und kam nach Paris in den gerade eröffneten Louvre; den könnten sich die Kölner ja auch ansehen, wurde ihnen beschieden (später kam das Bild wieder zurück). Mit der in Köln so verbreiteten mittelalterlichen Kirchenkunst konnten die Franzosen – wie auch die meisten Deutschen dieser Zeit – nicht viel anfangen; sie wurde großenteils für Pfennigbeträge verscherbelt. Der Maler Philipp Veit berichtete 1804 aus Köln seinem Vater in Berlin: »Hier giebt es sehr schöne Bilder, welche bei Schuhflickern und Schneidern stecken und da, wo man es gar nicht denkt.« Auch die fantastischen Glasmalereien aus den Kreuzgängen umliegender Klöster, die zu Beginn des 16. Jahrhunderts in Köln hergestellt worden waren, wurden ungerührt versteigert. Nur einige gotikbegeisterte Lords wussten ihren Wert richtig einzuschätzen, erstanden sie für Spottpreise und ließen sie auf ihren englischen Schlössern in Privatkapellen einsetzen. Detailgenau bis zur Verfärbung eines Fingernagels, erzählen sie dort bis heute von Teufelskämpfen, Fliegenplagen und bleichgesichtigen Jungfrauen – leuchtende Comics aus Glas, *made in Cologne.*

So mancher Kunstschatz verließ die Domstadt zur Franzosenzeit für immer. Adolf von Hüpsch etwa kaufte in kurzer Zeit eine Gemäldekollektion zusammen, bot sie der Stadt Köln an, die jedoch abwinkte, worauf er die Sammlung nach Darmstadt verkaufte; dort bildete sie den Grundstock für das Hessische Landesmuseum. Die Brüder Sulpiz und Melchior Boisserée verkauften ihre überaus kostbaren Tafelgemälde altdeutscher und altniederländischer Meister an den König von Bayern, aus dessen Besitz sie in die Alte Pinakothek gelangten. Die wichtigste Sammlung blieb Köln immerhin erhalten: Sie gehörte dem ehemaligen Universitätsrektor Ferdinand Franz Wallraf (1748–1824). Nachdem er einmal mit dem Sammeln begonnen hatte, wurde er nach eigenen Worten »kaufsüchtig« und erwarb so ziemlich alles, was ihm in die Hände fiel. Ein Druck von 1820 zeigt ihn beim Betrachten eines Bildes, das ihm gerade von einem Mann zum Kauf angeboten wird, inmitten eines riesigen Durcheinanders von Ritterrüstungen, Waffen, Büsten und Büchern. Goethe, der seine Sammlung bewunderte, aber auch als chaotisch kritisierte, regte an, sie in »Abtheilungen« geordnet in einem Museum auszustellen – so ist es am Ende auch gekommen; das Museum trägt Wallrafs Namen. Sammlungen wie seine begründeten Kölns Ruf als Kunststadt, da sie die reiche Sakralkunst erstmals seit langer Zeit wieder sichtbar machten; oft unter einer jahrhundertealten Schmutzschicht verborgen, war sie in dunklen Seitenkapellen oder unzugänglichen Klöstern zuletzt nicht mehr beachtet worden. Die Privatsammler hingegen führten ihre Schätze gern den gut situierten Rheintouristen vor, die Köln zu Beginn des 19. Jahrhunderts in immer größerer Zahl aufzusuchen begannen.

Köln lernt Französisch

Zunächst konnte man noch glauben, die Herrschaft der Franzosen werde sich auf ein Intermezzo beschränken. Doch es kam anders: Im Frieden von Campo Formio verleibte sich das siegreiche Frankreich 1797 die linksrheinischen Gebiete ein – der Rhein sollte fortan seine »natürliche Grenze« im Osten bilden. Köln gehörte nunmehr zu Frankreich und lag direkt an der Staatsgrenze; auf der anderen Rheinseite war Ausland, dort befand sich das Herzogtum Berg. Kölns jahrhundertelange Autonomie als freie Reichsstadt war damit perdu. Es lag jetzt im neugegründeten Departement Roer, so benannt nach einem kleinen Nebenfluss der Maas, von dem viele Kölner noch nie gehört hatten. Sitz der Präfektur und damit Hauptstadt des Departements wurde zu Kölns großer Enttäuschung das viel kleinere Aachen, damals ein europaweit bekannter Kurort und von den Franzosen zudem als einstige Residenz des Frankenkaisers Karl des Großen geschätzt. Am 5. September 1797 hoben die Franzosen auch den Kölner Stadtrat auf. Der an seiner Stelle eingesetzte Gemeinderat besaß wenig Einfluss, stattdessen regierte ab 1800 ein von der Zentralverwaltung eingesetzter *maire* (Bürgermeister) mit zwei Beigeordneten. Als Reichsstadt war Köln eine Art Miniaturstaat mit seinen eigenen Gesetzen und Institutionen gewesen – jetzt wurde es in ein straffes Verwaltungssystem eingebunden. Der Bürgermeister war dem Unterpräfekten des Arrondissements Köln verantwortlich, dieser dem Präfekten des Departements Roer in Aachen, dieser dem Staatsministerium in Paris und der dem bald über allen thronenden Kaiser Napoleon Bonaparte. Das war nicht gerade demokratisch, aber im Vergleich zu dem, was Köln vorher gekannt hatte, sehr viel effizienter. Während die Bürgermeister und Unterpräfekten Einheimische waren, stammten die Präfekten in der Regel aus Frankreich.

Französisch war die offizielle Amtssprache, und die Straßen erhielten französische Namen, wobei auf den Schildern eine deutsche Version angefügt werden durfte. Einige dieser Schilder kann man heute noch finden, so am Stadtmuseum einen Stein mit der Inschrift *R. de l'Arsenal – Zeughausgas(se)* oder in der Krebsgasse einen Stein mit der französischen Übersetzung *Rue de l'Écrevisse*. Einige Straßen und Plätze wurden komplett umgetauft. So hieß der Neumarkt zunächst *Place de la Liberté*, dann *Place d'Armes* (Waffenplatz) und schließlich

Place des Victoires. Auf Vorschlag des Aufklärers Ferdinand Franz Wallraf wurde der Name Pißgäßchen gegen *Passage de la Bourse* (Börsengasse) eingetauscht, und aus dem Hundsrücken wurde der Hunnenrücken *(Quartier des Huns)*. Auch der Lohplatz hieß eines Tages anders, nämlich *Place Clovis* - Chlodwigplatz. Die Kölner Häuser wurden unter den Franzosen auch erstmals nummeriert – diese Maßnahme hatte allerdings noch der alte Stadtrat drei Tage vor dem Einmarsch der französischen Truppen beschlossen. Eine Reihe französischer Wörter ging dauerhaft in den Kölner Sprachschatz ein, oft leicht verballhornt. So nennt der Kölner den Bürgersteig »Trottewar« (von *trottoir*) und einen Johannes »Schäng« (von Jean). Mit vielen Kindern hatte man viele Mägen zu stopfen. Vom Magen ist es nicht weit zum Bauch, der heißt auf Französisch *la panse*, und dann ist man schnell bei den »Pänz«. Wenn jemand mit Kind und Kegel unterwegs ist, dann sagt der Kölner von ihm, er sei mit seiner »janze Bajasch« losgezogen – was natürlich von *bagage* (Gepäck) kommt. Wenn jemand etwas aus dem Handgelenk schüttelt, dann tut er das »us d'r Lamäng« (von *la main*, die Hand). Und auch das kölsche »atschö« oder »tschö« hat seinen Ursprung im Französischen - im Abschiedsgruß *adieu*.

Modernisierung im Schnellverfahren

Die Franzosen organisierten die Verwaltung erstmals nach Prinzipien, die heute selbstverständlich sind: vorgeschriebene Verfahrensweisen für bürokratische Prozesse, ein jährlicher Haushaltsplan, feste Bürozeiten, amtliche Schreiben mit gedruckten Briefköpfen - all dies wurde Standard. Die gesamte Stadtverwaltung wurde in acht Ressorts eingeteilt wie Finanzwesen, Wohlfahrts- und Unterrichtswesen oder Handels- und Gewerbeangelegenheiten. Gaffeln und Zünfte wurden beseitigt – von nun an galt im Wirtschaftsleben das Prinzip des freien Wettbewerbes. Alle Schulen kamen unter staatliche Aufsicht; die Kölner Universität, die als hinterwäldlerisch galt, wurde aufgelöst.

Völlig neu geordnet wurde auch das Rechtssystem. Bis zum Eintreffen der Franzosen hatten zum Teil die Bürgermeister Recht gesprochen, nun wurden Verwaltung und Justiz strikt voneinander getrennt. Anstelle der vielen bis dahin existierenden Gerichtsstätten setzten die Franzosen ein Zivilgericht, ein

Kriminalgericht und vier Friedensgerichte zur Abhandlung von Bagatelldelikten ein. Um die von der Verfassung garantierte Gleichheit vor dem Gesetz zu gewährleisten, wurde die Rechtsprechung in fünf Gesetzbüchern genauestens festgelegt. Das wichtigste war der Code civil, auch Code Napoléon genannt, der in Köln bis zur Einführung des Bürgerlichen Gesetzbuchs im Jahr 1900 gültig blieb.

Da die Kirche über keine eigenen Mittel mehr verfügte, konnte sie sich auch nicht mehr um die Armen kümmern, sie konnte keine Kranken mehr pflegen, keine Alten mehr versorgen und keine Almosen mehr verteilen, so wie sie dies jahrhundertelang getan hatte. Diese Aufgabe übernahm nun der Staat. Die Stadt wurde zum Träger von Hospitälern, die teilweise auch die Funktion von Pflegeheimen hatten. Ein Dekret Napoleons schrieb 1804 vor, dass Tote aus hygienischen Gründen nur noch jenseits des Stadtwalls bestattet werden durften. Daraufhin legte Köln an der Aachener Straße einen modernen Zentralfriedhof an, der nach einer ehemals dort befindlichen Aussätzigenstation Melaten genannt wurde. So verschwand der Verwesungsgeruch aus den Kölner Kirchen und Kirchhöfen.

Alle Adelsprivilegien wurden gemäß dem republikanischen Gleichheitsgrundsatz aufgehoben. Niemand musste mehr mit »Euer Wohlgeboren« angeredet werden, im Gegenteil: Es war sogar verboten. Die nun erwünschte Anrede war wie in Frankreich *citoyen*, Bürger. Im »Rom des Nordens« galt nun auch nicht mehr die christliche Zeitrechnung, sondern der republikanische Kalender. Die Zahl der Monate blieb zwar gleich, sie bekamen jedoch neue Namen und waren außerdem nicht mehr in Wochen unterteilt, sondern in Dekaden von jeweils zehn Tagen. Der Sonntag wurde ersetzt durch den zehnten Tag; folglich musste man drei Tage länger als vorher arbeiten, bis ein Ruhetag kam, was die Reform besonders verhasst machte. Schon von Napoleon wurde sie denn auch wieder abgeschafft. Von Dauer war dagegen die Einführung des Dezimalsystems beim Messen und Wiegen. Erstmals galten nun einheitliche Maße und Gewichte – Meter, Liter, Kilogramm – von der Nordseeküste bis nach Oberitalien, was einen enormen Integrationsschub für Westeuropa bedeutete.

Statt der christlichen Feiertage wurden Revolutionsfeste begangen, die die Verbundenheit mit der Republik stärken sollten. Am 20. März 1798 etwa feierte man auch in Köln das »Fest der Volkssouveränität«. Unter Glockengeläut und Kanonendonner bewegte sich ein Festzug vom Rathaus zum Neumarkt, wo ein Vaterlandsaltar errichtet worden war. Anschließend ging man mit einem Bankett und einem Ball zum gemütlichen Teil über. Die ehemalige Jesuitenkirche St. Mariä Himmelfahrt an der Marzellenstraße wurde in einen Dekadentempel umfunktioniert, um dort den »Kult der Vernunft« zelebrieren zu können.

Kreuze, Heiligenfiguren und alle anderen christlichen Symbole mussten aus dem Stadtbild verschwinden, an ihre Stelle traten Staatssymbole wie der Freiheitsbaum, die Jakobinermütze der Revolutionäre, französische Kokarden – kreisförmige Abzeichen – oder goldene Bienen, die Wappentiere Napoleons, als Symbol der Unsterblichkeit. Prozessionen und Wallfahrten durften nicht mehr abgehalten werden. Religion war nun Privatsache. Jeder durfte glauben, was er wollte, und niemand durfte seiner Religion wegen verfolgt werden. Dies bedeutete 1797 endlich Glaubensfreiheit für die Protestanten; ihre erste Kirche wurde die Antoniterkirche in der Schildergasse. Auch Juden waren erstmals seit ihrer Vertreibung 1424 wieder willkommen. Einer der ersten, die sich in Köln niederließen, war der Handelsbankier Salomon Oppenheim. Jeder Einwohner war nun auch Bürger der Stadt, mit gleichen Rechten und Pflichten. Allerdings galt dies nur für Männer. Zur Gleichberechtigung der Frau hat die Französische Revolution nur wenig beigetragen.

Die Preußen kommen

Unterm Strich hatte sich aber in sehr kurzer Zeit so viel verändert wie noch nie. Gefiel das den Kölnern? Protestiert haben sie jedenfalls nicht, im Gegenteil, als Napoleon im September 1804 kurz vor seiner Kaiserkrönung Köln besuchte, als er da tatsächlich ganz leibhaftig mit seiner Gemahlin Josephine auf dem Neumarkt stand – Zweispitz auf dem Kopf, Schmachtlocke in der Stirn und die rechte Hand in der Weste –, da wollte der Jubel der Kölner kein Ende nehmen. Ferdinand Franz Wallraf dichtete Lobeshymnen, und das Volk spannte dem Herrscherpaar die Pferde aus und zog seine Kutsche selbst durch die Straßen. Bei einem zweiten Besuch 1811 fiel der Empfang schon wesentlich kühler aus. Napoleons Kriege nahmen kein Ende, und die Kölner mussten dafür mitbezahlen. Nur ein Jahr später folgte der Russlandfeldzug mit Zwangsrekrutierungen junger Männer auch im Rheinland. Die Stationen sind bekannt: der Marsch ins Leere, der Brand von Moskau, der Frost. Exitus *Grande Armée*. Danach wollte plötzlich niemand mehr im Lager des Verlierers stehen – Wallraf, eben noch Napoleon-Verehrer, dichtete rasch ein paar Spottverse. Anfang 1814 wurde Köln von den Franzosen geräumt, und die Preußen rückten ein.

Auch wenn Napoleon den Russlandfeldzug vermieden hätte, wäre Köln auf Dauer sicher keine französische Stadt geblieben. Frankreich war von seiner Bevölkerungszahl und Wirtschaftskraft her letztlich zu schwach, um den Kontinent auf Jahrzehnte hinaus zu dominieren. Seine Vorherrschaft stieß auf wachsenden Widerstand, bei den Deutschen entfachte sie ein neues Nationalgefühl. »Das Volk steht auf, der Sturm bricht los! Wer legt noch die Hände feig in den Schoß!«, jubelte der junge Dichter Theodor Körner. Für das Rheinland galt dies allerdings nur sehr begrenzt – dort hatte man sich mit den Franzosen arrangiert und wusste so manche ihrer Neuerungen zu schätzen. Als Napoleon 1815 noch einmal kurzzeitig an die Macht zurückkehrte, musste der preußische Stadtkommandant erleben, dass vor seiner Wohnung »Vive l'Empereur!« gerufen wurde. »Eine unverzeihliche Stumpfheit des Nationalgeistes der Kölner!«, schnaubte der Freiherr vom Stein. Die protestantischen Preußen waren den Kölnern von Anfang an nicht geheuer. Noch bis in die 70er-Jahre des 19. Jahrhunderts soll in vielen Kölner Wohnzimmern ein Bild Napoleons gehangen haben.

In einem Punkt hatten die Umerziehungsmaßnahmen der kultivierten Franzosen offenbar versagt. Obwohl sie die Bevölkerung immer wieder auf ihre Pflicht zur Straßenreinigung aufmerksam gemacht und neue Bestimmungen erlassen, auch konkrete Pläne entwickelt und in die Tat umgesetzt hatten, war Köln doch nicht richtig sauber geworden. Zum Beispiel hatten die Behörden die Einwohner der Stadt 1804 kurz vor Napoleons Besuch noch einmal daran erinnern müssen, dass es verboten war, Schweine »durch die Straßen der Stadt herumirren zu lassen«. Kurz vor dem Abzug der Franzosen musste der Unterpräfekt feststellen, dass die Kölner Straßen »voll von Asche, Schmutz und Unrath« seien. Der Schriftsteller Ernst Moritz Arndt legte hierbei allerdings Wert auf eine gewisse Differenzierung: Unrat und Misthaufen beschränkten sich demnach weitgehend auf die Gassen des Hafenviertels. »Dass man

Köln das schmutzige nennt, darin hat man Unrecht.« Die Kölner hätten sogar viel vom holländischen »Geist des Putzens und Scheuerns«.

Solche Töne hatte man lange nicht gehört. Die Kölnkritiken durchreisender Besucher fielen nun wieder freundlicher aus. Bauruinen wie dem Dom und anderen alten Kirchen wusste man zunehmend etwas abzugewinnen, denn eine neue Kulturbewegung hatte mit dem Verstandesglauben der Aufklärung gebrochen. 1817 kam ein 42-jähriger englischer Landschaftsmaler und Professor für Perspektive nach Köln, im Gepäck ein Skizzenbuch, in dem er in phonetischer Schreibweise den deutschen Satz »Wo ist mein Zimmer?« notiert hatte. Er hieß William Turner, war in London geboren und wohnte dort sein ganzes Leben, vermied es aber weitgehend, die Stadt abzubilden. Sie war ihm zu modern. Was Turner suchte und verklärte, war das Alte, das Romantische. Deshalb war er nach Köln gekommen, in die Metropole des christlichen Mittelalters, und er war von der Stadt so begeistert, dass er bis ins hohe Alter immer wieder zurückkehrte. Er zeichnete den Dom von Süden und von Osten, eine Anlegestelle vor Groß St. Martin und das ganze Rheinpanorama. Später im Atelier gingen daraus verträumte Aquarelle hervor und 1826 ein großes Gemälde, das sich heute in New York befindet. Darauf erscheint Köln als Wasserstadt in goldenem, venezianischem Licht, so verklärt und überhöht, dass eine englische Zeitung schrieb, es sehe aus wie eine »Märchenszene«.

Binnen weniger Jahrzehnte hatte sich Köln von einer verabscheuten in eine bewunderte Stadt verwandelt – und dies, obwohl es sich abgesehen vom Verschwinden vieler Kirchen gar nicht so sehr verändert hatte. Es wurde jetzt nur mit anderen Augen gesehen. Der französische Schriftsteller Victor Hugo nannte Köln die »Stadt des Handels und der Träume«. Eine Stadt des Handels sah er, wenn er nach Norden schaute, in die »weite, fruchtbare Ebene, die sich bis zur holländischen Grenze absenkt«, eine Stadt der Träume, wenn er nach Süden blickte, ins Siebengebirge und weiter zum romantischen Mittelrhein mit seinen Sagen und Legenden. »Holland also und sein Handel, Deutschland und seine Poesie – sie erheben sich wie zwei großartige Seiten des menschlichen Geistes über den Horizont von Köln.« Die Stadt am Rhein verband das Beste zweier Welten.

KÖLN

HOCHBURG DER HALBFRANZOSEN

Pechschwarzer Vollbart,
blitzende Augen:
Karl Marx in jungen Jahren

HOCHBURG DER HALBFRANZOSEN
KÖLN ALS PREUSSISCHE STADT

Der Mann schien nur aus Haaren zu bestehen. Es war das Erste, was den Leuten auffiel, die ihm begegneten. Der Kölner Geschäftsmann Gustav Mevissen zum Beispiel beschrieb ihn als jemanden, »dem dickes schwarzes Haar aus Wangen, Armen, Nase und Ohren quoll«. »Dicht und rabenschwarz« sei das Kopfhaar, berichtet sein Anhänger Friedrich Leßner. Der russische Publizist Pawel Annenkow zeigte sich ebenfalls beeindruckt: »Auffallend waren seine gewaltige tiefschwarze Mähne und seine behaarten Hände. Obwohl er sich den Mantel falsch zuknöpfte, wirkte er wie ein Mann, der das Recht und die Macht hat, Respekt einzufordern.« Der Dichter Georg Herwegh war der Meinung, dass ihm sein »üppiges schwarzes Haar« etwas Prophetenhaftes gab, die gleiche Meinung vertrat sein zeitweiliger Rivale Gottfried Kinkel. Carl Schurz, später Innenminister der Vereinigten Staaten, vergaß nie, wie er mit dem »pechschwarzen Haupthaar und Vollbart und den dunklen blitzenden Augen« immer sofort die allgemeine Aufmerksamkeit auf sich gezogen hatte. Der Sozialist Wilhelm Liebknecht schwärmte noch Jahrzehnte später vom »Blick des Löwenhauptes mit der kohlschwarzen Löwenmähne« und dem »prächtigen glänzend schwarzen Bart«. Ein preußischer Agent äußerte den Verdacht, dass der Mann sich offenbar niemals rasierte. Der Name dieses wandernden Haarknäuels war Karl Marx.

1842 war der 24 Jahre alte Doktor der Philosophie nach Köln gekommen, nachdem er zunächst gezögert hatte, weil ihm das Leben in der drittgrößten Stadt Preußens »zu geräuschvoll« erschien. In den ersten Monaten seiner Mitarbeit für die *Rheinische Zeitung* blieb er daher in Bonn wohnen, ehe er im Oktober 1842 Chefredakteur wurde und dann doch in die lärmige Großstadt umzog. Die *Rheinische Zeitung* war das Sprachrohr der liberalen Opposition in Preußen. Gegründet worden war sie mit dem Geld Kölner Kapitalisten: Manufakturbesitzer und Bankiers wollten in dem Blatt ihre Meinung veröffentlicht sehen. Das rheinische Großbürgertum drängte auf politische Mitbestimmung und Bewahrung der Reformen aus französischer Zeit. Marx konnte sich damit voll und ganz identifizieren – er war zu dieser Zeit noch kein Kommunist, sondern radikaler Demokrat. Binnen kürzester Zeit verdoppelte er die Auflage. Der gebürtige Trierer war zwar ein miserabler Redner – er lispelte und sprach mit starkem rheinischen Dialekt –, doch dafür ein begnadeter Schreiber und Blattmacher, kurz: ein großer Journalist. Er griff aktuelle Themen auf, die die Öffentlichkeit wirklich beschäftigten. So schrieb er über den Holzdiebstahl und dessen soziale Ursachen oder über die Not der Moselwinzer. Am 16. November 1842 kam es in den Kölner Redaktionsräumen zu einem historischen Treffen: Marx empfing erstmals den Fabrikantensohn Friedrich Engels. Dieser beschrieb die Begegnung später als »sehr kühl« – es sollte noch etwas dauern, ehe sich die beiden so nahe waren, dass Marx seinem Freund auch einen Furunkel auf seinem Penis en détail beschrieb. Engels steuerte bald seine erste Artikelserie für die *Rheinische Zeitung* bei. »Die Industrie bereichert zwar ein Land, aber sie schafft auch eine Klasse von Nichtbesitzenden, von absolut Armen, die von der Hand in den Mund lebt, die sich reißend vermehrt, eine Klasse, die nachher nicht wieder abzuschaffen ist.« In Köln lebten etwa 20 bis 30 Prozent der Bevölkerung von der Armenfürsorge, im Krisenwinter 1816/17 waren 20 000 der insgesamt etwa 45 000 Einwohner Almosenempfänger. Der spätere 1848er-Revolutionär Robert Blum schilderte die Lage seiner Kölner Familie zu dieser Zeit rückblickend so, dass sein Stiefvater täglich 48 Stüber nur für Brot gebraucht hätte, doch nur 40 Stüber verdiente.

Mit den preußischen Zensurbehörden lieferte sich Marx ein ständiges Katz-und-Maus-Spiel. Einmal musste der zuständige Polizeirat einen vom Oberpräsidenten veranstalteten Ball vorzeitig verlassen, weil er von Marx immer noch nicht die Druckfahnen für die Ausgabe des nächsten Tages bekommen hatte. Wohl oder übel bemühte er sich selbst zu Marx' Wohnung und verlangte dort ungehalten die Herausgabe der Fahnen. Doch Marx rief ihm vom Fenster aus zu, es gebe keine Fahnen, weil die Zeitung am nächsten Tag ausnahmsweise nicht erscheine. Anfang 1843 wurde die Zeitung schließlich vom preußischen König Friedrich Wilhelm IV. verboten – auf Intervention des russischen Zaren Nikolaus I., der sich über die antirussische Tendenz der Zeitung beschwert hatte.

Unruheherd Köln

Dass all dies in Köln geschah, war kein Zufall. Köln war aus Sicht Berlins Sammelbecken der liberalen und demokratischen Kräfte, die die bestehende Ordnung bedrohten. Ein Widerstandsnest, ein Unruheherd. Es war aber auch die Stadt des aufstrebenden Bürgertums, das sein Geld in Dampfschiffen, Eisenbahnen, Aktiengesellschaften und Bankhäusern anlegte. Diesen Innovationsvorsprung hatten die Kölner den Franzosen zu verdanken, die die Gewerbefreiheit und ein fortschrittliches Recht eingeführt hatten. Außerdem hatten sie den Adel abgeschafft, der in Altpreußen weiter den Ton angab. In der Frühphase der Industrialisierung bedeutete all dies einen enormen Wettbewerbsvorteil.

Sehr offensiv stellten die Kölner darum ihr französisches Erbe heraus und grenzten sich so von den neuen Herren ab. Sulpiz Boisserée, der unermüdliche Eiferer für die Vollendung des Doms, hörte einen kölnischen Bauern sagen: Was die Franzosen in 20 Jahren nicht geschafft hätten, das hätten die Preußen »in einem halben Jahr hingekriegt: dass wir die Franzosen gern zu haben gelernt«. Boisserée selbst beklagte: »Man hört nur zu oft das frevelhafte Wort: noch lieber französisch als preußisch.« Um die Freiheitsrechte aus der Franzosenzeit zu sichern, entstand in Köln schon kurz nach dem Übergang zu Preußen eine breite Bewegung für die Einführung einer liberalen Verfassung. Am Rhein werde »die Einrichtung einer wahren Volks-Repräsentation« gewünscht, meldete die preußische Verwaltung in Köln nach Berlin. Doch dazu war der König keinesfalls bereit – er wollte die Zeit zurückdrehen bis vor die Französische Revolution.

Die Autonomie, die Köln bis zur Ankunft der Franzosen besessen hatte, erhielt die Stadt auch unter den Preußen nicht wieder zurück. Als der Kölner Stadtrat 1819 darauf pochte, das Amt des Oberbürgermeisters könne »nur einem Eingesessenen aus ihrer Mitte anvertraut« werden, beschied ihm der preußische Minister Wilhelm von Humboldt, die Ernennung des Oberbürgermeisters sei allein Sache des Königs. Im selben Jahr vernahm Regierungsassessor Eberhard von Groote »lautes Murren, man müsste den Berliner Schuften Gift und Dolch in die Kehlen wünschen«. Zum Vorbild der Radikaldemokraten, die sich nichts so sehr wünschten wie eine Loslösung vom preußischen Obrigkeitsstaat, wurde ab 1830 das neu gegründete Königreich Belgien, ein liberaler und zugleich doch katholisch geprägter Verfassungsstaat in unmittelbarer Nachbarschaft des Rheinlandes. Ein erster großer Konflikt mit Preußen waren die »Kölner Wirren« von 1837, auch das »Kölner Ereignis« genannt: Der Kölner Erzbischof Clemens August von Droste zu Vischering weigerte sich, ein preußisches Gesetz anzuerkennen, wonach Kinder in »Mischehen« nur im Glauben des Vaters erzogen werden sollten. Da im Rheinland und auch in Westfalen viele aus Altpreußen stammende Beamte katholische Frauen heirateten, hätte dies bedeutet, dass alle Kinder aus solchen Ehen Protestanten geworden wären. Als der weltfremde und eigenbrötlerische Droste jedes Zugeständnis brüsk verweigerte, wurde er 1837 von den preußischen Behörden verhaftet und unter Hausarrest gestellt. Der bekannte katholische Publizist Joseph Görres prangerte dies in einer Streitschrift als staatlichen Willkürakt an. Die Schrift fand weite Verbreitung, und Droste wurde zum katholischen Märtyrer. Das »Kölner Ereignis« erhitzte weit über Köln hinaus die Gemüter – so sehr, dass Droste sogar unter die Berühmtheiten in Madame Tussauds Wachsfigurenkabinett in London aufgenommen wurde. Als Reaktion auf diese Ereignisse begann sich nun eine weitere oppositionelle Strömung herauszubilden: der politische Katholizismus. Der preußische Innenminister Gustav von Rochow berichtete dem König im Jahr der Verhaftung nach einem Abstecher an den Rhein: »Auf mich hat das Land und das Volk nicht den Eindruck gemacht, als befände ich mich im preußischen Vaterlande und unter Landsleuten; auch mir gewährte es den Eindruck eines von Preußen occupirten und verwalteten fremden Landes.«

Die Erfindung des Karnevals

In dieser politisch aufgeheizten Atmosphäre entstand in den 1820er-Jahren der organisierte Kölner Karneval. Seit dem Mittelalter hatte der »Fastelovend« den Charakter eines zügellosen Volksfestes gehabt. Für wenige Tage im Jahr schuf er eine verkehrte Welt, kehrte das Untere nach oben. Der Obrigkeit war der Mummenschanz verdächtig, sie verbot ihn immer wieder, doch ohne Erfolg. Auf brave durchreisende Bürgersleute wirkte das raue Volksfest abschreckend. Der Münchner Hofrat Albert Klebe notierte im Jahr 1800: »Alle Wirthshäuser ertönten von Musik und Gläserklang und dem Brüllen und Jauchzen des besoffenen Pöbels (...) nichts als Fuhrleute mit schmutzigen Kitteln, mit verzerrten Larven und lang herunter hängenden Haaren von Werg oder Flachs, Bauern in schmutziger, plumper Tracht, hässliche Nonnen, schmierige Caminfeger und altväterisch gekleidete Weiber. In diesem von Tabak, Punsch und Ausdünstungen duftenden Tumult trieb sich der Pöbel aller Classen mit Entzücken herum, und wenn er dann am späten Morgen durch die schmutzigen finsteren Gassen besoffen nach Hause taumelt, so war er zufrieden, denn nun hatte er sich doch einmal wieder nach seiner Weise recht lustig gemacht.«

So konnte es nicht weitergehen, dachten sich einige grundsolide Vertreter der Oberschicht, setzten sich im Winter 1822/23 in einem Weinhaus hinter St. Ursula zusammen und berieten, wie das rohe Vergnügen domestiziert werden könne. Ihr Vorbild war der kultivierte venezianische Karneval. Deshalb importierten sie als Erstes seinen Namen und tauften die Fastnacht in Karneval um. Als Zweites erfanden sie einen romantischen Maskenzug. Wahrscheinlich wurden sie dabei von Triumphzügen der Fürsten und Feldherren inspiriert, vor allem aber von der jährlichen Fronleichnamsprozession der katholischen Kirche. Zur Organisation des Zuges bildeten die Initiatoren im Januar 1823 ein »festordnendes Comité für die Carnevalslustbarkeiten«. Obwohl bis zum Rosenmontag nur noch zwei Wochen Zeit blieben, gelang den Organisatoren schon mit dem ersten Zug ein großer Erfolg. Im nächsten Jahr waren an den Karnevalstagen schon »alle Zimmer in sämmtlichen Gasthäusern der Stadt« ausgebucht. Ein weiterer Höhepunkt neben dem Zug war der Maskenball im Gürzenich. Seit nunmehr alles so gesittet zuging, stand auch einer Teilnahme hoher Beamter und Militärs nichts mehr im Wege, und selbst Angehörige des Königshauses ließen sich blicken. Die Polizeibehörden wussten allerdings durchzusetzen, dass die Figur des »König Karneval« durch den »Held Karneval« ersetzt wurde. Schließlich gab es nur einen König in Preußen. Und der trug eine Krone, keine Kappe.

Somit hatte sich also die Kölner Oberschicht des alten Volksfestes Karneval bemächtigt. »Niedere Volksschichten« wurden von den Sitzungen ausgeschlossen. Doch dagegen regte sich Widerstand, und dieser Widerstand ist mit einem Namen verbunden: Franz Raveaux (1810–1851), Sohn eines französischen Soldaten, der ihm frühzeitig die Ideale der Revolution eingepflanzt hatte. Sehr bald schon attestierte ihm die preußische Polizei eine ungesunde »Neigung zu stetem Widerspruch«.

Als besonders temperamentvoller Kölner feierte Raveaux gerne Karneval. Der Elitenkarneval des Festkomitees, der sich in vorauseilendem Gehorsam auf kreuzbrave Scherze beschränkte, war aber so gar nicht nach seinem Geschmack. Schnell tat er sich mit Gleichgesinnten zusammen und organisierte einen Alternativkarneval, bei dem jeder willkommen war. Das Motto: »Wo sich alle Menschen gleich / Da nur ist das Narrenreich.« Raveaux und seinen Freunden schwebte ein zeitkritischer, volksnaher Karneval vor. Statt »unschuldiger Zeitverspottungen« sollte Hanswurst die »Verkehrtheiten der Zeit, querstehende Erscheinungen des öffentlichen Lebens, insbesondere aus dem Gebiet der Politik, und namentlich der vaterländischen Politik« aufgreifen.

Der doppelte Rosenmontagszug

Während eines Besuches in Köln bescheinigte der preußische König Friedrich Wilhelm IV. der Raveaux'schen Fraktion »höchst widerwärtige demokratische Ansichten«. Er empfahl eine schnelle Wiedervereinigung mit dem staatskonformen Festkomitee. Stattdessen machte Raveaux im Januar 1844 seinen eigenen Verein auf, die Allgemeine Karnevalsgesellschaft. Dank niedriger Beiträge erfreute sie sich regen Zulaufs und gewann mehr als 1000 Mitglieder – die etablierte Große Karnevalsgesellschaft kam auf kaum mehr als die Hälfte. Die Saalmiete für den Gürzenich konnte die Allgemeine zwar nicht aufbringen, doch hielt sie ihren Maskenball einfach in einem Lokal in der Ehrenstraße ab. Um ihre demokratische Gesinnung zum Ausdruck zu bringen, ließ die Gesellschaft ihre Vorstandsmitglieder rotieren. Getreu dem Motto: »Freiheit und Gleichheit im Narrenthum«. Mittlerweile hatte der Karneval eine so wichtige Funktion als Plattform der politischen Opposition gewonnen, dass man auch im Sommer nicht auf ihn verzichten wollte. Ende Juni organisierte Raveaux ein Treffen rheinischer Karnevalsgesellschaften auf der Rheininsel Nonnenwerth bei Bonn. Dort sang die Menge – »auf mannigfaltigste Art decoriert« – ein neues Karnevalslied über Hanswurst, der seine Fesseln sprengt: »Hanswoosch hät sich emanzipeet, / Hä is jitzunder mündig!« Am Rosenmontag des Jahres 1845 erlebte Köln dann eine Sensation, die es weder davor noch danach je gegeben hat: Zwei konkurrierende Karnevalszüge zogen durch die Stadt. Den einen hatte die obrigkeitshörige Große Karnevalsgesellschaft ausgerüstet, den anderen die Allgemeine Karnevalsgesellschaft von Raveaux. Ein Plakat für diesen alternativen Rosenmontagszug machte sich über »Zensurwurst« und »Berliner Kotzwürste« lustig.

Von Jahr zu Jahr wurde der Karneval politischer. Der 21 Jahre alte Apothekergehilfe Hugo Baehrens schrieb in sein Tagebuch: »Es vergeht nicht eine Versammlung, wo nicht Regierungs-Maßregeln einer strengen scharfen Kritik unterworfen werden.« 1848 gab der Kölner Karneval sogar den Startschuss zur Märzrevolution. Nachdem Frankreich Ende Februar zur Republik erklärt worden war, griff der Geist des Umsturzes zu Karneval auch auf das Rheinland über. Vor Beginn des Rosenmontagszuges stieg auf dem Neumarkt ein mit Gas gefüllter Ballon in Gestalt des Hanswurst in den Himmel – weithin sichtbar leuchtend in den Farben Schwarz-Rot-Gold. Bald flatterten in der ganzen Stadt die verbotenen Farben: Schwarz für Pulver, Rot für Blut und Gold für die Flamme der Freiheit. In Köln war die Revolution ausgebrochen. »Die Marseillaise spielte in allen Caffeehäusern mit Gesangbegleitung«, berichtete der württembergische Demokrat Wilhelm Zimmermann aus Köln. »Umsonst zischten andere darein und ließen zur Sühne das ›Heil dir im Siegerkranz‹ spielen, aber die Musik wurde ausgepfiffen, sie mußte verstummen.«

Am Tag nach Weiberfastnacht bewegte sich ein Demonstrationszug von etwa 5000 Arbeitern und Handwerkern auf das Rathaus zu und forderte dort nichts weniger als »Gesetzgebung und Verwaltung durch das Volk, unbedingte

Freiheit der Presse, Auflösung des stehenden Heeres, freies Vereinigungsrecht, Sicherstellung der menschlichen Lebensbedürfnisse für alle, vollständige Erziehung aller Kinder auf öffentliche Kosten.« Ihr Anführer, der Armenarzt und charismatische Redner Andreas Gottschalk (1815–1849), richtete im Ratssaal einen kämpferischen Appell an die Ratsmitglieder: »Seit 32 Jahren erfreuen wir uns der Segnungen des Friedens«, begann er. Und doch erlitten Tausende den Hungertod. »Heißt es Ungerechtes verlangen? Hat ja doch das Tier seine Nahrung und sein Lager und wir, Menschen (...), wir sollten nicht verlangen dürfen: daß Schutz unserer Arbeit werde vor der Ausbeutung durch das Capital?« Es war ein historischer Moment: die erste öffentliche Demonstration in ganz Preußen. Zwei Ratsherren machte das gleich solche Angst, dass sie in Panik aus dem Fenster sprangen – der eine von ihnen brach sich dabei beide Beine. Bald zählte der von Gottschalk gegründete Arbeiterverein 8000 Mitglieder.

Friedrich Engels enttäuscht seine Mutter

Keine zwei Wochen nach Karneval stand Franz Raveaux als Delegationsmitglied in Berlin vor König Friedrich Wilhelm IV. und verlangte demokratische Zugeständnisse. Am selben Tag gingen die Berliner auf die Barrikaden – schnell legte nun auch der König die schwarz-rot-goldene Binde um, versprach Pressefreiheit und ein Parlament für ganz Deutschland. Die Revolutionäre glaubten, damit den Sieg schon errungen zu haben. Fahnen, Fackeln, Freudenschüsse – der König konnte aufatmen. Im Mai zog Raveaux als erster demokratischer Abgeordneter Kölns in die Frankfurter Nationalversammlung ein. Dort fiel er schnell mit seinem Redetalent auf – die Wenigsten dürften gewusst haben, dass es in der Karnevalsbütt geschult worden war.

So war die Revolution nun in vollem Gange, und Köln war eines ihrer Gravitationszentren. Marx kehrte zurück und gab mit großem Erfolg die *Neue Rheinische Zeitung* heraus. Er hatte sich mittlerweile im Brüsseler Exil zum Kommunisten gewandelt und zusammen mit Engels das *Kommunistische Manifest* geschrieben. Allerdings hielt er es für aussichtslos, in Preußen schon zu diesem Zeitpunkt die Diktatur der Arbeiterklasse zu verwirklichen – dafür war das Land in seinen Augen viel zu rückständig. Nach dem von Marx favorisierten Phasenmodell musste dem Sozialismus zunächst die bürgerliche Demokratie als Übergangsstufe vorausgehen. Das in weiten Teilen noch feudal geprägte Deutschland musste sich zunächst einmal so weit entwickeln wie das bereits hoch industrialisierte Großbritannien mit seiner selbstbewussten Arbeiterklasse. Entsprechend geringschätzig äußerte sich Marx über Gottschalks Bestreben, den Sozialismus hier und jetzt herbeizuführen. Streiks, Arbeiteraufständen und radikalen Versammlungen räumte die *Neue Rheinische Zeitung* demonstrativ wenig Platz ein, ganz im Sinne ihrer finanzstarken Leser und Förderer. Verbittert hielt Gottschalk den Großbürgersöhnen Marx und Engels vor: »Ihnen ist es nicht ernst mit der Befreiung der Unterdrückten. Das Elend des Arbeiters, der Hunger der Armen hat für Sie nur wissenschaftliches, doktrinäres Interesse.«

Anstatt den Klassenkampf voranzutreiben, konzentrierten sich Marx und Engels auf den Sturz der autoritären preußischen Herrschaft und die Gründung einer gesamtdeutschen Republik. Damit waren ihre Ziele durchaus im Einklang mit denen liberal eingestellter Kölner Bürger, die die Zeitung auch jetzt wieder finanzierten. Als Chefredakteur der *Neuen Rheinischen Zeitung* bezog Marx ein Jahresgehalt von 1500 Talern – es war die einträglichste Stellung, die er in seinem ganzen Leben innehatte. Auch übte Marx weder davor noch danach zu seinen Lebzeiten einen so großen Einfluss auf das politische Geschehen aus – seine zweite Kölner Periode von Mai 1848 bis Mai 1849 wird daher auch als sein »rasendes Jahr« bezeichnet. Die *Neue Rheinische Zeitung* wurde bald im ganzen Reich gelesen, wie die Leserbriefe aus Bayern, Greifswald oder Königsberg illustrieren. Die Redaktionsräume im ersten Stock des Hauses Unter Hutmacher 17 – heute Heumarkt 65 – mit Setzerei und Druckerei im Erdgeschoss wurde so zu einem der wichtigsten Impulsgeber der 1848er-Revolution. Immer wieder stachelte Marx in seinen Artikeln auch den Preußenhass der Rheinländer an. So schrieb er am 9. August 1848: »Wo ist der Rheinländer, der nicht mit frisch importierten altpreußischen Beamten zu tun gehabt, der nicht Gelegenheit gehabt hat, dies unvergleichliche, naseweise Besserwissen, dies unverschämte Dreinreden, diese Vereinigung von Beschränktheit und Unfehlbarkeit, diese apodiktische Grobheit zu bewundern! Bei uns freilich haben die Herren Altpreußen (...) keine Stockprügel zu ihrer Verfügung, und an dem

Mangel der letzteren ist mancher vor Gram gestorben.« Als sich Marx im Februar 1849 in Köln wegen aufrührerischen Tuns vor Gericht verantworten musste, hielt er den Geschworenen – allesamt vermögende Kölner Großbürger – den Code Napoléon vor und stellte dieses Gesetzbuch einer »modernen bürgerlichen Gesellschaft« der preußischen Ständegesellschaft mit grundbesitzendem Adel und Beamtenkaste gegenüber. Er wurde einstimmig freigesprochen. Engels' Mutter, die Frau eines vermögenden Baumwollfabrikanten aus Barmen, musste dagegen eines Tages beim Morgenkaffee in der *Kölnischen Zeitung* lesen, dass ihr Sohn steckbrieflich gesucht wurde: »Haare und Augenbrauen, dunkelblond; Stirn, gewöhnlich; Augen, grau; Nase und Mund, proportioniert; Zähne, gut; Bart, braun; Kinn und Gesicht, oval; Gesichtsfarbe, gesund; Statur, schlank.« Entsetzt schrieb sie an ihn: »Du hast es nun bis auf die Spitze getrieben. Was ich in der letzten Zeit empfunden und gelitten habe, weiß Gott allein.« Doch der passionierte Fuchsjäger ließ sich nicht erwischen, sondern wusste sich wieder einmal rechtzeitig nach Brüssel abzusetzen.

Ein Arbeiterführer der etwas anderen Art war Adolph Kolping (1813–1865), der seine Kindheit bei und in Köln verbracht hatte und dort ab 1849 wirkte: Ebenso wie Marx gelangte er zu der Überzeugung, dass es nichts Wichtigeres gab als die soziale Frage. Aber anders als dieser setzte er nicht auf den Umsturz der gesellschaftlichen Verhältnisse, sondern auf eine Mischung aus praktischer Vernunft und religiöser Weiterbildung. »Das Christentum ist nicht bloß für die Kirche und für die Betkammern, sondern für das ganze Leben!«, verkündete er. Diese Lehre der Öffnung war neu – denn die Kirche war um 1850 stark auf sich selbst fixiert. Sie hatte sozusagen nur noch Messen im Programm – damit aber konnte die wachsende Zahl von Proletariern nichts anfangen. Kolping änderte das. Er bot Gesellen auf Wanderschaft ein Dach über dem Kopf. Er initiierte Bildungsprogramme für Arbeiter und Handwerker. Er erfand gleichsam den Verbandskatholizismus: Von der Wiege bis zur Bahre sollte der Mensch in katholische Gemeinschaften eingebunden sein. Da Kolping für seine Ideen – ebenso wie Marx – in einer eigenen Zeitung warb, wurde sein Konzept bald in ganz Deutschland und in vielen anderen Ländern bekannt und kopiert.

Gegen Demokraten helfen nur Soldaten

1849 verpuffte der revolutionäre Elan des Vorjahres. Zwar hatte das Parlament in der Paulskirche eine schöne Verfassung erarbeitet, die Abgeordneten versäumten es jedoch, sich die Macht auch wirklich zu sichern, vor allem die Kontrolle über das Militär. Zudem rieb sich die Volksvertretung in Auseinandersetzungen zwischen Radikaldemokraten und gemäßigten Liberalen auf. Besitzbürger wiederum fürchteten eine Revolution der Unterschichten. Lachender Dritter war der König, der zum Gegenschlag ausholte. Nach dem Motto »Gegen Demokraten helfen nur Soldaten« wurden alle Aufstände von preußischen Truppen niedergeschlagen. Auch in Köln drehten die Garnisonssoldaten die Kanonen auf den Festungswällen um, sodass sie nun auf die Stadt selbst gerichtet waren, doch abgesehen von einigen Scharmützeln blieb es ruhig.

Am 19. Mai 1849 erschien die letzte Ausgabe der *Neuen Rheinischen Zeitung* in revolutionärem Rot. Am selben Tag verließ Marx die Stadt zusammen mit seiner Familie und seinem Freund Engels – er sollte nie mehr zurückkehren, sondern den Rest seines Lebens damit verbringen, im Londoner Exil »ein Buch über Ökonomie« zu schreiben. Andreas Gottschalk blieb in der Stadt, kümmerte sich nach dem Ausbruch einer Choleraepidemie im Sommer 1849 aufopferungsvoll um die Armen und starb dabei selbst an der Seuche. Er war 34 Jahre alt. Franz Raveaux floh nach der Auflösung der Frankfurter Nationalversammlung über die Schweiz und Frankreich nach Brüssel. In Köln in Abwesenheit wegen Rebellion und Hochverrat zum Tode verurteilt, starb er 1851 mit 41 Jahren im Brüsseler Exil. Ein weiterer gebürtiger Kölner, der führende Paulskirchenabgeordnete Robert Blum, war bereits 1848 in Wien zum Tode verurteilt und erschossen worden. Zahllose andere mussten sich wegen Hochverrats verantworten. Die Prozesslawine gipfelte in den sogenannten Kölner Kommunistenprozessen von 1852. Sieben der elf Angeklagten wurden zu Haftstrafen verurteilt, unter ihnen der spätere Kölner Oberbürgermeister Hermann Heinrich Becker. Zu den vier Freigesprochenen zählte Abraham Jacobi, der im darauffolgenden Jahr in die USA emigrierte und dort das erste Kinderkrankenhaus eröffnete. Damit hatte die preußische Staatsgewalt die Kölner Opposition zum Schweigen gebracht. In Paris stimmte Heinrich Heine den Abgesang auf die gescheiterte Revolution an: »Gelegt hat sich der starke Wind, / Und wieder stille wird's daheime; / Germania, das große Kind, / Erfreut sich wieder seiner Weihnachtsbäume. «

Los von Berlin!

Das Verhältnis der Kölner zu den »Prüss« blieb noch lange gespannt. Als 1865 die 50-jährige Zugehörigkeit zu Preußen gefeiert werden sollte, berichtete Friedrich Nietzsche, der in diesem Jahr als Chorsänger das Niederrheinische Musikfest in Köln besuchte: »Die Zeitungen sprechen von dem Jubel und der Begeisterung des Volks. Ich bin selbst in Köln gewesen und kann diesen Jubel beurteilen. Ich war beinahe erstaunt über eine derartige Kälte der Massen. « Nur ein Jahr später aber konnte die preußische Verwaltung in Köln an den König melden: »In der öffentlichen Stimmung ist seit den letzten Ereignissen ein wesentlicher, sehr erfreulicher Umschwung eingetreten. « Was war geschehen? Preußen hatte Österreich im Deutschen Krieg geschlagen. Im Siegestaumel entdeckten plötzlich auch liberale Wirtschaftsbürger ihr preußisches Nationalbewusstsein. Der Bankier Ludolf Camphausen, der im Revolutionsjahr 1848 von Friedrich Wilhelm IV. zum ersten bürgerlichen Ministerpräsidenten Preußens ernannt worden war, schrieb seinem Bruder: »Von Anfang Juni an hat beinahe Alles, was Preußen diplomatisch und militärisch getan und geleistet (hat), meine ungetheilte Bewunderung erregt. «

Dies galt in noch größerem Maße für den Deutsch-Französischen Krieg von 1870 / 71. Der spätere Reichskanzler Bernhard von Bülow erlebte im Sommer 1870 als junger Kriegsfreiwilliger mit, wie König Wilhelm I. auf dem Weg zur Front in Köln gefeiert wurde: »Es klingt nahezu unglaublich, dass während ganzer dreiviertel Stunden der Hochruf auch nicht eine Sekunde lang unterbrochen wurde, unaufhörlich ertönt um den Dom herum die ›Wacht am Rhein‹. « Das berauschende Hochgefühl, das mit dem gewonnenen Krieg und dem anschließenden Zusammenschluss der deutschen Staaten im Kaiserreich einherging, ließ auch die Mehrzahl der Kölner zu überzeugten Anhängern der Bismarck'schen Machtpolitik werden. Die Zugehörigkeit des Rheinlandes zum Deutschen Reich wurde danach nie mehr ernsthaft infrage gestellt.

Eine neue Belastung in der Beziehung zu Berlin brachte allerdings Bismarcks Kulturkampf gegen die katholische Kirche. Nach preußischem Staatsdenken war auf Erden der König der Höchste – der Thron kam vor dem Altar. Für die Katholiken hingegen blieb der Heilige Vater in Rom die oberste Autorität. Bismarck beunruhigte das. Der Reichskanzler und preußische Ministerpräsident betrachtete die Katholiken als »Reichsfeinde«, als »Ultramontane«, die ihre Befehle von jenseits der Berge – *ultra montes* – aus Rom bekamen. Er reagierte mit einer ganzen Reihe von Gesetzen, die den Einfluss der Amtskirche beschränkten. So wurde die Zivilehe obligatorisch – fortan musste man zunächst standesamtlich heiraten, bevor man sich kirchlich trauen lassen konnte. Der Staat unterstellte kirchliche Schulen seiner Aufsicht und kontrollierte künftig die Ausbildung und Einstellung von Priestern. Als der Kölner Erzbischof Paulus Melchers diese Gesetze boykottierte, wurde er zunächst mit Geldstrafen belegt, dann gepfändet, dann verhaftet. Sechs Monate saß er im Gefängnis Klingelpütz ab. Danach entzog er sich 1875 einer erneuten Verhaftung durch Flucht in die Niederlande.

Selbst in dieser aufgeheizten Situation war es aber keineswegs so, dass Köln geschlossen gegen Bismarck stand. Im selben Jahr 1875 erhielt der bewunderte »Reichsgründer« die Kölner Ehrenbürgerwürde. Drei Jahre später beendete Bismarck den Kulturkampf. Er hatte einige Ziele erreicht, aber auch festgestellt, dass die staatlichen Zwangsmaßnahmen die Katholiken nur noch enger zusammenrücken ließen. Ihre feste politische Heimat war jetzt die Zentrumspartei. In Köln war und blieb das Zentrum fortan die stärkste politische Kraft.

Man könnte vermuten, dass in der Wilhelminischen Zeit auch der letzte Argwohn gegenüber den Preußen verschwunden wäre. Doch als das Kaiserreich 1918 unterging und alliierte Truppen linksrheinische Gebiete besetzten, ertönte mit einem Mal die Parole »Los von Berlin!« Rheinische Separatisten wollten die Gunst der Stunde nutzen, um einen unabhängigen Staat zu gründen. Wie sich herausstellte, hatte so mancher Katholik Bismarcks Kulturkampf nicht vergessen. Der Kölner Oberbürgermeister Konrad Adenauer, der eine Annexion linksrheinischer Gebiete durch Frankreich befürchtete, schlug als Mittelweg die Schaffung einer weitgehend autonomen Rheinischen Republik vor. Die Reichsregierung in Berlin wusste dies zu verhindern, doch in der späteren Bundesrepublik mit ihrer Hauptstadt Bonn fanden sich viele Elemente der Rheinischen Republik wieder. Im Land »zwischen Loire und Weser« habe einst »das Herz des christlichen Abendlandes« geschlagen, erläuterte Adenauer 1948. Nach der Wiedervereinigung 1990 bestanden im Rheinland stärkste Bedenken gegen eine Rückverlegung des Regierungssitzes nach Berlin, und dies nicht nur aus wirtschaftlichem Eigeninteresse. Man befürchtete, nach der Bescheidenheit der Bonner Republik könne wieder preußische Großmannssucht Einzug halten. Erst in neuerer Zeit haben sich wohl auch die Rheinländer vollends damit ausgesöhnt, dass die deutsche Hauptstadt an der Spree liegt.

KÖLN

RAUCHZEICHEN

Die erste Brücke seit den Römern:
die 1859 fertiggestellte Dombrücke

RAUCHZEICHEN
DIE INDUSTRIALISIERUNG

Nicht alle Einfälle des passionierten Erfinders Konrad Adenauer haben sich durchgesetzt. So spricht heute niemand mehr von seinem beleuchteten Stopf-ei oder dem elektrischen Insektentöter – einer Fehlkonstruktion, die für jeden Anwender tödlich gewesen wäre. Doch mit ein wenig Wohlwollen kann man Adenauer als Erfinder der deutschen Autobahn bezeichnen. Am 6. August 1932 zerschnitt er als Kölner Oberbürgermeister ein weißes Band und eröffnete damit die erste deutsche Autobahn, die heutige A555 von Köln nach Bonn. In seiner damals 15-jährigen Amtszeit hatte er schon so manches Groß-projekt in Köln verwirklicht, zum Beispiel die Mülheimer Rheinbrücke und die Ford-Werke, doch dies, das ahnte er wohl, war etwas Bahnbrechendes, das weit über seine Heimatstadt hinauswies. »So werden die Straßen der Zukunft aussehen«, prophezeite er – und behielt recht.

Mit dem Bau der deutschen Autobahnen ist im öffentlichen Bewusstsein bis heute ein anderer Name verbunden. Dass Adolf Hitler auf diese Weise Hunderttausende Arbeitslose von der Straße geholt habe, ist vielleicht die langlebigste Nazilegende. Propagandaminister Joseph Goebbels pflegte zu behaupten, dass dem Führer die geniale Idee mit den Autobahnen schon während seiner Haftzeit nach dem misslungenen Putsch von 1923 gekommen sei. Da »schlug er die Karte unseres Vaterlandes auf seinen Knien auseinander und zeichnete in sie hinein seine Reichsautobahnen«. In Wahrheit waren die Nazis bis zur Machtübernahme ausgesprochene Autobahngegner, so wie die meisten Parteien. In der Weimarer Republik war es nahezu Konsens, dass reine Autostraßen als purer Luxus für die oberen Zehntausend zu betrachten seien. Für normale Leute war ein Automobil unerschwinglich. Wieso sollte der Staat

Unsummen für ein Straßennetz verpulvern? Man konnte schließlich Bahn fahren.

Oberbürgermeister Adenauer sah es anders. Erstens hatte er ein Faible für schnelle Autos – später als Kanzler spornte er seinen Chauffeur immer wieder mit den Worten an: »Jeben Se Jas!« – und zum Zweiten war zwischen Köln und Bonn wirklich die Hölle los. Die alte Landstraße zwischen den beiden rheinischen Städten galt als die am stärksten befahrene des ganzen Deutschen Reiches – regelmäßig gab es Tote. Deshalb regte Adenauer eine »Nur-Auto-straße« an, auf der Zufußgehen und Fahrradfahren ebenso verboten sein sollten wie Halten und Parken sowie das »Treiben von Tieren«.

Die erste reine Autostraße war die »Automobil-Verkehrs- und Uebungs-Straße« (AVUS) 1921 in Berlin, heute das nördliche Teilstück der A115. Sie war allerdings so kurz, dass sie kaum als Autobahn im eigentlichen Sinne gelten kann. Die erste längere Strecke in Europa entstand 1924, der Anfang der *auto-strada* Mailand–Varese. 1929 prägte der Ingenieur Robert Otzen, Vorsitzender eines Vereines zur Vorbereitung einer Autostraße von Hamburg nach Basel, das Wort »Autobahn« in Anlehnung an die Eisenbahn. Bis dahin hatte man von »Nur-Autostraßen« gesprochen.

Die Realisierung von Adenauers Autobahn wurde paradoxerweise durch die Weltwirtschaftskrise begünstigt. Als die Arbeitslosigkeit immer weiter stieg, ließen sich die rheinische Provinzialregierung und die Reichsregierung in Berlin dazu bewegen, den Bau der Köln-Bonner Autobahn als Arbeitsbeschaffungsmaßnahme zu bezuschussen. Mehrere Tausend Männer fanden vorübergehend Arbeit. So kam es, dass Adenauer »seine« Autobahn ausgerechnet auf dem Höhepunkt der Krise eröffnen konnte. Die örtliche Presse bejubelte die »breite, mit grauschwarzem Splitt bedeckte Straße«, die schon fast so aussah wie eine heutige Autobahn – vierspurig, schnurgerade, kreuzungsfrei. Die Planer hatten Standards geschaffen: Steigungen blieben gering, die Kurvenradien waren groß und zur Seite fiel die Fahrbahn ganz leicht ab, damit das Regenwasser besser abfließen konnte. Sogar an Standstreifen, Leitplanken, Beleuchtung und eine optische Führung durch Leitpfosten und Hecken hatten sie bereits gedacht. Das Einzige, was noch fehlte, war die Mittelleitplanke – stattdessen gab es nur einen dicken Streifen zur Abtrennung. Das führte dazu, dass bald auf der Gegenfahrbahn überholt wurde. Die zugelassene Höchstgeschwindigkeit betrug 120 Kilometer in der Stunde, doch die meisten Wagen schafften gerade einmal 60.

Schon im nächsten Jahr wurde Adenauers Autobahn von den Nazis zur Landstraße herabgestuft, damit sich Hitler als Erfinder der Autobahn profilieren konnte. Der »Führer«, der übrigens nie einen Führerschein besaß, überwand dafür sogar seine Abneigung gegen jede Form von körperlicher Anstrengung und tat am 23. September 1933 vor einem Pulk von Fotografen selbst ein paar Spatenstiche. Generalinspektor Fritz Todt verkündete: »Wir gehen nicht mehr stempeln, sondern wir bauen Straßen.« Die Legende war geboren.

Das erste Schiff ohne Segel

Die Autobahn Köln – Bonn war das letzte große Projekt, das Adenauer vor seiner Entmachtung durch die Nazis verwirklichen konnte. Aber davon ahnte der 56-Jährige noch nichts, als er sie an jenem Samstag, dem 6. August 1932, eröffnete. »Ich hoffe, dass die nunmehr erzielte Zeitverkürzung und Fahrbequemlichkeit dem Rhein und den Schönheiten seiner Landschaft neue Freunde aus dem In- und Ausland zuführen möge«, erklärte er. Wieder einmal war Köln ganz vorn mit dabei. Jeder Einwohner hatte Grund, stolz zu sein. Was für eine Entwicklung hatte Köln in den vorangegangenen 50 Jahren genommen! Nie zuvor in ihrer Geschichte hatte sich die Stadtlandschaft in so kurzer Zeit so tief greifend verändert. Man hätte denken können, dass Jahrhunderte dazwischen lagen, und doch gab es Menschen, die den ganzen Wandel in ihrer Lebensspanne mitverfolgt hatten. Menschen, die sich noch daran erinnern konnten, wie im Jahr 1881 die Stadtmauer abgebrochen und die Stadt damit aus einem unerträglich engen Korsett befreit worden war.

Jahrhundertelang hatte sich Köln nur sehr allmählich verändert, doch dann ging mit einem Mal alles ganz schnell. Vorbote der neuen Zeit war das erste Dampfschiff, das 1816 Köln erreichte. Eine große Menge Schaulustiger war am Ufer zusammengeströmt, um das Unglaubliche zu sehen: ein Schiff ohne Mast und Segel, das doch »mit ungemeiner Schnelle« den Strom hinauffuhr. Es war der englische Raddampfer Defiance. Neun Jahre später gründete die Kölner Handelskammer schon ihre eigene Dampfschifffahrtsgesellschaft.

Mehrere Jahrzehnte lang befuhren Dampfer und Segelschiffe nun gemeinsam den Strom.

Noch revolutionärer war die Eisenbahn. Sie schuf erst die Voraussetzungen für das große Wachstum der Städte in der zweiten Hälfte des 19. Jahrhunderts, da erst sie die Versorgung großer Menschenmassen mit Lebensmitteln sicherstellen konnte. In Köln fuhr am 2. August 1839 der erste Zug vom Thürmchenswall nach Müngersdorf; danach entwickelte sich die Stadt rasch zum westdeutschen Eisenbahnknotenpunkt. Ab 1843 war sie durch einen »Eisernen Rhein« mit Antwerpen, einer der bedeutendsten Hafenstädte, verbunden. Köln war Sitz zweier großer Eisenbahngesellschaften: der Rheinischen und der Köln-Mindener, die nach und nach das ganze Rheinland für den Schienenverkehr erschlossen. Diese wie andere neue Aktiengesellschaften wurden von mehreren großen Privatbanken finanziert, die zu Beginn des Jahrhunderts in Köln entstanden waren. Einige dieser Bankiers begründeten Dynastien, die noch bis ins 20. oder gar 21. Jahrhundert eine Rolle spielen sollten, allen voran Friedrich Peter Herstatt (1775–1851), Hauptfinanzier von Krupp in Essen, und Salomon Oppenheim (1772–1828).

Köln und das übrige Rheinland hatten aus der Franzosenzeit enorme Wettbewerbsvorteile zurückbehalten. Auch nach dem Abzug der Besatzungstruppen herrschte Gewerbefreiheit, zudem galt weiterhin das fortschrittliche Napoleonische Recht, das sich die Kölner als »rheinisches Recht« zu eigen machten und gegen die Preußen verteidigten. Als einzige *Chambre de commerce* blieb die in Köln bestehen. Protestantische Unternehmer waren nun gleichberechtigt, während der Adel, der in Altpreußen die dominierende Schicht blieb, keine Rolle mehr spielte. So wurde das Rheinland zum wirtschaftlichen Motor des Preußenstaates – und Köln, die nach Berlin und Breslau größte Stadt Preußens, zum Standort der Banken, Aktiengesellschaften, Dampfschiffe und Eisenbahngesellschaften.

Der Kölner Hafen erlangte neue Bedeutung als Umschlagplatz für holländische Kolonialprodukte wie Javakaffee, während mehrere Kölner Zuckerfabriken den über Rotterdam eingeführten westindischen Rohzucker verarbeiteten. Noch stärker profitierte Köln von der schnell wachsenden Bedeutung des Ruhrgebietes. Kohle war der neue Energieträger, Eisen und Stahl waren die Werkstoffe der Zukunft. Köln produzierte Nähmaschinen und Eisenbahnwaggons, Tapeten und Milchflaschensauger, Sprengstoff und Schokolade. Kölnisch Wasser wurde von Charles Dickens empfohlen, Kölner Mineralwasser bis nach Niederländisch-Indien exportiert. Zum ersten Mal seit den Römern erhielt die Stadt 1859 dank der Eisenbahn auch wieder eine feste Rheinbrücke: die Dombrücke, die von den Kölnern wegen ihrer Gitterkonstruktion »Mausefalle« genannt wurde. Ja, es ging wieder aufwärts mit Köln. Zum ersten Mal seit etwa 300 Jahren.

Zeppelin, flieg, hilf uns im Krieg!

Mitte des 19. Jahrhunderts zählte die Stadt erstmals mehr als 100 000 Einwohner, eine Verdoppelung in nur 35 Jahren. Köln platzte nun aus allen Nähten, doch da es die wichtigste westliche Festungsstadt Preußens war, konnte man die Stadtmauer nicht einfach abbrechen. Die meisten Industriebetriebe wichen deshalb in die schnell wachsenden Vorstädte aus, nach Nippes, Ehrenfeld oder Kalk. Als vornehmes neues Wohngebiet vor den Toren der Stadt wurde Lindenthal erschlossen. Erst nach jahrelangen Verhandlungen ließ sich das Kriegsministerium die Stadtumwallung 1881 von der Stadt abkaufen. Fast zwölf Millionen Mark musste Köln bezahlen – für eine Mauer, die es gar nicht wollte. Köln war eine der letzten Städte Europas, die ihren Mauerring sprengte und sich solchermaßen »entfestigte«. »Wünsche ich der altberühmten Stadt neues Glück und Gedeihen im erweiterten Spielraum«, telegrafierte Bismarck. Köln blieb allerdings das größte preußische Verteidigungsbollwerk und wurde zwischen der Altstadt und den Vorstädten weiterhin von einem breiten Festungsgürtel voller Forts eingeschnürt.

Nie zuvor und nie danach ist Köln so schnell gewachsen wie in den 33 Jahren zwischen der Niederlegung der Stadtmauer 1881 und dem Beginn des Ersten Weltkrieges 1914. Die Einwohnerzahl vervierfachte sich von 145 000 auf über 600 000. Dies kam unter anderem dadurch, dass Köln alle umliegenden Orte in kurzer Zeit eingemeindete: Bayenthal, Bickendorf, Bocklemünd, Ehrenfeld, Klettenberg, Lindenthal, Marienburg, Merheim, Müngersdorf, Niehl, Nippes, Ossendorf, Poll, Raderthal, Riehl, Sülz und Zollstock ... Köln streckte überallhin seine Fangarme aus. Sogar Deutz (1888) und Mülheim (1914), zwei

Städte, die in den vorhergehenden Jahrhunderten oft einen direkten Gegenpol zu Köln gebildet hatten, wurden verschlungen. Auf diese Weise verfünfzigfachte Köln von 1881 bis 1914 sein Stadtgebiet und wuchs sich zur flächenmäßig größten Stadt Deutschlands aus.

Kernstück des Bebauungsplans für die nach dem Abriss der Stadtmauer entstehende Neustadt waren die Ringe – Prachtboulevards nach Wiener Vorbild. Als »Meisterwerk« hat sie der nicht eben für seine überschwängliche Neigung zum Loben bekannte Bundeskanzler Helmut Schmidt einmal bezeichnet. Binnen weniger Jahre wuchsen dort die typischen Gründerzeitpaläste empor, Villen und Mietshäuser, überzogen mit einem Zuckerguss aus allen möglichen Stilen. Viele wohlhabende Kölner verließen nun die engen Gassen der Altstadt und bauten sich zeitgemäße Häuser mit Beletage, Erker, Türmchen und Wintergarten. Endlich ein Speisezimmer mit Fenstern vom Boden bis zur Decke! Endlich ein Baum vor der Tür! Man baute jetzt auch in ganz anderen Dimensionen: Der Hauptbahnhof und das An den Dominikanern gelegene Hauptpostamt hatten die Anmutung und das Ausmaß von Kathedralen und Fürstenschlössern. Köln wuchs so schnell, dass sich alle Maßstäbe verschoben. Und es kamen nicht nur ungeheuer viele neue Gebäude dazu, vielmehr wurde die gesamte Infrastruktur der Stadt ausgebaut: Die Straßen wurden gepflastert, darunter Röhrensysteme zur Abwasserentsorgung verlegt. Gaslaternen nahmen der Nacht ihren Schrecken. Gleichzeitig war Köln über die Eisenbahn mit allen anderen großen Städten Europas verbunden, über Telegraf sogar mit allen fünf Kontinenten. Die Welt erweiterte und beschleunigte sich in nie da gewesener Weise. In früheren Jahrhunderten dürften die meisten Kölner niemals in ihrem Leben eine andere Stadt betreten haben; selbst der großbürgerliche Hermann von Weinsberg war erst mit 20 Jahren zum ersten Mal nach Deutz gelangt. Jetzt war Reisen für die Mittelschicht selbstverständlich – die Arbeiter dagegen kamen immer noch nicht weiter, als sie zu Fuß gehen konnten. Eine Stunde zur Arbeit zu laufen, war keine Seltenheit.

Zu Beginn des 20. Jahrhunderts verschwanden innerhalb weniger Jahre die Pferde aus der Stadt – ein tiefer Einschnitt: Hufgeklapper und Peitschenknall hatten jahrhundertelang die urbane Akustik bestimmt, Pferdedung war der beherrschende Geruch auf der Straße gewesen. 1907 stellte die letzte

Kölner Pferdebahn ihren Betrieb ein – elektrische Straßenbahnen und erste Kraftomnibusse übernahmen nun den öffentlichen Verkehr. 1911 wurden die ersten Benzindroschken zugelassen. Jetzt gab es sogar schon die ersten Verkehrsunfälle. So prallte der Wagen des Beigeordneten Konrad Adenauer 1917 mit einer Straßenbahn zusammen – sein Gesicht wurde dabei übel zugerichtet.

Auch in der Luft tat sich was: Am 27. Juni 1909 schwebten 35 Ballons am Kölner Himmel – der Klub für Luftschifffahrt organisierte ein internationales Wettfahren. Im darauffolgenden Oktober standen sogar vier Zeppeline über der Stadt: Kaiser Wilhelm II. hatte Köln zum Luftschiffhafen ernannt, und am Butzweiler Hof errichtete das Militär eine riesige Zeppelinhalle. Ursprünglich sollten die grauen Riesen zur Spionage aus der Luft eingesetzt werden, doch im Ersten Weltkrieg sangen die Kinder: »Zeppelin, flieg! / Hilf uns im Krieg / Flieg nach Engelland / Engelland wird abgebrannt / Zeppelin, flieg!« Militärisch richteten die Kölner Zeppeline zwar nichts aus, doch der bis dahin völlig unbekannte Terror aus der Luft, ausgehend von gewaltigen Flugapparaten, versetzte die englische Bevölkerung in Angst.

Jedes Kölner Viertel wurde von einigen großen Unternehmen beherrscht, um deren Hallen das gesamte Leben rotierte. Den Mittelpunkt Ehrenfelds bildete der Leuchtturm der Helios Elektricitäts Aktiengesellschaft. Der Turm diente als Testanlage für das Leuchtfeuer echter Leuchttürme, die in aller Welt von Helios bestückt wurden. Abends sandte der Leuchtturm von Ehrenfeld seine Strahlen weit über die Stadtränder hinaus, so als läge Köln auf einer Insel mitten im Meer. Über einen großen Teil von Nippes wiederum erstreckten sich die Werkshallen der Gummiwerke Clouth. Auf der anderen Rheinseite in Deutz erhob sich die Ausstellungshalle der weltweit ältesten Motorenfabrik, der Gasmotoren-Fabrik Deutz AG. Ihre Begründer Nikolaus Otto (1832–1891) und Eugen Langen (1833–1895) hatten 1876 den Viertakt-Verbrennungsmotor erfunden. Für Deutz tüftelten vorübergehend mehrere Pioniere der Automobilindustrie: Gottlieb Daimler, Wilhelm Maybach und der Italiener Ettore Bugatti. In einem Pferdestall an der Venloer Straße 295 in Ehrenfeld konstruierte im Jahr 1900 August Horch sein erstes Automobil. Später begründete er unter der lateinischen Übersetzung seines Nachnamens eine Weltmarke: Audi. Der mit 6500 Beschäftigten größte Arbeitgeber war Felten & Guilleaume mit seinem

Carlswerk in Mülheim. Von Kordeln, Bindfäden und Seilen, die die Firma im 18. Jahrhundert hergestellt hatte, ging sie zu Drahtseilen für den Bergbau über und von dort zu Strom-, Licht-, Telegrafen- und Fernsprechkabeln. Das Unternehmen, bekannt auch als »Siemens des Westens«, war Weltmarktführer, seine Kabel wurden in Indien und Argentinien verlegt.

Automaten, Kinos, Fast-Food-Restaurants

Das berühmteste Kölner Unternehmen war jedoch die »Kaiserlich-Königliche Hof-Chocoladenfabrik Gebr. Stollwerck«, nach eigenen Angaben die größte Schokoladenfabrik der Welt. Das Unternehmen war aus einer 1839 eröffneten Mürbeteigbäckerei hervorgegangen. Gut 20 Jahre später umfasste es bereits 650 Vertriebsstellen für Süßwaren in ganz Deutschland. Die Manufaktur lag in der Hohe Straße, wo die Passanten den Fabrikationsprozess hinter großen Schaufenstern verfolgen konnten. In der Südstadt nahmen die »Chocolade- u. Cacao-Fabriken« in der Severinsmühlengasse einen ganzen Häuserblock in Beschlag. Der massive Backsteinbau mit seinen Türmen und Schornsteinen war unter Kölnern als »Kamellendom« bekannt. Innovativ waren vor allem die von Stollwerck entwickelten Vertriebsformen. Von den 1880er-Jahren an stellte das Unternehmen in vielen Ländern Europas, aber auch in Südafrika, Kanada und den USA Münzautomaten auf. Diese fantasievoll verzierten und bemalten Blickfänger im Straßenbild wurden »stumme Freunde« oder »stumme Verkäufer« genannt. Bei Einwurf eines Geldstücks spuckten sie Schokolade und Sammelbildchen aus. Die Sammelbilder, die genauso wie heute in Alben eingeklebt werden konnten, waren ein enormer Erfolg und reichten thematisch von den Grimm'schen Märchen bis zum Deutsch-Französischen Krieg von 1870/71, wobei Kritiker eine verhängnisvolle »Sammelwuth« unter Kindern und Jugendlichen beklagten. Noch erstaunlicher ist der durchschlagende internationale Erfolg des Kölner Unternehmens. Allein in New York City standen im Jahr 1893 7000 Stollwerck-Automaten. Die Schokolade wurde aus Köln importiert – jede Woche ging von dort eine Waggonladung ab. Auch bei der Eröffnung der New Yorker U-Bahn 1904 war Stollwerck sofort mit Schokolade- und Kaugummiautomaten dabei. 1909 erzielten allein diese Subway-Automaten einen Tagesgewinn von 2000 Dollar, damals eine erkleckliche Summe. Immer wieder versuchte Stollwerck, die neuesten technischen Entwicklungen für seine Zwecke zu nutzen. So führte das Unternehmen im Weihnachtsgeschäft des Jahres 1903 die »sprechende Schokolade« ein – eine Schallplatte aus Schokolade, die auf einem »Kinderphonographen« abgespielt werden konnte.

Auch an den Anfängen des Filmes war die Firma beteiligt: So sorgte der Miteigentümer Ludwig Stollwerck (1857–1922) dafür, dass die Gebrüder Lumière am 16. April 1896 in der Firmenkantine des Unternehmens ihre »lebenden Photographien« vorführten. Vier Tage später folgte auf dem Augustinerplatz Nr. 12 zwischen Neumarkt und Heumarkt (heute Hohe Pforte) die erste öffentliche Kinovorstellung in Deutschland – keine vier Monate nach der Weltpremiere in Paris. »Fürwahr«, schrieb das *Kölner Tagblatt*, »es ist eine Reihe fesselnder Bilder, die der Cinematograph zeigt, dieser wunderbare Apparat, der das ganze Leben und Treiben der Menschen und alle Vorgänge der Natur getreu widerspiegelt.« Die neue Technik ermögliche es, »alles, was sich vor der Camera abspielt, in den denkbar kleinsten Theilbewegungen zu erfassen und auf einen hautartigen Streifen zu bannen, der sich in einem luftdicht verschlossenen Kasten vertikal entrollt«. Wenige Wochen später entstanden im Auftrag Ludwig Stollwercks die ersten Kölner Filmszenen. Sie zeigten – natürlich – die Schokoladenfabrik Stollwerck in der Südstadt (gleichsam der erste Werbespot), die Einfahrt eines Zuges in den Hauptbahnhof und den Dom. In der Domsequenz strömen Kirchgänger nach der Sonntagsmesse aus dem Hauptportal. Es ist schon genauso zugig wie heute: Männer stellen ihre Krägen hoch und halten Zylinder oder Melone fest. Das Interesse an diesen drei 40-Sekunden-Filmen war so groß, dass sie zwei Monate lang täglich von 11 bis 13 und von 15 bis 22 Uhr im 30-Minuten-Takt vorgeführt wurden. Als die Kölner Zugeinfahrt im Juli 1896 in der französischen Stadt Le Havre gezeigt wurde, geriet das Publikum in Panik: Die Zuschauer glaubten, der Zug rase geradewegs auf sie zu, und verspürten einer Lokalzeitung zufolge »das Bedürfnis, sich in Sicherheit zu bringen«. 1910 verfügte Köln bereits über 19 Kinos. »Alles riecht nach Film«, meinte Arthur Mellini, Chefredakteur des Fachblatts *Licht-Bild-Bühne*, bei einem Spaziergang über die Hohe Straße, die sich in wenigen Jahren zu Kölns Kinomeile entwickelt hatte. Er beklagte allerdings, dass das Publikum

immer mehr Effekte und Sensationen erwarte – man müsse jetzt mindestens den amerikanischen Präsidenten Theodore Roosevelt »in der Badewanne als Gast des Kaisers im Berliner Schloss« aufbieten, um die Zuschauer zufriedenzustellen, spottete er.

Ludwig Stollwerck gilt auch als einer der Erfinder des Fast-Food-Restaurants. Zusammen mit seinem Partner Max Sielaff eröffnete er 1896 in Berlin ein »electrisch-automatisches Restaurant«. Es folgten Filialen in vielen anderen deutschen Städten. Von Deutschland aus traten die Restaurants ihren Siegeszug um die Welt an. 1902 verkauften Stollwerck und Sielaff eine komplette Ausstattung an die amerikanische Horn & Hardart Baking Company. Das erste für Amerika bestimmte Automatenrestaurant sank mit einem Dampfer vor Schottland, das zweite eröffnete am 9. Juni unter dem Namen »The Automat« in Philadelphia und wurde ein großer Erfolg. An der Wand hing ein großes Schild mit der Aufschrift »You absolutely help yourself.« In der deutschen Fassung: »Bediene dich selbst.«

Das Essen – Würstchen, Sandwich, Kuchen – war in Vitrinenfächern ausgestellt. Nach dem Einwurf einer Münze konnte man die Speise herausholen und an einem kleinen Marmortisch verzehren. Wünschte man eine warme Mahlzeit, erhielt man nach dem Münzeinwurf einen Bon und entnahm das Gericht kurz darauf einem Glasfach. Bei alldem sah der Kunde kein Personal. Die billigen Arbeitskräfte, die das Essen hinter den Kulissen zubereiteten und die Auslagen wieder auffüllten, blieben unsichtbar. Wenn sie ein Fach in der Küche neu bestückt hatten, ließen sie es auf Knopfdruck rotieren und es erschien vor dem Käufer, ohne dass dieser einen menschlichen Handgriff bemerkt hätte. So wurde dem Kunden eine maschinelle Fertigung vorgegaukelt. In einer Zeit, die gerade den Zusammenhang zwischen Hygiene und Krankheitsvermeidung erkannt hatte, suggerierte eine Mahlzeit *untouched by humans* Schutz vor Bakterien und Viren. Auch das Interieur der Stollwerck'schen Automatenrestaurants mit viel Glas, Marmor und Spiegeln bei elektrischem Licht war darauf angelegt, besondere Reinlichkeit auszustrahlen. Tatsächlich galten strenge Hygienevorschriften. In den USA wurden die zeitsparenden Automatenrestaurants bald als typisch amerikanisch empfunden – dabei stammten sie aus Köln und Berlin.

Der Schokoladenexpress:
Bahnanschluss der Schokoladenfabrik
Gebrüder Stollwerck im Severinsviertel

»Cöln, bös, aber groß«

So war Köln also wieder zu einer Stadt geworden, die in der Welt einen
Namen hatte. Auf fotografischen Ansichten dieser Zeit scheinen Kirchtürme
mit Fabrikschornsteinen um die Lufthoheit zu streiten. Es qualmt an allen
Ecken – Rauchzeichen als Signale für den Anbruch einer neuen Zeit. Tausende
von Fabrikarbeitern steckten jeden Morgen ihre Karten in die Stechuhren.
Aber auch Ingenieure, technische Zeichner und Buchhalter mussten sich dem
Diktat großer Werksuhren und Fabriksirenen unterwerfen.

Am Sonntag zog es die Menschen aus der Steinstadt voller Schlote und ver-
rußter Backsteinmauern mit aller Macht ins Grüne. Zoologischer und Botani-
scher Garten – die Flora – waren nur für das Bürgertum erschwinglich, doch
ein Erholungsort für alle waren die städtischen Parkanlagen wie Volksgarten,
Stadtgarten und Stadtwald. Es gibt ein Foto von etwa 1914, das eine solche
Szene an einem Sommertag im Stadtwald zeigt, mit vielen Menschen, die Herren alle dunkel gekleidet, die Frauen hell. Alle tragen Hüte; ohne Kopfbe-
deckung ging man nicht vor die Tür. Im Vordergrund des Bildes steht, an eine
Birke gelehnt, ein etwa zehn Jahre alter Junge mit Strohhut, weißem Schlei-
fenkragen und Kniebundhose. Er hält einen Blumenstrauß in der Hand und
schaut den Fotografen an. Ein kurzer Moment, eingefroren für immer.

Köln wirkt auf alten Fotografien nah und fern zugleich. Der Dom ist die
große Konstante, es gibt auch schon Leuchtwerbung und Plakatwände. Aber
die Stadt ist seltsam leer, ein Auto noch eine Besonderheit. Die Menschen kann
man sich – ihrer Kaiser-Wilhelm-Bärte, Pickelhauben und Federhüte entle-
digt – auch in die heutige Zeit denken. Menschen sind Menschen. Aber man
hört sie nicht sprechen, man weiß nicht, was in ihren Köpfen vorgeht. »Nun,
ist der Krieg erklärt?«, fragte ein Straßenbahnfahrgast im Sommer 1914 den
Schaffner. Als das bejaht wurde, seufzte er: »Gott sei Dank!« Erleichterung
über einen Kriegsausbruch – heute in Deutschland unvorstellbar. Aber damals
wusste man noch nicht, was ein Krieg in einer industrialisierten Welt bedeutet.

Das Abreißen der internationalen Wirtschaftskontakte beendete die große Expansionsphase Kölns. Wieder kann Stollwerck als Beispiel dienen: Die
amerikanische Tochterfirma wurde enteignet, nach dem Krieg zerstörte die
Inflation das Prinzip des Münzeinwurfes. Stollwerck überlebte, aber seine

Letzten Sonntag im Stadtwald:
Fotografie von etwa 1914

Position als Marktführer und Erneuerer, als Global Player, war verloren. Das Ausmaß an wirtschaftlicher Verflechtung, das vor dem Krieg zwischen den europäischen Staaten bestand, sollte erst 50 Jahre später wieder erreicht werden, und noch länger dauerte es, ehe eine vergleichbare Freizügigkeit für Reisende wiederhergestellt war. Vor dem Krieg hatte man ohne Pass von Sankt Petersburg nach Paris reisen können. Nun war Köln durch seine Rolle als Festungsstadt wie auch durch die geografische Nähe zur Westfront unmittelbar am Kriegsgeschehen beteiligt. In der Mobilmachungsphase rollte alle zehn Minuten ein Zug mit Soldaten über die Hohenzollernbrücke. Die Stadt war Station auf dem Weg in die Schützengräben Flanderns und Nordfrankreichs, in Regionen, mit denen die Stadt jahrhundertelang enger verbunden gewesen war als mit den meisten Teilen Deutschlands.

Als der Maler Paul Klee 1916 nach Köln kam, übte die nächtliche Stadt eine dämonische Faszination auf ihn aus: »Cöln ist vom Teufel blank poliert«, schrieb er an seine Frau Lily. »Glänzend, bös, aber wirklich groß. Der Eindruck gestern Nacht war so groß, daß ich's nur kurz ertragen konnte. Der Corso in den Hauptstraßen, dies Militär!! Der verrückte Bahnhof, davor dicht das überlebensgroße Museumsstück, der Dom, die im völligen Dunkel belassene, scharf bewachte Hohenzollernbrücke. Der Strom, und zum Schluß, die Linien von vier listigen Scheinwerfern schneidend, höchst oben über dem hypertrophischen Dom in aller Ruhe und Leichtigkeit manövrierend ein Zeppelin. Ein solches Stadt-Nacht-Schauspiel hab ich noch nicht gesehen.«

Bald litten die Kölner Hunger: Da die beiden Oberkommandierenden Paul von Hindenburg und Erich Ludendorff massenhaft Männer, Pferde und Treibstoff aus der Landwirtschaft abgezogen hatten, sank die Produktion schlagartig. Aufgrund der britischen Seeblockade konnten die Produktionseinbrüche auch nicht durch Importe ausgeglichen werden. Fleisch, Milch, Brot – alles wurde knapp. Nun kamen einen über den anderen Tag Steckrüben auf den Tisch, die man vor dem Krieg nur ans Vieh verfüttert hatte. Pferdefleisch war eine Delikatesse. Der Beigeordnete Konrad Adenauer entwickelte als Ernährungsbeauftragter ein Ersatzbrot aus Mais, Gerste, Reis und Kleie. Das Rezept für dieses »Kölner Brot« ließ sich der aufstrebende Politiker patentieren. Besonders schmackhaft war es allerdings nicht – es brachte ihm den Spitznamen »Graupenauer« ein.

Der Duce von Köln

Vier Jahre nach Kriegsbeginn muss es den Kölnern vorgekommen sein, als würde der gleiche Film noch einmal abgespult – jetzt aber rückwärts: Über die Rheinbrücken zog mehr als eine halbe Million Soldaten in die entgegengesetzte Richtung wieder ab. Der Krieg war verloren, und die Waffenstillstandsvereinbarungen sahen eine Besetzung der linksrheinischen Gebiete durch die siegreichen Streitkräfte der Entente vor. Nach Köln kamen die Briten – und blieben sieben Jahre. 55 000 Mann waren es anfangs. Vor dem Kölner Dom nahm Kriegsminister Winston Churchill eine Truppenparade ab. Das Excelsior-Hotel wurde zur Kommandozentrale, in die Nobelvillen an den Ringen zog die Leibwache des Generalgouverneurs ein. Schotten patrouillierten mit Kilt und Dudelsack über die Hohenzollernbrücke, in der Innenstadt konnte man Gurkhas mit Turban begegnen. Dem rasenden Reporter Egon Erwin Kisch fiel außerdem auf: »Unverschämt große Tafeln weisen die keuschen Krieger Großpuritaniens ›To the blue lamp houses‹, die bisher in den Seitengassen ein stilles Leben gefristet haben und vielleicht vielen Einheimischen unbekannt waren, geschweige denn den Fremden. Jetzt deuten die englischen Wegweiser jedem den Weg. Ganz praktisch.«

Die Niederlage eröffnete Köln neue Möglichkeiten: Die Forts mussten nach den Bestimmungen des Versailler Vertrages abgerissen werden. Der breite Festungsgürtel hinter den Ringen wurde damit zu Brachland. Die Briten wollten das so lassen, doch Oberbürgermeister Adenauer hatte eine bessere Idee. Er ließ von Städteplaner Fritz Schumacher auf dem ehemaligen Todesstreifen einen Grasteppich ausrollen – den Grüngürtel. Eine schönere Wandlung hat sich in Köln nie vollzogen. Und da er nun schon einmal dabei war, baute Adenauer auch gleich noch die größte Sportanlage Europas dazu: 1923 wurde sie in Müngersdorf eröffnet. Adenauer wollte Köln sogar zur Olympiastadt machen – den Zuschlag dafür erhielt dann aber Berlin.

Der Oberbürgermeister war auch die treibende Kraft hinter der Neugründung der Universität 1919 und dem Bau der Deutzer Messe mit ihrer markanten Backsteinfassade. Die Messehallen wurden 1924 in Anwesenheit von Reichspräsident Friedrich Ebert und dem aus Köln stammenden Reichskanzler Wilhelm Marx eröffnet. Außenminister Gustav Stresemann grummelte: »Was soll ich den Vertretern fremder Mächte antworten, wenn sie mir sagen, daß alle diese Dinge den Eindruck machen, als wenn Deutschland den Krieg nicht verloren, sondern den Krieg gewonnen hätte?« Adenauers lakonische Antwort: »Wir alle in Deutschland leben über unsere Bedürfnisse.« Es folgten 1929 eine spektakuläre Hängebrücke über den Rhein und 1930 in Niehl die Ansiedlung des amerikanischen Autobauers Ford. Adenauer schaltete und waltete in dieser Zeit nach Belieben. Sein sozialdemokratischer Gegenspieler Wilhelm Sollmann – mit dem er im Übrigen befreundet war – titulierte ihn einmal als den »Duce von Köln«. Adenauer fand indessen, dass es schlicht seine Pflicht sei, »bei der Stadtverordnetenversammlung darauf hinzuwirken, dass sie den Beschluss fasst, den ich für richtig halte.« Unbestritten war er auch ein Klüngelkönig, der den Satz »Wir kennen uns, wir helfen uns« nicht nur prägte, sondern auch konsequent beherzigte. Mit Nebeneinnahmen verdiente er mehr als der Reichskanzler. Als er 1929 mit nur einer Stimme Mehrheit vom Rat für weitere zwölf Jahre gewählt wurde, soll er dies mit den Worten »Was ein Glück für Köln« quittiert haben. Wahrscheinlich hatte er recht. Köln florierte unter der Hand des passionierten Rosenzüchters. Es hätte so weitergehen können. Konrad Adenauer wäre dann noch bis 1941 Oberbürgermeister geblieben und anschließend mit 65 Jahren in Pension gegangen. Aber es kam anders.

KÖLN

REISE OHNE WIEDERKEHR

Die Unbeschwertheit trügt:
Anni Kerner 1936 auf einem Auto

REISE OHNE WIEDERKEHR
DIE KÖLNER UND DER HOLOCAUST

Wenn sich Anni Adler geborene Kerner an ihren Vater erinnerte, dann sagte sie immer, er sei ein richtiger Kölner gewesen. Er hatte einen Schnäuzer, eine Glatze, einen Bauch und immer Witze auf Lager. Alle nannten ihn Jupp. Jupp galt als rheinische Frohnatur, obwohl er aus Polen stammte. In Köln interessierte das aber niemand. Jupp war bekannt wie ein bunter Hund. Jeder duzte ihn, und er duzte auch jeden. In der Innenstadt betrieb er eine Edelsteingroßhandlung mit mehreren Angestellten. Das heißt, geleitet wurde das Geschäft eher von seiner Frau, während er sich hinten um die Goldschmiedewerkstatt kümmerte. Seine Frau, Thekla Kerner geborene Holstein, hatte ein elegantes Mädchenpensionat in Kassel besucht und in ihrer Jugend fünf Jahre in Amerika verbracht. Sie war eine Dame, aber ohne jede Hochnäsigkeit. Alle hatten sie gern. Und darum konnte Anni später ohne Abstriche sagen: »Wir hatten ein sehr schönes Familienleben. Sehr, sehr schön.«

Anni besuchte die Grundschule, machte Ausflüge in den Stadtwald, ging ins Hänneschen-Theater, feierte Karneval. Sie kam auf die Evangelische höhere Töchterschule in der Antonitergasse, fand Freundinnen dort, kam gut mit den Lehrerinnen aus. Dann kam der Tag, der alles veränderte. Dieser Tag war für Anni der 1. April 1933. Am Morgen betrat die Lehrerin die Klasse und verkündete: »Heute sind Maßnahmen gegen die Juden, und man hat ihre Geschäfte geschlossen.« Danach wandte sie sich an Anni und sagte zu ihr: »Wenn du willst, kannst du nach Hause gehen.«

Das zwölf Jahre alte Mädchen begriff überhaupt nichts. Verwirrt und erschrocken ging es den Weg von der Schule nach Hause am Anfang der Aachener Straße, direkt gegenüber dem Opernhaus, zurück. Erst dort erfuhr Anni von den Eltern: Die Nazis, die seit Kurzem das Sagen hatten, ließen an diesem Tag keine Kunden in die Geschäfte von Juden. Männer in SA-Uniformen standen vor den Eingängen und hielten jeden zurück, der hineinwollte. Auf manche Schaufenster hatten sie Plakate geklebt oder mit Farbe Parolen geschmiert: »Deutsche! Wehrt euch! Kauft nicht beim Juden!«

Die Kölner Juden verfolgten die Boykottaktion mit Angst, Wut und Entsetzen, aber vor allem mit Fassungslosigkeit. Konnte es denn wirklich wahr sein, dass dies geschah, mitten in Köln – in ihrem Köln? Nahezu 15 000 der ungefähr 750 000 Kölner waren Juden, etwa zwei Prozent der Bevölkerung. Die stark angepassten liberalen Juden stellten die Mehrheit. Nennenswerte Schwierigkeiten hatte es bisher kaum gegeben. Gewiss, zwischenzeitlich hatte am Dachgeschoss der NSDAP-Zentrale am Hohenzollernring dieses scheußliche Schild gehangen mit der Aufschrift »Die Juden sind unser Unglück«. Gewiss, mitunter wurden jüdische Kinder auf der Straße gehänselt und schikaniert. Aber dies war für die meisten Juden kaum der Rede wert. Die Antisemiten, so sagten sie sich, waren nur eine ganz kleine Gruppe. Die Juden gehörten einfach dazu, sie waren Deutsche wie alle anderen auch. Viele fühlten sich sogar »deutscher, als man sich deutsch denken kann«, wie ein Kölner Kaufmannssohn es formulierte.

Die Ernennung Hitlers zum Reichskanzler am 30. Januar 1933 und die anschließende Boykottaktion jüdischer Geschäfte am 1. April trafen die meisten Juden deshalb wie ein Blitz aus heiterem Himmel. Köln war keine Hochburg des Nationalsozialismus. Selbst bei der Reichstagswahl am 5. März 1933, die schon unter massiver Beeinträchtigung der anderen Parteien stattfand, kam die NSDAP nur auf 33 Prozent der Stimmen gegenüber 44 Prozent deutschlandweit. Allerdings passten sich viele Kölner nun rasch den veränderten Machtverhältnissen an: Nur eine Woche später entfielen bei der Kommunalwahl schon 40 Prozent der Stimmen auf die Hitler-Partei. Tags darauf erklärte der Kölner Gauleiter der NSDAP, Josef Grohé, vom Balkon des Rathauses aus Oberbürgermeister Adenauer für abgesetzt. Der Zentrumspolitiker hatte 16 Jahre regiert, nun erklang der Ruf: »Adenauer an die Mauer!« Der Kölner SPD-Chef Wilhelm Sollmann war Tage zuvor bereits aus seiner Wohnung verschleppt, in demütigender Weise durch die Straßen getrieben und im »Braunen Haus« der NS-Gauleitung gefoltert worden.

Die Republik genoss schon lange kein Ansehen mehr. Sie war diskreditiert durch Massenarbeitslosigkeit, Straßenschlachten und die schleichende Entmachtung des Parlaments aufgrund von Notverordnungen. Mitte 1933 waren bereits alle Parteien außer der NSDAP verboten. Die große Masse der Bevölkerung fand sich schnell damit ab. Ein führender Politiker aus Adenauers Zentrumspartei soll das Umschwenken mit den Worten gerechtfertigt haben: »Mer Kölner sin wie der leeve Jott, immer mit der sterkste Battallione.« (Wir Kölner sind wie der liebe Gott, immer mit den stärksten Bataillonen.)

Für Anni Kerner war bald nichts mehr so, wie sie es gekannt hatte. Die anderen Schülerinnen ihrer Klasse zogen sich zurück, selbst ihre Freundinnen wollten nichts mehr mit ihr zu tun haben. Sie machten sich einen Spaß daraus, ihre Butterbrote zu verstecken, und wenn jemand etwas angestellt hatte, schoben sie es ihr in die Schuhe. Manchmal wurde sie verprügelt. Wenn eine Lehrerin die Klasse betrat, mussten die Schülerinnen nun aufspringen, den Arm zum »Deutschen Gruß« heben und »Heil Hitler« rufen. Anni stand dann einfach nur da und tat nichts. Aber jedes Mal riss ihr eine Schülerin von hinten den Arm hoch. Es war nicht irgendeine Schülerin, die das Tag für Tag tat. Es war ihre ehemals beste Freundin.

Auch die Lehrerinnen waren plötzlich nicht mehr nett. Bis auf eine. Die sagte im Religionsunterricht, dass Jesus ein Jude gewesen sei und das Judentum als Mutter der christlichen Religion betrachtet werden müsse. Diese Bemerkung hatte Folgen: Einige Mädchen beschwerten sich, und die Lehrerin verlor ihre Stelle. Schließlich zog Annis Mutter die Konsequenzen: »Ich nehme dich von der Schule«, sagte sie zu ihr. 1934 wechselte Anni an die Jawne in der St.-Apern-Straße, das einzige jüdische Gymnasium des Rheinlandes. Es stand unter der Leitung des ebenso fähigen wie beliebten Direktors Dr. Erich Klibansky. Annis Vater war schon 1933, im Jahr von Hitlers Machtübernahme, schwer zuckerkrank geworden. Die Familie war davon überzeugt, dass dies eine Reaktion auf den Druck von außen war, auf die dauernde Aufregung. Schließlich bekam er Tuberkulose und musste immer wieder für längere Zeit ins Sanatorium.

Die Wehrmacht kommt über die Brücke

Mehr und mehr Kölner schlugen sich auf die Seite der braunen Macht-haber. Nicht nur aus Opportunismus, sondern zunehmend auch aus Überzeu-gung. Hitler hatte die Arbeitslosen von der Straße geholt – so schien es jeden-falls. Kaum jemand durchschaute, dass dies in erster Linie der Ankurbelung der Rüstungswirtschaft geschuldet war. Diejenigen, die sich dem Sog wider-setzten, hatten fast alle eine sehr gefestigte Weltanschauung, die dem Natio-nalsozialismus entgegengesetzt war. Das konnte die katholische Religion sein, aber ebenso gut auch eine kommunistische Überzeugung.

Während Hitler im Inneren durch ein »Wirtschaftswunder« überzeugte, gelangen ihm in der Außenpolitik spektakuläre Erfolge. Dabei richteten sich die Augen der Welt einmal auch auf Köln: Am 7. März 1936, einem Samstag, sammelten sich in Deutz Soldaten der Wehrmacht. Der Truppenaufmarsch war ein Bruch des Versailler Vertrages, denn dieser verbot es Deutschland, im Linksrheinischen und in einem 50 Kilometer breiten Streifen am rechten Rhein-ufer Truppen zu stationieren und Befestigungen anzulegen. Das militärisch übermächtige Frankreich hätte nun einen Grund gehabt, gegen den Nazistaat loszuschlagen, und Hitler war dies bewusst: Er bezeichnete die ersten 48 Stun-den nach der Rheinlandbesetzung später als die »aufregendste Zeitspanne« seines Lebens. »Wären die Franzosen damals ins Rheinland eingerückt, hät-ten wir uns mit Schimpf und Schande wieder zurückziehen müssen, denn die militärischen Kräfte, über die wir verfügten, hätten keineswegs auch nur zu einem mäßigen Widerstand ausgereicht.« »Berlin zittert vor Spannung«, no-tierte Propagandaminister Joseph Goebbels in sein Tagebuch. In der Krolloper trat Hitler vor den gleichgeschalteten Reichstag und verkündete, Deutschland fühle sich an den Versailler Vertrag nicht länger gebunden. »Im Interesse des primitiven Rechts eines Volkes auf Sicherung seiner Grenzen und zur Wah-rung seiner Verteidigungsmöglichkeiten hat daher die deutsche Reichsregie-rung mit dem heutigen Tage die volle und uneingeschränkte Souveränität des Reiches in der demilitarisierten Zone des Rheinlandes wiederhergestellt.« Während die 600 Abgeordneten wie Automaten von den Sitzen sprangen und den Arm zum Nazigruß hochrissen, strömten in Köln Tausende von Menschen zum Rheinufer. Scharen von eingeflogenen Journalisten verfolgten, wie sich die Soldaten um ein Uhr mittags von Deutz aus in Bewegung setzten und über die Hohenzollernbrücke auf den Dom zumarschierten. Man hörte den Schritt ihrer Stiefel, sah die langen Reihen der Helme und Gewehre. Vor dem Dom wurden die Truppen von einer jubelnden Menge empfangen. Frauen streuten ihnen Blumen auf den Weg, katholische Priester segneten sie. Der Kölner Erzbischof Kardinal Karl Joseph Schulte begrüßte die »berufenen Waffenträger unseres Volkes mit ergriffener Seele«. Und der Westen? Der Westen schickte diplomatische Protestnoten. Hitlers Ansehen erreichte einen neuen Höhepunkt, besonders in Köln. Drei Wochen später, am 28. März, wurde er während eines Besuches als »Befreier des Rheinlandes« gefeiert, im Gürzenich huldigten ihm Abordnungen aus den »befreiten« Städten des Rheinlandes. Von einem zweiten Besuch im Jahr 1938 sagte Hitler sogar, bei dieser Gelegenheit hätten ihm die Kölner den größten Empfang seines Lebens bereitet. Alle Glocken hätten geläutet, und »die ganze Menge hat vor Freude über mein Erscheinen auf dem Balkon des Hotels jedes Mal geschunkelt. Auch der Kölner Humor ist so liebenswürdig gegenüber dem ätzenden Humor der Berliner.« Heinrich Böll irrte sehr, wenn er später behauptete, »daß Hitler sich in keiner Stadt so wenig wohlgefühlt hat wie in Köln«.

Flucht aus Köln

Anni Kerner war nun kein kleines Mädchen mehr, das beweist ein Foto von ihr, das im April 1936 entstand. Es ist aufgenommen vor dem Wohn- und Geschäftshaus der Familie, das mittlerweile in die Hahnenstraße verlegt worden war. Anni ist auf die Motorhaube eines Wagens geklettert; vermutlich ist es der ihres Vaters oder ihrer älteren Schwester, die schon früh ein eigenes Auto bekommen hatte. Sie trägt einen dunklen Mantel. Die Füße sind locker übereinandergeschlagen, die Hände liegen ein wenig verkrampft auf den Oberschenkeln. Anni lächelt dem Fotografen zu, mit ihren 15 ½ Jahren schon ganz junge Dame. »Was kostet die Welt?«, könnte die Unterschrift dieses Bildes sein. Nichts deutet darauf hin, dass in der Welt dieser lebenslustigen jungen Frau etwas nicht in Ordnung sein könnte. Keine Hakenkreuzfahne, kein Uniformierter verunstaltet den Hintergrund. Man erkennt nur die Hahnentorburg,

Straßenbahnschienen, einen zweiten Wagen, Schaufenster und zwei Schilder mit der Aufschrift »Cafe«. Es ist Köln, wie es sein könnte. Aber natürlich trügt der Anschein. Denn Anni kann ihre Jugend nicht genießen, anders als ihre fünf Jahre ältere Schwester Ethel: »Meiner Schwester ist es ganz anders gegangen. Sie hatte noch eine ganz andere Jugend, weil sie noch stärker die gute Zeit miterleben konnte. Sie hatte noch Tanzunterricht, spielte Tennis, fuhr als ganz junges Mädchen einen eigenen Wagen und hatte Freunde. Sie war das junge Mädchen aus gutem Haus, klug, hübsch und sehr beliebt. Für mich war das alles schon nicht mehr möglich.«

Anni fühlte sich in diesen Jahren sehr allein. Einmal rissen ihr die anderen Mädchen alle Knöpfe von ihrer Jacke und nahmen ihr die Tasche weg. Als sie an Karneval mit einem selbst genähten Flickenkostüm auf die Straße ging, riefen andere Kinder ihr »Lumpenjud!« nach. Schnell rannte sie nach Hause. Im Rosenmontagszug fuhren nun Wagen mit, auf denen die Juden verspottet wurden. »Knoblauch ist der Juden Speise«, stand dort oder: »Die Letzten ziehen ab.« Auch Annis Eltern war nun klar: In Köln gab es keine Zukunft mehr für sie. Deshalb bemühten sie sich um eine Einreisegenehmigung nach Amerika, denn dort lebten Verwandte. Aber die Chancen standen schlecht. Dann kam es zu einem einschneidenden Ereignis: Cousin Theo, der des Öfteren im Geschäft half, ließ sich vor einem Schaukasten mit der NS-Zeitung *Der Stürmer* zu einer abfälligen Bemerkung hinreißen, wurde daraufhin festgenommen und von der Gestapo verhört. Aus ihrer Zentrale im sogenannten EL-DE-Haus – nach den Initialen des Erbauers Leopold Dahmen – bespitzelte und tyrannisierte die Gestapo die Stadt. Theo wurde auch zu Annis Vater befragt. Vor allem seine Verbindungen zu jüdischen Händlern in Antwerpen, dem Zentrum der europäischen Diamantenindustrie, schienen den Gestapo-Männern verdächtig zu sein. Theo wurde zwar wieder entlassen, doch er hatte keinen Zweifel, dass nun eine Überprüfung des Geschäftes bevorstand. Deshalb entschloss sich die Familie kurzerhand zur Flucht nach Belgien. Anni und ihr Vater fuhren mit einem Reisevisum, ihre Mutter, ihre Schwester und Cousin Theo gingen über die grüne Grenze, die Koffer voller Schmuck und Juwelen. Zunächst kamen sie in einem jüdischen Hotel in Spa unter, dann nahmen sie sich eine Wohnung in Brüssel und begannen den Kampf um eine Aufenthaltsgenehmigung. Die Behörden machten große Schwierigkeiten, es drohte die

Abschiebung nach Deutschland. Für Vater Jupp war das alles zu viel – am 30. Januar 1938 starb er. Kurz danach ging die erlösende Nachricht ein: Sie durften bleiben. Aber Anni fiel das nicht leicht. Sie hatte Heimweh. Als sie Anfang November 1938 in Brüssel ein Plakat sah, das für eine Bustour zum Auftakt der Karnevalssession am 11. 11. in Köln warb, erklärte sie ihrer Mutter: »Ich fahre mit, ich möchte zurück und mich von allen meinen Freunden verabschieden.« Doch die Mutter hielt sie zurück: Das sei viel zu gefährlich, schärfte sie ihr ein. Und behielt recht. Denn in ebendieser zweiten Novemberwoche des Jahres 1938 kam die »Kristallnacht«. Jüdische Kaufleute mussten zusehen, wie die Schaufenster ihrer Geschäfte zerschlagen wurden. Die Scherben flogen über die ganze Straße, die Straßenbahnschienen füllten sich mit Splittern. Viele Kölner beteiligten sich an den Schikanen. Die meisten standen schweigend dabei. Einige wenige halfen. So rettete der katholische Geistliche Gustav Meinertz eine Thorarolle aus der brennenden Synagoge in der Glockengasse, die auch Anni immer besucht hatte.

»Bin gerade auf der Fahrt nach Auschwitz«

Nach der Pogromnacht versuchten viele Juden zu fliehen, doch das war alles andere als einfach. Erich Klibansky, der Direktor der Jawne, konnte dank seiner Kontakte mehrere Kindertransporte nach England organisieren. Insgesamt fünf Schulklassen begleitete er nach London, kehrte selbst aber jedes Mal wieder zurück. Eines der Kinder, die auf diese Weise gerettet wurden, war Heinz Grünebaum. Anfang Januar 1939 wurde er von seinen Eltern zum Bahnhof gebracht und sah dort seinen Vater zum ersten Mal weinen. Es war ein Abschied für immer. Bei Kriegsausbruch 1939 schlossen sich die Grenzen endgültig, und es gab keinen Ausweg mehr aus Köln.

Im Oktober 1941 begannen die Deportationen vom Bahnhof Deutz. Einen Tag vor der Abfahrt der Züge mussten sich die Aufgerufenen in der Messe einfinden. Die verbliebene Habe wurde fein säuberlich aufgelistet. So besaß das Mädchen Ursel Hanauer unter anderem »4 gute Sommerkleidchen, 1 Brotbeutel, 1 Schulmappe«. Nur sehr wenig davon durften die Aufgerufenen mitnehmen, zunächst 50 Kilogramm, später 25. Wohin es ging, erfuhr man nicht. Adolf

Oppenheimer schrieb an seine Frau: »Mein Alles, wenn Du diese Zeilen erhalten wirst, bin ich bereits fort von hier. Man sagte mir gestern, daß ich Montagmorgen nach Auschwitz komme – es kann auch Aussitz oder Ausswitz heißen. Jedenfalls konnte mir nichts Näheres gesagt werden, der Ort war meinem Vorgesetzten nicht bekannt. (...) Mit welchen Gefühlen ich Dir dies alles schreibe, weißt Du, mein Liebstes. Du kennst mich, und wenn sich das alles so einfach und kalt liest, in mir sieht es anders aus.« Helmut Goldschmidt schickte seinen Eltern in der Siebengebirgsallee in Köln-Klettenberg eine Postkarte mit den Worten: »Meine lieben Eltern! Bin gerade auf der Fahrt nach Auschwitz. Ich glaube nicht, dass wir uns nochmals sehen, aber ich werde versuchen, den Mut nicht zu verlieren. Bleibt gesund.« Am 20. Juli 1942 stand auch Schuldirektor Klibansky auf dem Bahnsteig in Deutz, zusammen mit seiner Familie und vielen Schülern der Jawne, Anni Kerners alter Schule. Sie selbst hätte dort ebenfalls gestanden und auf den Zug nach Osten gewartet, wenn sie noch in Köln gewesen wäre. Und auch für sie hätte es keine Rückfahrt gegeben.

Das bedeutete nicht, dass Anni zu diesem Zeitpunkt in Sicherheit war. Nach dem Tod des Vaters war die Familie zunächst nach Antwerpen gezogen, wo sie am Morgen des 10. Mai 1940 von Flugzeuglärm geweckt wurde. Sie schaltete das Radio ein und hörte, dass die Deutschen in Belgien einmarschiert waren – der Albtraum begann von Neuem. In einer wahren Odyssee konnte sich Anni mit ihrer Mutter nach Nizza im unbesetzten Südfrankreich absetzen. Auf der Fahrt dorthin machte sie noch einmal die Bekanntschaft eines Kölners: Es war ein Gestapo-Mann, der ihr den Großteil ihres Schmucks abnahm – sie aber nicht meldete, weil er die Wertsachen selbst behalten wollte. Zunächst waren sie in Nizza halbwegs sicher, doch 1943 rückten die Deutschen auch dort ein und suchten die Stadt nach geflohenen Juden ab. Einmal klingelten sie auch an einer Wohnung, in der sich Anni gerade aufhielt. Alle mussten mitkommen. Im letzten Moment rollte sich die junge Frau – spindeldürr und dünn bekleidet – in einem Wandschrank zusammen und zog die Tür zu. Durch einen Spalt konnte sie die Stiefel der Menschenjäger sehen. Situationen wie diese gab es mehrmals – aber immer hatte Anni Glück. Im Gegensatz zu Cousin Theo, den die Gestapo in Nizza gleich am ersten Tag erwischte; er kam nicht zurück.

Die genaue Zahl der von den Nationalsozialisten ermordeten Kölner lässt sich heute nicht mehr feststellen. Doch werden insgesamt mehr als 7000 Menschen, die zwischen 1933 und 1945 in Köln gewohnt haben, Opfer der Verfolgung geworden sein, darunter auch mehrere Hundert Sinti und Roma. Einige konnten in der Stadt untertauchen und überleben. Manchmal bezahlten sie für ihr Versteck. Die größten Überlebenschancen hatten Juden, die sich bei Verwandten, Freunden oder Nachbarn verstecken konnten. Zu den »unbesungenen Helden«, die Verfolgten Unterschlupf gewährten, gehörten Priester und Nonnen, Hausfrauen und Arbeiter. Wer erwischt wurde, kam selbst ins KZ. Im Kölner NS-Dokumentationszentrum in der ehemaligen Gestapo-Zentrale am Appellhofplatz kann man heute die winzigen Zellen besichtigen, in denen die Inhaftierten auf Befragung, Abtransport oder Hinrichtung warteten. Auf den Wänden finden sich 1800 Inschriften und Zeichnungen von Gefangenen. »Wenn keiner an dich denkt, deine Mutter denkt an dich«, hat einer hingekritzelt. Auch die Frau Konrad Adenauers, Gussie, war dort 1944 zusammen mit 30 anderen Gefangenen eingepfercht. Nachdem sie im Verhör das Versteck ihres Mannes verraten hatte, unternahm sie einen Selbstmordversuch, an dessen Spätfolgen sie 1948 starb.

Eine Kölner Besonderheit gegen Ende des Krieges waren die »Edelweißpiraten«, oppositionelle Jugendliche, die sich dem Drill der braunen Jugendorganisationen verweigerten und dadurch in einen immer schärferen Gegensatz zum NS-Staat gerieten. Sie prügelten sich mit der Hitlerjugend und schmierten zwischen Bombenalarm und Fliegerangriffen Anti-Nazi-Parolen an die Hauswände. In der Endphase des Krieges fanden sich im Arbeiterviertel Ehrenfeld Edelweißpiraten und untergetauchte Zwangsarbeiter, Deserteure und andere Verfolgte zusammen und unternahmen von ihrem Stützpunkt in der Schönsteinstraße aus Angriffe auf die NS-Behörden. Sie überfielen Vorratslager, brachten einen Zug zum Entgleisen, erschossen einen NS-Ortsgruppenleiter und sabotierten die Rüstungsproduktion bei Ford. Die Gestapo lieferte sich mit diesen Banden heftige Gefechte in der Ehrenfelder Ruinenlandschaft. In einer abenteuerlichen Aktion wollte die Gruppe um den ehemaligen KZ-Häftling Hans Steinbrück sogar die Gestapo-Zentrale im EL-DE-Haus sprengen. Doch bevor es dazu kam, ging der Kern der Gruppe der Gestapo ins Netz. Am 10. November 1944 wurden 13 Mitglieder, darunter Steinbrück und fünf

Jugendliche, vor dem Ehrenfelder Bahnhof gehenkt. Einer der Überlebenden war Jean Jülich, der später von der israelischen Holocaust-Gedenkstätte Yad Vashem als »Gerechter unter den Völkern« geehrt wurde. Ja, es hat ihn gegeben, den Kölner Widerstand. Aber größer als in anderen Städten war er auch nicht.

Für Anni kam der Tag der Befreiung am 28. August 1944, als die Amerikaner in Nizza einzogen. Sie war so glücklich, dass sie auf einen der Panzer sprang und die Soldaten umarmte und küsste. Nach dem Krieg blieb sie in Nizza und heiratete dort. Sie habe aber nie so ein Gefühl für die Stadt bekommen, wie sie es für Köln gehabt habe, erzählte sie als alte Frau in einem Interview für ein Buch des Kölner NS-Dokumentationszentrums. Sie erinnerte sich noch, dass ihr als Kind immer die Tränen der Rührung gekommen waren, wenn sie nach einem Urlaub wieder über die Rheinbrücke fuhr. »Denn sehen Sie«, fügte sie als Erklärung hinzu, »ich habe Köln doch so geliebt.«

KÖLN

UNTERGANG

Das war Köln:
die zerstörte Altstadt 1945

UNTERGANG
KÖLNS ZERSTÖRUNG

In der Geschichte einer Stadt ist kein einschneidenderes Ereignis denkbar als ihre Zerstörung. Die meisten alten Städte sind im Laufe der Jahrhunderte irgendwann einmal zerstört worden, meistens durch Feuer. Im Mittelalter waren fast alle Wohnhäuser aus Holz. Man kochte auf offenem Feuer mit einem Kessel darüber, nachts waren Kerzen und Öllampen die einzigen Lichtquellen, da musste es zwangsläufig zu Brandkatastrophen kommen. Viele Städte wurden auch im Krieg geplündert und niedergebrannt. Köln ist dieses Schicksal erspart geblieben. Seine Altstadt war bei Beginn des Zweiten Weltkrieges neben Lübeck, Nürnberg und Frankfurt eine der größten in Deutschland. Allerdings war das Stadtbild schon damals nicht mehr geschlossen. Ganze Straßenzüge aus dem Spätmittelalter und der frühen Neuzeit waren durch Gründerzeitbauten ersetzt worden – für die Zeitgenossen spiegelte sich darin der Aufstieg ihrer Stadt zur modernen Industriemetropole. Noch 1928 wurde in der Schildergasse das 300 Jahre alte Zunfthaus der Bierbrauer im Stil der niederländischen Renaissance abgerissen. »Von den Häusern, die die hart- und hochgesinnten, schönheitsliebenden Herren von Köln bewohnten, ist fast nichts übriggeblieben«, stellte die Schriftstellerin Ricarda Huch 1927 enttäuscht fest. »Der modernen Großstadt ist das Kleid der mittelalterlichen zum Opfer gefallen.« Noch viel eher, 1828, hatte Johanna Schopenhauer, die Mutter des Philosophen Arthur Schopenhauer, jene »seltsame Zusammensetzung von Schön und Hässlich, von Alt und Neu« ausgemacht, die bis heute als einer der kennzeichnendsten Züge des Kölner Stadtbildes gilt. Nein, auch lange vor dem Krieg war Köln schon keine schatzkästleinhafte Mittelalterstadt mehr. Doch gab es durchaus noch geschlossene Straßenzüge aus dem 15. und 16. Jahrhundert. Vor allem am Alter Markt, am Heumarkt und in den umliegenden Gassen schmieg-te sich Patrizierhaus an Patrizierhaus – man sieht das noch gut auf alten Foto-grafien und Luftaufnahmen: die schmalbrüstigen, hochgetürmten Fassaden, deren krönende Giebel mal an gestärkte Hauben erinnern, mal an gezackte Helme. Der Heumarkt wurde zeitweise zu den schönsten Plätzen Europas ge-zählt und in einem Atemzug mit dem Markusplatz genannt. Insgesamt muss Köln damals einen ganz anderen Charakter als heute besessen haben. Heinrich Böll hat gesagt, das Vorkriegsköln sei für ihn eine »niederländische Stadt« ge-wesen, wobei er dabei nicht an Holland dachte, sondern an die alten Nieder-lande, an Flandern und Brabant: »Ich habe mich in Antwerpen zum Beispiel an Köln erinnert gefühlt, auch in Gent und diesen Städten.«

Von der Zerstörung Kölns kann man nicht sprechen, ohne über Warschau, Rotterdam und Coventry zu reden. »Haben Sie einmal eine Karte von London angesehen?«, fragte Hitler 1940 bei einem Abendessen in der Reichskanzlei Albert Speer. »Es ist so eng gebaut, dass ein Brandherd allein ausreichen wür-de, die ganze Stadt zu zerstören, wie schon einmal vor über 200 Jahren.« Und dann berichtete er, wie sein Reichsluftfahrtminister die Vernichtung der größ-ten Stadt Europas erreichen wolle: »Göring will durch zahllose Brandbomben mit einer ganz neuen Wirkung in den verschiedensten Stadtteilen von London Brandherde schaffen. Überall Brandherde. Tausende davon. Die werden sich dann zu einem riesigen Flächenbrand vereinigen. Göring hat dazu die einzig richtige Idee: Die Sprengbomben wirken nicht, aber mit den Brandbomben kann man das machen – London total zerstören! Was wollen die noch mit ih-rer Feuerwehr, wenn das erst einmal losgeht?« Göring verlor jedoch noch im selben Jahr die Luftschlacht um England, und wenn London im »Blitz« der deutschen Luftwaffe auch schwer getroffen wurde, so blieb der größte Teil doch intakt. Gleichzeitig setzten die Gegenangriffe auf deutsche Städte ein. Allein Köln erlebte bis zum Mai 1942 104 Luftangriffe – in keiner anderen deutschen Stadt heulten so oft die Sirenen. Köln war ein wichtiger Verkehrsknotenpunkt und Standort der Rüstungsindustrie, aber vor allem war es die von England aus am einfachsten zu erreichende Großstadt: weit im Westen und sehr klar markiert mit einem dicken, nicht zu übersehenden Strich – dem Rhein. Aus diesem Grund war Köln als einzige deutsche Großstadt auch schon im Ersten Weltkrieg mehrmals von Flugzeugen angegriffen worden.

Der 1000-Bomber-Angriff

Der deutsche Überfall auf die Sowjetunion und der Kriegseintritt der USA veränderten die Situation 1941 grundlegend. Während die Amerikaner zunächst durch den Kampf gegen Japan gebunden waren, hatten die Sowjets die Hauptlast zu tragen: Ihre Tagesverluste betrugen bis zu 10 000 Mann. Immer ungeduldiger drängte Stalin seine britischen Verbündeten, im Westen eine zweite Front zu eröffnen, doch dazu sahen sich diese außerstande. »Ihr Briten habt Angst vorm Kämpfen«, spottete Stalin, »ihr solltet nicht glauben, dass die Deutschen Supermänner sind.« Churchill musste etwas tun – und seine einzige Option war eine Ausweitung des Bombenkrieges. Dabei setzte er auf den *Commander-in-Chief* des *Bomber Command* der *Royal Air Force*: Arthur Harris. Dem bulligen Berufsmilitär schwebte im Mai 1942 »etwas wirklich Großes« vor. »Ein spektakulärer Angriff! Tausend Bomber über Deutschland!« Die Zahl erschien zunächst utopisch, da die gesamte britische Bomberflotte gerade einmal 400 Flugzeuge zählte. In den nächsten Wochen zog Harris jedoch sämtliche verfügbaren Maschinen zusammen, vor allem jene der umfangreichen Schuleinheiten samt unerfahrener Flugschüler. Dadurch erreichte er bis Ende des Monats tatsächlich die magische Zahl von 1000 Maschinen. Sie sollten nunmehr den weitaus größten und verheerendsten Luftangriff fliegen, den die Welt je gesehen hatte. Als Ziel wurde zunächst Hamburg erwogen, doch am Abend des 30. Mai gab Harris einen anderslautenden Einsatzbefehl: »Operation Millennium Cologne.« Von 22.30 Uhr bis 23.30 Uhr starteten insgesamt 1096 Maschinen und nahmen Kurs auf den Rhein. Harris riskierte viel: Noch wusste niemand, ob eine solche Luftarmada überhaupt navigiert werden konnte oder in einer Massenkollision untergehen würde. Ein neues Funknavigationssystem stellte jedoch sicher, dass sich die Flieger nicht in die Quere kamen.

Um 23.45 Uhr wurden die Kölner Flakbatterien durch die Meldung aufgeschreckt, dass sich aus einer Entfernung von 240 bis 140 Kilometern ein gewaltiger Flugzeugschwarm näherte. Der Himmel war klar, es war ein wunderschöner warmer Frühlingstag gewesen, an dem sich mancher Kölner den ersten Sonnenbrand geholt hatte. Um 0.37 Uhr begannen die Batterien im Licht ihrer Suchscheinwerfer zu schießen, doch bald tauchten jede Minute

24 neue Maschinen am Himmel auf und warfen ihre Brandbomben über der Innenstadt ab. Ihr Orientierungspunkt war der Neumarkt. Bald schienen die Türme des Doms auf einem Feuermeer zu schwimmen. Die Besatzungen der letzten in England aufgestiegenen Bomberwelle benötigten schon über der Nordsee keine Navigationshilfen mehr: Sie flogen von dort aus einfach dem Lichtschein des brennenden Köln entgegen.

Und so sah das Inferno aus der Nähe aus, von unten betrachtet: »Ein Bild, wie nie mehr seit dem Brande Roms. In Flammen Häuser und Kirchen – in Rauch und Staub gehüllt die ganze Stadt. Über Köln türmt sich der Rauch zu gewaltigen Wolkenbildern. Den Alpen gleich stehen sie über dem Häusermeer, durchglüht vom Feuer und umkränzt vom heraufziehenden Morgenrot. Es brennt, so weit das Auge reicht. Am Rhein sinkt der herrliche Turm von St. Marien zusammen, und rotglühend steht St. Aposteln über dem Herzen von Köln.« Viele Menschen wurden in Kellern verschüttet und erstickten, andere konnten in letzter Minute befreit werden. Ein Mann entging dem Flammentod, indem er sich an einem über die Straße gespannten Laternendraht bis zur gegenüberliegenden Hauswand hangelte. Hunderte Menschen liefen in dichtem Funkenflug um ihr Leben: Sie rannten, stolperten, krochen Richtung Rhein; einige schrien, andere beteten. Aber die Flammen kamen immer näher, die Hitze war kaum noch zu ertragen. Da glitten plötzlich weiße Engel über das Wasser – so jedenfalls empfand es ein Überlebender. Es waren die Ausflugsdampfer der Köln-Düsseldorfer Rheinschifffahrtsgesellschaft, deren Besatzungen ihr Leben riskierten, um die Menschen vor der heranrückenden Flammenwand zu retten.

Die britischen Verbände verfolgten ebenjene Strategie, die Hitler 1940 in seinen Vernichtungsplänen für London beschrieben hatte: Sie warfen Brandbomben ab, die zahlreiche verschiedene Brandherde auslösten, welche sich schließlich zu einem orkanartigen Feuersturm, einer einzigen Heißluftsäule vereinigen und die ganze Stadt vernichten sollten. In Köln gelang dies noch nicht: Mehr als 10 000 Einzelbrände verschmolzen dort zu weit über 1000 Großbränden, aber nicht zu einer einzigen Feuersbrunst. Für Arthur Harris waren die Schäden aber allemal groß genug, um die »Operation Millennium Cologne« als Triumph zu bewerten – zumal er nur 41 Maschinen eingebüßt hatte. In seinen Augen hatten die britischen Bomberkommandos ihre Feuerprobe damit bestanden – nach dem Kölner Vorbild konnten nun nacheinander auch alle anderen deutschen Großstädte angegangen werden. »Ich bin der Überzeugung, dass wir nie einen wirklichen Bombenkrieg geführt hätten, wenn es nicht zu dem Angriff der tausend Bomber auf Köln gekommen wäre«, stellte Harris später fest. Der »1000-Bomber-Angriff« auf Köln war ein Wendepunkt der Militärgeschichte – und das Fanal für die Zerstörung Deutschlands.

Am Tag danach schien die Sonne in Köln nicht aufgehen zu wollen: Eine dicke Staub- und Rauchwolke verfinsterte den Himmel. Straßenbahnleitungen hingen zwischen den rauchenden Trümmern »wie sonst die Papierschlangen beim Karneval« (Günter Grass). »Allen wurde am 31. Mai, als sie die heimgesuchte Stadt besichtigten, klar, dass sie von ihrem Köln am Tage zuvor Abschied genommen hatten«, schrieb der *Stadt-Anzeiger*. Mehr als 13 000 Wohnungen waren vernichtet, 6360 schwer zerstört. 469 Menschen waren ums Leben gekommen, darunter viele Feuerwehrleute und Angehörige der Hilfsdienste. Mehr als 5000 Menschen waren verletzt worden, mindestens 45 000 wurden obdachlos. Die Bombardierung erregte weltweit Aufsehen. In Amerika erschienen die Zeitungen mit Schlagzeilen wie »Die RAF mit größtem Bombenangriff der Geschichte«, und auf dem Times Square in New York versammelte sich eine jubelnde Menschenmenge. Im kalifornischen Exil notierte Thomas Mann: »Furchtbarer Air-Raid auf Köln, 1000 Flugzeuge. Vernichtung und Panik. Erschütternd, aber die Sühne beginnt.«

Die BBC sendete in der Nacht nach dem Angriff eine Botschaft an die Bürger Kölns. Darin hieß es: »Sie wollen vielleicht wissen, wie wir, die wir schweres Bombardement auch erlebt haben, über diesen verheerenden Angriff auf Köln denken. Wir sind wirklich nicht voller Schadenfreude über Verwüstung und Terror, die wir über Deutschland bringen mussten. Wir empfinden sogar ehrliches Mitleid mit den Frauen und Kindern, die für die Dummheit derjenigen büßen müssen, die Hitler an die Macht gebracht haben und ihn dort halten. Sie tun uns leid. Aber wenn wir uns an Warschau, Rotterdam, Coventry und Belgrad erinnern und uns vorstellen, wie viele Frauen und sogar Kinder Kölns die Maßnahmen der deutschen Luftwaffe bejubelten, dann werden wir hart.« Von einigen Verfolgten des Naziregimes ist bekannt, dass sie bei den Angriffen – trotz der Gefahr für ihr eigenes Leben – Genugtuung empfanden. So ging es zum Beispiel dem jüdischen Ehepaar Bernkof, das in Köln untertauchen

konnte und wenige Stunden nach der Befreiung der Stadt seinen Sohn Bernard wiedersah. Der 32 Jahre alte Sergeant hatte Deutschland nach der Machtübernahme der Nazis verlassen und war später in die U.S. Army eingetreten. »Was denkt ihr über die 1000-Bomber-Angriffe?«, fragte er seine Eltern. »Sie waren wundervoll«, erwiderten sie, und dabei hatten sie Tränen in den Augen.

Moral bombing

Der 1000-Bomber-Angriff war die bis dahin größte Katastrophe der Stadtgeschichte, doch größere sollten folgen. Denn noch war Köln nicht zerstört. Um das zu erreichen, waren bis Kriegsende noch weitere 261 Angriffe nötig. Übertroffen wurde der 1000-Bomber-Angriff ein Jahr später durch den sogenannten Peter-und-Paul-Angriff am 29. Juni 1943. Daran waren zwar nur 300 Flugzeuge beteiligt, die aber weit mehr Bomben abwarfen und damit 4377 Menschen töteten, zehnmal so viele wie beim 1000-Bomber-Angriff.

Im März 1944 wurde die Stadt gleich mehrmals hintereinander von über 1000 Maschinen mit einem Feuerteppich überzogen, und im Oktober 1944 erreichte der Luftkrieg über Köln mit beinahe täglichen Attacken seinen Höhepunkt. In wenigen Monaten wurde nun eine größere Bombenlast abgeworfen als in den vorangegangenen fünf Kriegsjahren.

Die Briten hatten es dabei nicht in erster Linie auf militärische Ziele abgesehen, sondern auf Wohnviertel. Sie versprachen sich von dem andauernden Terror eine Demoralisierung der Massen, besonders der Industriearbeiter, die schließlich zu Volksaufständen gegen Hitler führen sollte. *Moral bombing* war der Fachbegriff. In Wahrheit bewirkten die Bombardements das Gegenteil – die Bevölkerung rückte zusammen. »Die Deutschen sind im Begriff, eine wahre Volksgemeinschaft zu werden«, stellte ein NS-Funktionär 1944 zufrieden fest. Churchill hätte dies wissen müssen: In London hatte der »Blitz« in der zweiten Hälfte des Jahres 1940 den Durchhaltewillen ebenfalls gestärkt. In der Tat kamen dem Premierminister hin und wieder Zweifel. Einmal meinte er: »Ich habe die Angriffe auf Köln satt.« Woraufhin Harris zurückgab: »Die Kölner ebenfalls.« Als ihm Filme der brennenden Städte vorgeführt wurden, sinnierte er: »Sind wir Bestien? Gehen wir zu weit?« Wenn die große Mehrheit der Briten die Angriffe auch für gerechtfertigt hielt, so meldeten sich doch zu jedem Zeitpunkt des Krieges auch andere Stimmen zu Wort. Der bekannteste Kritiker war der Bischof von Chichester, George Bell. Er mahnte 1944 im Oberhaus »eine Verhältnismäßigkeit zwischen den eingesetzten Mitteln und dem Zweck« an. John Ronald Reuel Tolkien, der zu ebendieser Zeit das spätere Kultbuch *Der Herr der Ringe* verfasste, schrieb an seinen Sohn: »Angeblich hatten wir doch eine Stufe der Zivilisation erreicht, auf der es zwar immer noch nötig sein mochte, einen Verbrecher hinzurichten, nicht aber, sich daran zu weiden oder seine Frau und sein Kind mit aufzuhängen, während die Ork-Menge johlte. Deutschlands Vernichtung – und wäre sie hundertfach verdient – ist eine der entsetzlichsten Weltkatastrophen.«

Etwa 20 000 Kölner sind bei den Bombenangriffen getötet worden. Nach dem letzten dieser Angriffe am 2. März 1945 stand kaum noch ein Stein auf dem anderen. Was in zwei Jahrtausenden aufgebaut worden war, hatte sich binnen drei Jahren in einen der größten Schutthaufen der Geschichte verwandelt. Zerstört waren das Haus Weinsberg, das Geburtshaus von Joost van den Vondel, der »Kaiserliche Hof«, in dem Goethe bei seinem Kölnbesuch von 1815 abgestiegen war, die Redaktion der *Neuen Rheinischen Zeitung* von Karl Marx, das ehemalige Zigarrengeschäft des Franz Raveaux ... Vor ihrem Rückzug sprengte die Wehrmacht auch noch die Brücken. »Die Brücken knien im Wasser«, schrieb Max Frisch in sein Tagebuch. Nur der Dom erhob sich groß und schwarz und scheinbar ungeschunden aus der Mondlandschaft. Heinrich Böll erschien es zynisch, eine ganze Stadt zu beseitigen, ihre größte Touristenattraktion jedoch stehen zu lassen. »Ich sehe darin eine besondere Variante der Barbarei, dass man sich also nicht leisten kann, den Kölner Dom kaputtzuschmeißen.«

Befreiung einer Geisterstadt

Am 6. März 1945 marschierten amerikanische Truppen in das linksrheinische Köln ein. Zunächst schien es, als kämen sie in eine Geisterstadt; die Ruinen und Steinhaufen wirkten menschenleer, und über all dem lag ein durchdringender Leichengestank. Dann aber tauchten die Bewohner auf – sie krochen aus der Erde. Dort fristeten sie ihr Dasein in Kellern und Tiefbunkern, die über Durchbrüche miteinander zu einem kilometerlangen Stollensystem verbunden waren. Köln hatte sich sozusagen unter die Erde verlagert. Die Höhlenbewohner lebten besser, als es die einrückenden Amerikaner für möglich gehalten hätten. Ein Reporter des britischen *Daily Express* berichtete: »Eine Tür ging auf, und in dem plötzlichen Licht schlüpfte ein kleiner Mann heraus mit einer schweren Rolle Bettleinen über der Schulter. Hinter ihm saßen 60 Deutsche, in der Mehrzahl Frauen mittleren Alters. Sie waren friedlich beim Essen: Schwarzbrot, Kartoffelbrei, gekochter Weißkohl, der mit Margarine besprengt war. Auf den Tischen standen frische Narzissen und Tulpen.«

Andere Menschen mussten von den Amerikanern erst noch befreit werden. Als sie das Torgitter des Gestapo-Gefängnisses Klingelpütz öffneten, wankten ihnen die unterschiedlichsten Gestalten entgegen: ein holländischer Zwangsarbeiter, dem man noch ansah, dass er einmal ein kräftiger Mann gewesen sein musste, und der immer wieder auf Deutsch schrie: »Wir dürfen nie vergessen! Schwört es!« Ein ausgehungerter belgischer Widerstandskämpfer in einem abgewetzten Tweed-Anzug, der im Gefängnishof an der Stelle betete, wo in der Nacht zuvor sein Vater verscharrt worden war. Ein auffallend hübsches Mädchen aus Brüssel, dem ein blauer Regenumhang wie ein Engelsgewand von den Schultern fiel – die 19-Jährige hatte einem RAF-Piloten auf der Flucht geholfen. Eine würdevolle holländische Großmutter mit Pelzmantel und Goldrandbrille, die verbotenerweise BBC gehört hatte. Ein über und über mit den Spuren schwerer Misshandlungen bedeckter KZ-Häftling, ehemals Kellner in Paris. Ihr Anblick hätte die Kölner daran erinnern können, warum ihre Stadt vom Erdboden hinweggefegt worden war, doch nach übereinstimmender Beobachtung alliierter Offiziere und Kriegsberichterstatter betrachteten sich sämtliche überlebende Kölner selbst als Opfer. »Wir haben nichts Unrechtes getan; wir sind keine Nazis« – es waren die immer gleichen Beteuerungen, die die US-Reporterin Martha Gellhorn zu hören bekam. »Sie reden alle so. Man fragt sich, wie die verabscheute Naziregierung, der niemand Gefolgschaft leistete, es fertigbrachte, diesen Krieg fünfeinhalb Jahre lang durchzuhalten. Nach allem, was sie so von sich geben, hieß kein Mann, keine Frau und kein Kind in Deutschland den Krieg auch nur einen Augenblick gut. Allerdings freuen sich die Deutschen nur auf dieser Seite des Flusses über ihre Niederlage, während gleich gegenüber die deutsche Flak weiterfeuert.« Erst nach mehr als einem Monat besetzten amerikanische Truppen in der zweiten Aprilwoche schließlich auch das rechtsrheinische Stadtgebiet.

Der britische Schriftsteller George Orwell berichtete unter der Überschrift »Creating Order Out of Cologne Chaos« für den *Observer* aus Köln. Er empfand es als »ausgesprochen seltsam«, sich nun plötzlich im Land des Kriegsgegners zu befinden. »Man sieht sich umgeben von diesem Herrenvolk, das auf Fahrrädern seinen Weg zwischen den Trümmerhaufen sucht oder mit Krügen und Eimern umherjagt, um von einem Pferdewagen Trinkwasser zu ergattern. Es ist schwer vorstellbar, dass es sich um die gleichen Menschen handelt, die gerade noch den europäischen Kontinent vom Ärmelkanal bis zum Kaspischen Meer beherrschten und die auch unsere Insel hätten erobern können, hätten sie nur geahnt, wie schwach wir waren. Die Propaganda, vor allem ihre eigene, hat uns glauben gemacht, dass sie alle hochgewachsen, blond und arrogant seien. Was man in Köln jedoch tatsächlich sieht, das sind eher gedrungene, dunkelhaarige Menschen, offensichtlich demselben Schlag zugehörig wie die Belgier jenseits der Grenze. Jedenfalls sind sie keineswegs besonders auffällig.« Die amerikanische Kriegsreporterin Lee Miller berichtete aus Köln von »einer Reihe widerlicher und erschreckender Begegnungen«. Das Zigaretten-Schnorren der Deutschen empfand sie als dreist, die Einladungen zum Essen als schleimig. »Welche Verdrängungsleistung in ihren schlecht belüfteten Hirnwindungen bringt sie zu der Vorstellung, sie seien ein befreites Volk und kein besiegtes?«

Nach Schätzungen hielten sich beim Einmarsch der Amerikaner nur noch etwa 85 000 Menschen in der Stadt auf, ein Bruchteil der vor dem Krieg 772 000 Einwohner. Die Altstadt war zu 90 Prozent vernichtet, die Stadt insgesamt zu 70 Prozent. Damit war Köln härter getroffen als Dresden. »Unsere Armee hat wunderschön kolorierte Stadtpläne von Köln erbeutet, aber leider gibt es die dort angegebenen Straßen oft nicht mehr«, berichtete die US-Reporterin Janet Flanner.

Auch die Kölner waren nach dem Krieg in gewisser Weise Heimatvertriebene, denn es gab für sie kein Zurück mehr in die Stadt, die sie kannten. In seinem ersten Roman *Der Engel schwieg* erzählt Heinrich Böll, wie der junge Soldat Hans Schnitzler am 8. Mai 1945 in seine zerstörte Heimatstadt Köln

Ein kleiner Kölner Hitler: Straßenbahnkontrolleur, im März oder April 1945 von der amerikanischen Kriegsreporterin Margaret Bourke-White fotografiert

zurückkehrt. Die meisten Straßen sind gar nicht begehbar, sie liegen voller Trümmer. In den leer gebrannten Häusern türmt sich der Schutt bis zum zweiten oder dritten Stock. Manche Geröllhalden sind hingegen schon mit Gras bewachsen – die Stadt wird langsam von der Natur zurückerobert. Und dann steht Schnitzler plötzlich vor der Ruine des Hauses, in dem er einmal gewohnt hat: »Vielleicht war es die Zahl der Schritte, die von der Straßenkreuzung noch zu gehen waren, oder irgend etwas an der Anordnung der Baumstümpfe, die einmal eine hohe und schöne Allee gebildet hatten: irgend etwas veranlaßte ihn, plötzlich haltzumachen, nach links zu sehen, und da war es: Er erkannte den Rest des Treppenhauses, stieg über die Trümmer langsam dorthin: er war zu Hause.«

Böll war 1917 geboren worden, in dem Jahr, als Adenauer zum ersten Mal Kölner Oberbürgermeister wurde. Jetzt wurde er es wieder, und in seiner ersten Denkschrift zum Wiederaufbau erwog er, die Stadt gar nicht mehr dort aufzubauen, wo sie ursprünglich gestanden hatte, sondern weiter nördlich, auf unbebauten Freiflächen. Das hätte den Vorteil gehabt, vor dem Bau neuer Häuser nicht zuerst eine ganze Trümmerlandschaft abtragen zu müssen. Das alte Zentrum sei ohnehin zu eng bebaut gewesen, fand Adenauer. Erst später, wenn nördlich des früheren Stadtgebietes schon ein neues Köln entstanden sei, könne man sich dann wieder der alten Kernstadt zuwenden. Die Frage ist, ob ein solches Köln noch Köln gewesen wäre oder ob man ihm auch einen anderen Namen hätte geben können. Köln existierte zu dieser Zeit fast nur noch als Idee in den Köpfen der Menschen.

KÖLN

AUFERSTEHUNG

Ein neues Köln: Ford-Pavillon
auf einer Fotografie von
Karl Hugo Schmölz, 1950

AUFERSTEHUNG
DER WIEDERAUFBAU

Dass Köln nach dem Krieg schnell, aber hässlich wieder aufgebaut wurde, ist heute beinahe ein Allgemeinplatz. Umso überraschender sind die aus den 1950er-Jahren stammenden Aufnahmen des Architekturfotografen Karl Hugo Schmölz (1917–1986), die 2012 im LVR-LandesMuseum in Bonn ausgestellt wurden. Weniger als zehn Jahre nach der Zerstörung erheben sich Bauten von bestechender sachlicher Eleganz aus der Ruinenlandschaft. Es ist die Ästhetik der jungen Bundesrepublik, eines Landes, das sich in jeder Hinsicht neu erfinden muss. Leuchtende Tankstellen und Autopavillons zeugen von technischem Fortschritt, klare Linien, makellose Rundungen und verführerische Oberflächen atmen den Geist einer neuen Zeit.

Das Verschwinden der historischen Bausubstanz wurde damals nur zum Teil als Verlust betrachtet, es wurde auch als Gelegenheit begriffen, die Stadt zeitgemäß – und das hieß vor allem autogerecht – wieder aufzubauen. Ganz bewusst vollzog man auch architektonisch den Bruch mit der Vergangenheit und bemühte sich um eine neue städtebauliche Identität. Menschen fehlen auf den Bildern von Schmölz – er zeigt nur Gebäude, perfekt in Szene gesetzt. Vor allem seine Lichtgestaltung ist virtuos. Die Leere lässt die Stadt wie evakuiert erscheinen. Auch das könnte man als Sinnbild verstehen: Es sind die Jahre, in denen sich die Westdeutschen lieber ganz auf Dinge, auf Produkte und Konsum konzentrieren und alles andere ausblenden.

Der Plan, Köln an anderer Stelle neu aufzubauen, war rasch wieder verworfen worden, vor allem deshalb, weil Privatleute zielstrebig die Räumung ihrer Trümmergrundstücke in Angriff nahmen und ohne Genehmigung mit dem Hochziehen neuer Fassaden begannen. 1946 wurde der Architekt Rudolf

Schwarz (1897–1961) zum Generalplaner der Stadt Köln ernannt. Sein Auftrag lief auf nichts Geringeres hinaus, als ein neues Köln zu entwerfen. Wie sollte es aussehen? Es bot sich die einmalige Möglichkeit, noch einmal ganz von vorn anzufangen, 2000 Jahre Geschichte auszublenden und unabhängig von allen oft zufälligen Entwicklungen der Vergangenheit eine andere, eine bessere Stadt zu bauen. Gerade in Köln, dessen Straßenführung seit jeher als chaotisch wahrgenommen worden war, hatte es solche Fantasien schon immer gegeben. »Wenn man's abzeichnen, und dann abbrechen, und neu und bequem konstruiren könnte, so wär's ein Glück!«, malte sich 1819 die Schriftstellerin Rahel Varnhagen von Ense aus. Diesen Weg des völligen Neubeginns beschritt man nach 1945 in Rotterdam, wo die von deutschen Bomben zerstörte Innenstadt noch während des Krieges enteignet und geräumt worden war. In einem radikalen Bruch mit der Vergangenheit wurde nach 1945 ein neues Straßenraster angelegt. Gebäude, die die Bombardierung überstanden hatten, wurden abgerissen, Wohnungen großenteils in die Außenbezirke verlagert, damit die City Handel, Einkauf und Kultur vorbehalten bleiben konnte. Diese säuberliche Trennung der verschiedenen Lebensbereiche entsprach damals dem Zeitgeist. Den entgegengesetzten Weg ging man in Warschau. Dort wurde die völlig zerstörte Altstadt von 1946 bis 1953 originalgetreu rekonstruiert. Hans Magnus Enzensberger hat sie die »großartigste Fälschung der Welt« genannt, doch gleichwohl wurde sie als UNESCO-Weltkulturerbe anerkannt. Ähnliches geschah auch in Rothenburg ob der Tauber, der deutschen Postkartenstadt schlechthin. Anders als man heute meinen könnte, wurde die Fachwerkstadt vier Wochen vor Ende des Krieges zu mehr als 40 Prozent zerstört, nachher aber im alten Stil wieder aufgebaut. Nur Fachleute können heute noch ausmachen, wo die Grenze zwischen historischem Original und Retro verläuft. Für viele Architekten der Nachkriegszeit war es jedoch reaktionär, in dieser Weise an das überlieferte Stadtbild anzuknüpfen.

Auto-Köln

Für Köln sah der Plan des Rudolf Schwarz weder einen Neuentwurf noch einen Nachbau vor, vielmehr wollte er einen Mittelweg beschreiten. Die historische Straßenführung sollte erhalten bleiben, aber gleichzeitig sollten nur wenige zentrale Bauwerke rekonstruiert werden. So wollte Schwarz »die Seele der Stadt retten«, gleichzeitig aber eine in seinen Augen fragwürdige Historisierung vermeiden. Mit dieser Ansicht befand er sich im Einklang mit praktisch allen Verantwortlichen der Stadt. Um Köln für den Verkehr der Zukunft zu rüsten, betrachtete Schwarz ein großes Achsenkreuz als unvermeidlich. In diesem Kreuz schnitten sich eine bereits von den Nationalsozialisten geschlagene West-Ost-Schneise vom Rudolfplatz über den Neumarkt und die Cäcilienstraße bis zum Rhein und die heute berüchtigte Nord-Süd-Fahrt, die ebenfalls bereits von NS-Planern vorgesehen, aber noch nicht realisiert worden war. Um eine Distanz zum Städtebau der Hitler-Zeit herzustellen, wurde die West-Ost-Achse an der Hahnenstraße mit niedrigen Geschäftspavillons bebaut, die bis heute erhalten geblieben sind. Schwarz betonte, dass sich der Autoverkehr nicht »gleich einem reißenden Strom« durch die Innenstadt wälzen dürfe. Der spätere autobahnartige Ausbau der Nord-Süd-Fahrt ging weit über die Dimensionen seines Plans hinaus. Die Stadt entwickelte sich dadurch zu jenem »Auto-Köln«, dem Heinrich Böll im Alter den Rücken zukehrte. Für die Deutschen der unmittelbaren Nachkriegszeit jedoch standen Straßenschneisen und Autobahnkreuze für technischen Fortschritt. Vom Balkon der von Wilhelm Riphahn neu entworfenen Oper am Offenbachplatz blickte man direkt auf die Nord-Süd-Fahrt: Die Operngäste sollten in der Pause den vorbeirauschenden Verkehr genießen können.

Schwarz hatte keine Skrupel, dem Abriss zahlreicher noch intakter Fassaden und Gebäude der Gründerzeit zuzusehen. Wie nahezu alle Architekten seiner Generation verachtete er die Neo-Stile des 19. Jahrhunderts. In Köln kam noch hinzu, dass diese Bauten als preußische Fremdkörper empfunden wurden. Die Folge war, dass zahlreiche Prachtfassaden an den Ringen - deren Zerstörungsgrad deutlich niedriger war als in der Altstadt - durch Büroriegel ersetzt wurden. Prominentestes Opfer wurde das neobarocke Opernhaus am Rudolfplatz von 1900/02, mit 1800 Plätzen eines der größten des Landes.

Obwohl es im Krieg nur leicht beschädigt worden war, wurde es 1958 abgerissen. Auch die neoromanischen Türme der Hohenzollernbrücke fielen. So hatte die Repräsentationsarchitektur der Gründerzeit gerade einmal die Spanne eines Menschenlebens überdauert.

Die wichtigsten Gebäude des Mittelalters sollten zwar durchaus wieder aufgebaut werden, jedoch nicht als originalgetreue Kopien, da man dies als Leugnung der NS- und Kriegskatastrophe betrachtet hätte. Die romanischen Kirchen sind deshalb heute sowohl Denkmäler des Mittelalters wie auch der 1950er-Jahre. Sie sind in vereinfachter Form wiedererstanden, gereinigt vom Ballast der Zeiten, sodass ihre Ausstrahlung etwas Calvinistisch-Abstraktes erhielt. Dieter Wellershoff schreibt, sie seien dadurch zu »abgehobenen, imaginären Erscheinungen« geworden. »Eine Aura von Einsamkeit umgibt sie, eine abweisende Feierlichkeit und Stille umfängt einen, wenn man sie außerhalb der Gottesdienstzeiten betritt.« Inmitten der modernen Stadt wirken diese Einsprengsel wie Relikte einer untergegangenen Welt, wobei ihr heutiger Charakter keineswegs dem entspricht, den sie im Mittelalter einmal gehabt haben: Damals waren sie keine Inseln der Stille, sondern im Gegenteil lärmige Treffpunkte aller Menschen des Viertels, nicht nur Betende kamen dort zusammen, sondern auch Kaufleute, Handwerker, Händler – sogar Prostituierte sollen sich angeboten haben. »In ihrer Abwendung von der Welt sind sie so unmittelalterlich, wie man nur denken kann«, meint der Experte Hartmut Boockmann. Für Böll waren die romanischen Kirchen gleichwohl die einzigen Orte, an denen er das alte Köln noch wiedererkannte. Die Stadt, die er Freunden von auswärts zu zeigen pflegte, war in seinen Augen »ein fast fiktives Köln«, da die Kirchen, die ihm selbst so wichtig waren, mittlerweile leer blieben. »Köln gibt's schon«, lautet ein bekannter Ausspruch von ihm, »aber es ist ein Traum.« Und an anderer Stelle sagte er: »Das alte Köln existiert nicht mehr für mich. Einige wenige Ecken vielleicht, einige Kirchen, die ich noch wiedererkenne. Der Rest könnte Frankfurt heißen oder Stuttgart.«

Neben den romanischen Kirchen sollten auch die wichtigsten Profanbauten des Mittelalters »zurückgewonnen« werden. Vom Rathaus ragte nur noch die Vorderfront mit der Renaissancelaube wie eine Theaterkulisse in den Himmel, der Turm war kaum mehr als ein Stumpf. Bis 1972 erfolgte der Wiederaufbau einschließlich des gotischen Hansasaales. Der Osttrakt zum Alter Markt wurde dabei allerdings durch einen modernen Neubau von Karl Band ersetzt, der sich in keiner Weise in das Stadtbild einfügt. Der bis auf die Außenmauern ausgebrannte Gürzenich blieb äußerlich nüchtern, im Inneren schufen Rudolf Schwarz und Karl Band eine Festarchitektur der 1950er-Jahre mit Wandelhalle, Cocktailbar, geschwungenem Treppenhaus, einem Vorhang aus senkrecht auf-gefädelten Leuchtkugeln und mit Schmuckelementen, die römisch-antike und gotisch-romanische Baukunst zitieren. Die Inneneinrichtung, die Tradition und Neuanfang ganz im Sinne von Schwarz' Generalplan verbindet, gilt heute als Gesamtkunstwerk. Von den einst zahlreichen Bürgerhäusern Kölns wurden nur wenige wieder aufgebaut; das bedeutendste ist das romanische Overstol-zenhaus in der Rheingasse, das bis 1954 restauriert wurde und heute als ältes-tes deutsches Patrizierhaus gilt. Bedeutende Industriearchitektur, die den Krieg überdauert hatte, wurde noch bis in die 1980er-Jahre abgerissen, so die Scho-koladenfabrik Stollwerck im Severinsviertel, in der 1980 wochenlang mehrere Hundert Hausbesetzer ausharrten. Die Rasterfassaden der schnell hochgezo-genen Wohnhäuser blieben – wie überall in der Bundesrepublik – uninspiriert. Die Züge der Stadt wurden dadurch ins Grobe verzerrt. Gleichzeitig bleibt es staunenswert, dass eine nahezu vernichtete Stadt in kaum zwei Jahrzehnten wieder neu gebaut wurde.

Hat Schwarz 1946 die richtige Entscheidung getroffen? Wenn man sich heu-te in der Stadt umschaut, wird man feststellen müssen: Köln ist keine Stadt, die sich auf den ersten Blick erschließt. Der alte, kleinteilige Grundriss ist noch da, doch die gewundenen Sträßchen sind überwiegend mit nüchternen Wohnblöcken der 50er-Jahre bebaut. Letztlich hat sich Köln nicht entscheiden können, was es sein wollte: alt oder neu. Diese Unentschlossenheit sieht man ihm an.

Hauptstadt der Künste

Mochte Kölns Auferstehung in ästhetischer Hinsicht auch fragwürdig blei-ben, davon abgesehen verlief sie spektakulär. 1961 hatte die Stadt schon mehr Einwohner als vor dem Krieg, über 800 000. Am westdeutschen Wirtschafts-wunder hatte Köln maßgeblichen Anteil. Die Stadt profitierte zusätzlich von der Nähe zum Regierungssitz Bonn, den sie mitunter als so etwas wie ihren Vorort betrachtete. Viele große Verbände, so der Bundesverband der Deutschen Industrie (BDI), siedelten sich in Köln an. Mit der Gründung des Westdeutschen Rundfunks (WDR), der größten ARD-Anstalt, begann der Weg zur deutschen Fernsehhauptstadt. Am Rhein wurde jetzt die öffentliche Meinung mitgeprägt. Der einflussreichste Meinungsmacher war jedoch kein Medienmann, sondern ein Literat: Heinrich Böll, 1972 mit dem Nobelpreis geehrt. Der Friedensnobelpreisträger des Vorjahres, der damalige Bundeskanzler Willy Brandt, hat ihn in seinen Erinnerungen so beschrieben: »Unvergesslich: dieser wohltuende Mangel an Dämonie. Diese Stimme, das Gegenteil eines metallischen Organs, leise und vernehmlich auf Menschlichkeit beharrend, dem Spießertum in die Parade fahrend.« Es ist heute schon weitgehend in Vergessenheit geraten, dass Böll jahrzehntelang »der neben Jean-Paul Sartre mächtigste Schriftsteller Europas« war, wie sein Biograf Christian Linder hervorhebt. Schon 1961 wurde er in einer Titelgeschichte des *Spiegel* »Deutschlands erfolgreichster Nachkriegsautor« genannt. Mitte der 1970er-Jahre wählten ihn führende Meinungsmacher in einer Umfrage zur einflussreichsten westdeutschen Persönlichkeit nach Bundeskanzler Helmut Schmidt, dem SPD-Vorsitzenden Willy Brandt und dem CSU-Vorsitzenden Franz Josef Strauß. Böll galt als das Gewissen der Bundesrepublik, im Ausland war er »der gute Deutsche« schlechthin. Wenn er einen offenen Brief schrieb, ging eine Durchschrift sofort an das Kölner Büro der Deutschen Presse-Agentur dpa, die den Text mit gebotener Eile zu einer Meldung verarbeitete.

Am erstaunlichsten war jedoch Kölns Entwicklung zu einer Stadt der Kunst von europäischem Rang. 1992 erschien in der *New York Times* die Schlagzeile: »The Cologne Challenge: Ist das New Yorker Kunstmonopol kaputt?« Die Zeitung schrieb: »Willkommen in Köln, der Stadt, die sich unerwartet zur europäischen Hauptstadt der zeitgenössischen Kunst aufgeschwungen hat.« Manches deutete darauf hin, dass Köln sogar New York überflügelt habe. Als Kronzeugen dafür zitierte die Autorin des Artikels niemand Geringeren als den Wahlkölner Gerhard Richter, der auf die Frage nach dem Zustand der New Yorker Kunstszene die glucksende Antwort gab: »Kaputt!« Bis heute ist Köln Schauplatz der weltweit ältesten Kunstmesse, der Art Cologne. Sie wurde 1967 als »Kunstmarkt Köln« unter anderem von den Kölner Galeristen Hein Stünke

und Rudolf Zwirner begründet und fand zunächst im Gürzenich statt. Kunst auf einer Verkaufsmesse anzubieten, war damals eine ganz neue Idee. Es ging aber nicht nur ums Geschäft – die Initiatoren wollten auch ein neues künstlerisches Zentrum in Deutschland etablieren. Berlin hatte seine ehemals führende Rolle durch Krieg und Teilung verloren. Das hoch industrialisierte Nordrhein-Westfalen mit seinen vielen vermögenden Sammlern bot sich als Alternative an. Das Konzept der Kunstmesse erwies sich als so überzeugend, dass es in der ganzen Welt kopiert wurde.

1986 wurde direkt neben dem Dom das Museum Ludwig eröffnet, das sich binnen kürzester Zeit als eines der wichtigsten Museen für moderne Kunst etablierte. Architektonisches Markenzeichen des Gebäudes ist sein gewelltes Zinkdach, das in der Abendsonne golden funkelt. Die Kollektion besteht großenteils aus Schenkungen des Schokoladenfabrikanten Peter Ludwig (1925–1996) und seiner Frau Irene (1927–2010). Schwerpunkte sind Pop-Art, russischer Konstruktivismus und Werke des deutschen Expressionismus. Das bekannteste Bild des Museums ist *Ema (Akt auf einer Treppe)*, ein Hauptwerk Gerhard Richters, des höchstdotierten lebenden Malers, der sich 1983 in Köln angesiedelt hatte. Richter belebte klassische Genres wie Landschaften, Seestücke, Porträts, Aktbilder oder Stillleben neu und wandte sich mit seinen verwischten Fotogemälden gegen die scheinbare Objektivität der Fotografie. In Köln-Zollstock wiederum befand sich das Atelier von Sigmar Polke (1941–2010), eine wahre Hexenküche, in der der »Alchemist« mit Arsen, Meteoritenstaub, Schneckensaft und Uran experimentierte. Über den Geniekult des Kunstbetriebs machte er sich sein ganzes Leben lustig, etwa mit Bildern wie *Höhere Wesen befahlen: rechte obere Ecke schwarz malen!* Es entbehrt deshalb nicht einer gewissen Ironie, wenn gerade er heute als begnadeter Ausnahmekünstler gefeiert wird. Ebenso belegt die Wahlkölnerin Rosemarie Trockel auf Ranglisten der einflussreichsten Künstler ständig einen der vorderen Plätze.

Die Wiedervereinigung und der damit einhergehende Aufstieg Berlins zur unbestrittenen Hauptstadt brachten für Köln einen massiven Bedeutungsverlust. Gerade die Kunstszene ist seitdem abgemagert, Galerien wurden geschlossen, vor allem jüngere Künstler zog es nach Berlin. Seine neue Rolle in der Berliner Republik hat Köln bis heute nicht gefunden.

KÖLN

NEUE TÜRME AM HIMMEL

Türme des 21. Jahrhunderts:
die Minarette der Zentralmoschee
in Köln-Ehrenfeld mit dem
Fernsehturm Colonius im Hintergrund

NEUE TÜRME AM HIMMEL
DIE VIELVÖLKERSTADT

»Kölle Alaaf« ruft die Frau mit dem Kopftuch – zum Beweis dafür, dass sie eine »waschechte Kölnerin« ist. Aber das ist auch alles, was an diesem Maiabend des Jahres 2007 an den Karneval erinnert. Inmitten von Tumulten werden mehrere rechte Störer aus dem Saal geschafft. Nur ein Thema kann die Kölner zu dieser Zeit so in Rage bringen: der geplante Bau einer Zentralmoschee im Traditions-Veedel Ehrenfeld. Die Diskussion um das Gebetshaus für 2000 und mehr Gläubige nimmt seit Monaten an Heftigkeit zu, angestachelt von der rechtsextremen Partei Pro Köln. Zuletzt hat auch der Autor Ralph Giordano, der als Jude von den Nazis verfolgt wurde und ihnen nur knapp entkam, zum Verzicht auf die »gewaltige islamische Architektur« aufgerufen.

»Dieses Land ist seit 1000 Jahren unser Deutschland«, kritisiert ein Herr, der sich selbst als »sehr konservativ« bezeichnet. »Gäste sollen sich wie Gäste verhalten.« Die Frau mit dem Kopftuch hält ihm entgegen: »Was 1000 Jahre Deutschland war, ist Vergangenheit. *Wir* sind jetzt Deutsche.« Köln habe eine Million Einwohner, sagt jemand, und 120 000 davon seien Muslime.

Die mit 700 Leuten besetzte Schulaula in Ehrenfeld kocht. Viele haben monatelang auf die Gelegenheit gewartet, sich einmal Luft zu machen. »Die Minarette sehen ja aus wie Raketen«, schimpft eine Frau. »Die haben nichts Rheinisches, nichts Gemütliches.« Ein Mann fühlt sich durch den Kuppelbau »an ein Atomkraftwerk erinnert«, ein anderer an einen »Science-Fiction-Tempel«. »Und unsere Kultur?«, ruft eine knapp 60-jährige Frau mit perlenbestickter Röhrenjeans. »Was ist mit unserer Kultur?« Eine gebürtige Ehrenfelderin schimpft: »Sollen die Türken doch auf die Schäl Sick gehen!« »Schäl Sick«, die falsche, die rechte Rheinseite. Der örtliche DGB-Vorsitzende erinnert die Moscheegegner an ein Wort Friedrichs des Großen: »Und wenn die Muslime zu uns kämen, so müssten wir Moscheen bauen.« Zwischenruf: »Ach, hören Sie auf, wir sind keine Preußen!«

Es gibt noch viele Fragen an diesem Abend. Warum müssen die Minarette 55 Meter hoch sein? Wo sollen die ganzen Leute parken? Wie lange dauert so ein »Jottesdienst inner Moschee«? Antwort des Beauftragten der türkisch-islamischen Organisation DITIB: »Die ganze Chose dauert anderthalb Stunden.« Integrationsdezernentin Marlis Bredehorst weist darauf hin, dass die Protestanten in Köln auch erst seit 200 Jahren eigene Kirchen bauen dürften, und so ignorant wolle man doch diesmal nicht sein. »Ich selbst komme aus Hamburg, und bis ich hierher kam, kannte ich auch keine Katholiken.« »Fischkopp«, tönt es von hinten.

»In den letzten Wochen habe ich mir ein bisschen Sorgen gemacht um den Ruf meiner Stadt«, sagt die Kölner Bundestagsabgeordnete und SPD-Islambeauftragte Lale Akgün. Doch jetzt stelle sie zu ihrer Erleichterung fest, dass eine deutliche Mehrheit der Anwesenden klatsche, wenn etwas Positives über die Moschee gesagt werde. »Sie haben es mir ermöglicht, dass ich rausgehen und sagen kann: Köln ist immer noch eine weltoffene Stadt.« »Klar sind wir weltoffen«, brummt ein Mann mit Schnauzbart. »Aber das geht doch auch ohne Moschee.«

Olivenöl aus der Apotheke

Nichts hat Köln seit dem Krieg so sehr verändert wie der Zuzug jener Menschen, die zunächst »Gastarbeiter« genannt wurden. Man kann in Köln heute mit der U-Bahn um die Welt fahren: von der Mülheimer Keupstraße mit ihren türkischen Geschäften und Teestuben zum Durga-Puja-Fest der Hindus in der Stadthalle von Chorweiler, vom Buddhistischen Zentrum in der Neustadt-Nord zur Kirche der armenischen Gemeinde in Niehl. 2010 vermeldete das Einwohnermeldeamt gut eine Million Kölnerinnen und Kölner. Davon waren nur 40 Prozent »echte Kölsche«, geborene Kölner. 17 Prozent hatten nicht die deutsche Staatsbürgerschaft, obschon wiederum jeder Dritte von ihnen in Köln geboren war und damit zu den »echten Kölschen« gehörte. Die größte

Gruppe unter den Kölnern ohne deutschen Pass waren die Türken; insgesamt wurden 181 Nationalitäten gezählt; die UNO hat nur 12 Mitgliedsstaaten mehr. Ein Drittel der Kölner hatte einen Migrationshintergrund, das heißt, dass entweder sie selbst oder ihre Eltern Ausländer waren. Köln ist heute eine Vielvölkerstadt – eine Weltstadt in dem Sinne, dass dort Menschen aus fast allen Ländern der Erde zusammenleben. Und diese Volksstämme beten zu allen Göttern des Himmels. Mehr als 150 Religionen sind in der einstigen Hochburg des Katholizismus gezählt worden. Noch nie schloss Köln so viele Lebenswelten ein, noch nie wirkten in der Stadt so unterschiedliche Einflüsse. Man mag das Wort mögen oder nicht, aber Köln ist heute multikulturell – und multireligiös. Bundespräsident Joachim Gauck sprach 2013 von einem »Miteinander des ganz und gar Unterschiedlichen«, das in Köln noch ausgeprägter sei als in Berlin. Und Herman van Veen sang: »Wo immer man auch Fremde nicht ertrug, Köln-Ehrenfeld hat Platz genug. Auch wenn sie von den Kölnern vieles trennt, ihre Kinder reden Deutsch – mit kölschem Akzent.«

All das ist eine Entwicklung von kaum 60 Jahren. Es begann damit, dass Wirtschaftsminister Ludwig Erhard 1955 zu vertraulichen Gesprächen nach Rom reiste. Es galt, die Anwerbung von 100 000 Mann vorzubereiten. Im Wirtschaftswunderland herrschte Arbeitskräftemangel, und da Osteuropa, das traditionelle Rekrutierungsgebiet der Kaiserzeit, vom Eisernen Vorhang versperrt wurde, versuchte man es nun bei den gut katholischen Capri-Fischern. Obschon diese vielen nicht gerade als die Tüchtigsten galten. Ein Ratgeber für Neuankömmlinge mahnte: »Besondere Achtung erbringt der Deutsche dem Fremden gegenüber, der fleißig ist.« Erhard erklärte unumwunden, welche Arbeitsteilung ihm vorschwebte: Die deutschen Arbeiter sollten künftig nach Möglichkeit alle zu Fachkräften ausgebildet werden. »Um das aber besorgen zu können, müssen wir natürlich dann die relativ primitiveren Arbeiten in Deutschland bei Anhalten dieser Konjunktur schließlich doch mal von ausländischen Arbeitskräften besorgen lassen.« Über ein anderes Motiv redete er weniger: Das Lohnniveau sollte niedrig gehalten werden – dank der Ausländer gab es ja weiterhin Leute, die bereit waren, die Arbeit für wenig Geld zu machen.

Es waren aber nicht nur die Deutschen, die sich um die Italiener bemühten – die italienische Regierung drängte noch viel stärker auf ein Anwerbeabkommen. Die Vorteile lagen auf der Hand: Für jeden, der nach Deutschland ging, musste der Staat kein Arbeitslosengeld mehr zahlen, und das Geld, das die italienischen Arbeiter aus Deutschland schickten, stärkte die Kaufkraft und kurbelte die Wirtschaft an.

So kamen also die ersten Gastarbeiter, und von Anfang an war Köln eines ihrer bevorzugten Ziele, denn dort drehten sich besonders viele Räder. Der Maschinenbau hatte in den 1950er-Jahren einen großen Aufschwung genommen, und die Arbeitslosigkeit betrug 1959 gerade einmal ein Prozent. Großes Erstaunen erregten die Ernährungsgewohnheiten der Zugereisten: Wie sich herausstellte, verzehrten sie vornehmlich Teigwaren. Mancher Personalchef machte sich Sorgen, dass sie damit die harte Arbeit in den Fabriken auf Dauer nicht durchstehen würden. Man setzte ihnen deshalb Ochsenschwanzsuppe und rheinischen Sauerbraten vor; Olivenöl mussten sich die Italiener in der Apotheke besorgen, es war sonst nirgendwo zu haben. Italienische Eisdielen waren den Kölnern hingegen schon seit Jahrzehnten bekannt. In den 1950er-Jahren ließen die Kugeln bei mehr und mehr Deutschen Erinnerungen an den Italienurlaub aufkommen. Amarena-Eis, das schmeckte geradezu nach Positano. Ein Löffel im Mund, und schon lief ein Film ab mit Fischerbooten, Vespas und Händchenhalten.

In den 1960er-Jahren verfügte Köln bereits über eine wachsende Zahl italienischer Gaststätten. Dazu gehörten neben Pizzerien recht bald auch gehobene Restaurants. Die Pizza, die den Deutschen als »Pfannkuchen aus Tomaten, Zwiebeln, Anchovis« angepriesen wurde, war ursprünglich etwas rein Neapolitanisches.

Anfang der 1960er-Jahre folgten weitere Anwerbeverträge mit Spanien, Griechenland, Portugal, Jugoslawien. Der Deutzer Bahnhof wurde zentraler Umsteigebahnhof für die Zuzügler aus Spanien und Portugal. Am 10. September 1964 traf dort der einmillionste Gastarbeiter ein, Armando Rodrigues de Sá aus Portugal. Der 38 Jahre alte Zimmermann war durch Blindtippen aus Listen mit den Namen der Neuankömmlinge herausgefischt worden. Als er den Bahnsteig betrat, sah er sich einem riesigen Empfangskomitee gegenüber. Eine Aufnahme zeigt ihn mit scheuem Blick und steif wie ein Zinnsoldat vor einer Horde Fotografen. Die Werkskapelle spielte »Auf in den Kampf, Torero«, und Manfred Dunkel, der Vorsitzende der Arbeitgeberverbände der

Der einmillionste Gastarbeiter:
Armando Rodrigues de Sá aus Portugal bekommt
1964 auf dem Deutzer Bahnhof ein Moped geschenkt.

Metallindustrie im Regierungsbezirk Köln, hieß ihn mit einem Strauß Nelken, einer Urkunde und einem Moped willkommen. Während Reden gehalten wurden, die er nicht verstand, drehte Rodrigues verlegen seinen Hut in den Händen. Anschließend schob er das Moped auf Wunsch der Fotografen ein paar Meter über den Bahnsteig, entsprach auch der Bitte, einmal aufzusteigen. Nun entstand das Foto, das Eingang in zahllose Schulbücher und Dokumentationen gefunden hat: der einfache, verlegene Mann mit dem breitkrempigen Hut und der verschlissenen Jacke auf der »Zündapp Sport Combinette«, hinter ihm klatschende, lächelnde Funktionäre im Anzug. Heute steht das Moped im Bonner Haus der Geschichte.

»Das Fremdeste überhaupt«: die Türken

Weitgehend unbeachtet hatte die Adenauer-Regierung am 30. Oktober 1961 auch ein Anwerbeabkommen mit der Türkei geschlossen. Doch schon vorher, in den 1950er-Jahren, waren die ersten Türken nach Köln gekommen, auf Einladung von Bundespräsident Theodor Heuss. »Heuss-Türken« wurden sie deshalb genannt. Doch nun wurde die Sache im großen Stil aufgezogen – bald kamen die Türken zu Tausenden. Und doch wurde nur jeder vierte Bewerber zugelassen. Schon die türkischen Arbeitsbehörden trafen eine Vorauswahl, und dann siebte die Deutsche Verbindungsstelle in Istanbul noch einmal aus. Die Bewerber wurden einem Eignungstest unterzogen und von einem deutschen Arzt untersucht, dies jeweils in Gruppen von 10 bis 15 Personen. Wer danach den Arbeitsvertrag und die Reisedokumente erhielt, trat binnen weniger Tage die Reise nach Deutschland an. Die Sonderzüge von Istanbul nach München waren mit 1000 Mann und mehr bis auf den letzten Platz besetzt, die Fahrt dauerte 50 bis 55 Stunden. Dann folgte die Ankunft im gelobten Land. Manche hatten sich ausgemalt, dass sie in einem schönen Saal mit Musik empfangen würden. Tatsächlich war das Erste, was die »Gäste« zu sehen bekamen, ein Keller – der ehemalige Luftschutzbunker unter Gleis 11 im Münchner Hauptbahnhof. Dort hatte die Bundesanstalt für Arbeit 1960 eine »Weiterleitungsstelle« eingerichtet. Im Laufe der Jahre endete diese Weiterleitung für viele Tausende in Köln. Schon 1967 und damit deutlich früher als im Bundesdurchschnitt bildeten die Türken die größte Ausländergruppe in der Stadt.

Für die Unterbringung waren die Arbeitgeber zuständig. Manche Firmen mieteten Hotels oder leer stehende Villen, die meisten nutzten Baracken, Fabrikhallen oder Bunker, teilweise mit Stacheldraht umzäunt. Wohnraum war noch immer knapp und teuer in der erst teilweise wieder aufgebauten Stadt. Viele Türken mussten sich zu sechst ein Zimmer teilen. Wie in Heimstätten war das gesamte Leben streng reglementiert, vom Aufstehen über die Benutzung der gemeinsamen Küchen- und Waschräume bis hin zu Besuchszeiten und Nachtruhe. Die Türken lebten so in völliger Isolation. Noch Ende der 1960er-Jahre wohnten über 80 Prozent der in Köln arbeitenden Türken in Heimen und Baracken, während die meisten Italiener, Spanier oder Griechen bereits eigene Wohnungen mieteten. Beschäftigt waren die meisten Türken in der Metallindustrie: bei Konzernen wie Ford und Klöckner-Humbold-Deutz, aber auch bei kleineren Unternehmen wie der Vereinigten Metallwerke AG in Ehrenfeld. Größter Arbeitgeber für ausländische Frauen war die Schokoladenfabrik Stollwerck in der Südstadt.

Wie die erste Gastarbeitergeneration lebte, ist kaum erforscht. Einen Anfang hat das Kölner Dokumentationszentrum und Museum über die Migration in Deutschland (DOMiD) gemacht. In seinen Lagerräumen stapeln sich mehr als 2500 Erinnerungsstücke, von Tagebüchern über Plastikmoscheen und Kofferradios bis hin zum persischen Teppich mit röhrendem Hirsch. Viele Fotos zeigen schwarzhaarige Männer, wie sie am Straßenrand neben einem Mercedes posieren. Solche Fotos wurden nach Hause geschickt, um dort den Eindruck zu vermitteln: »Der gehört mir!« Es hat etwas Anrührendes, wie all diese persönlichen Gegenstände da im Schrank liegen.

Die Altkölner blieben auf Distanz. Eine von der Stadt Köln in Auftrag gegebene Studie aus der zweiten Hälfte der 1960er-Jahre kam zu dem Schluss: »Immer wieder erwähnt wird von den Deutschen das Kulturgefälle der türkischen Gastarbeiter gegenüber den deutschen Arbeitern (...) Für die Kölner (...) sind die Türken das Fremdeste überhaupt. Bei keiner anderen Gastarbeiter-Nation differiert die gegenseitige Information so stark wie bei den Türken. Nirgends finden wir – nicht nur in unserer Befragung, sondern auch in den Veröffentlichungen der Behörden und Instanzen sowie in den Äußerungen anderer

Gastarbeiter-Vertreter – so wenig reales Wissen und so viele Vorurteile, Stereotypien und Fehleinstellungen wie gegenüber den Türken.« Noch 1976 fuhr im Rosenmontagszug ein Wagen mit, auf dem ein türkisches Ehepaar mit 15 Kindern zu sehen war. Die Kinder hielten alle ein Schild hoch mit der Aufschrift »Kindergeld«. Darunter stand: »Drum rat ich dir, zieh an den Rhein«. Doch es gab auch ermutigende Signale: So durften Muslime 1965 am Ende des Ramadan im Dom beten. Das sei »durchaus nichts Ungewöhnliches«, sagte der Dompropst.

1973 waren allein bei Ford 12 000 Türken beschäftigt, ein Drittel der Belegschaft. Sie arbeiteten zum großen Teil in der belastenden Endmontage am Fließband. Als etwa 300 von ihnen nicht pünktlich aus dem Urlaub zurückkehrten – die lange Autofahrt aus Anatolien war nicht so genau kalkulierbar – bekamen sie die fristlose Kündigung. Daraufhin demonstrierten ungefähr 8000 vorwiegend türkische Ford-Arbeiter spontan für die Wiedereinstellung ihrer Kollegen und legten die Produktion lahm. Schnell kamen andere Forderungen wie Lohnerhöhung, mehr Urlaub und Verringerung der Fließbandgeschwindigkeit hinzu. All dies taten die Türken in Eigenregie – IG Metall und Betriebsrat waren gegen die Aktion. Die Firmenleitung organisierte schließlich eine Gegendemonstration der »Arbeitswilligen«, von denen einige eine Schlägerei provozierten. Nun bot sich der Polizei ein Vorwand, um einzugreifen: Sie löste den Streik gewaltsam auf und nahm die »Rädelsführer« fest. Die *BILD* titelte: »Deutsche Arbeiter kämpfen Ford frei«.

Der Kölner Moscheenstreit

In jenem Jahr 1973 – dem Jahr der Ölkrise – stoppte Deutschland die Anwerbung aus anderen Ländern, und dann dauerte es gar nicht mehr lange, bis es hieß, die Gäste sollten gehen. So war es ja schließlich gedacht gewesen. Die Politik setzte nicht auf Integration, so wie dies 1979 der Kölner SPD-Politiker und ehemalige nordrhein-westfälische Ministerpräsident Heinz Kühn in einem wegweisenden Memorandum forderte, sondern auf Rückkehrprogramme. Deutschland sei kein Einwanderungsland, lautete das Mantra bis weit in die 1990er-Jahre. In Wahrheit war Deutschland nach dem Krieg lange das

Köln wird bunter:
türkische Geschäfte
in der Weidengasse

Land mit der höchsten Zuwanderungsquote in ganz Europa. Aber die Politik wollte das nicht wahrhaben und ignorierte 40 Jahre lang, wie sich das Land veränderte, welche Herausforderungen der Zustrom von Millionen mit sich brachte.

Doch auch die Zuwanderer redeten sich lange ein, ihr Aufenthalt sei vorübergehend. »Nächstes Jahr kehren wir zurück«, so heißt ein Buch über die Geschichte der türkischen Gastarbeiter. Mit dem sauer verdienten Geld wollte man sich ein schönes Haus bauen und wieder unter Freunden leben. Wer es versuchte, stellte oft fest, dass ihm die Heimat fremd geworden war. Die meisten Gastarbeiter – gerade die türkischen – ließen sich schließlich doch in Köln nieder und holten ihre Familien nach. Dieser Kulturwechsel war zwangsläufig mit großen Schwierigkeiten verbunden: So fühlten sich die nachgeholten Frauen oft isoliert. Sie hatten in der Türkei in Abwesenheit des Mannes ein recht selbstständiges Leben geführt und gerieten nun – vor allem aufgrund fehlender Sprachkenntnisse – in völlige Abhängigkeit von ihm. Über Satellit empfangene türkische Fernsehprogramme verstärkten ihre Fixierung auf die Heimat. Noch größer war die Umstellung für jene Frauen, die vor den Männern den Sprung nach Deutschland gewagt hatten – sie machten etwa 20 Prozent der Angeworbenen aus. Wenn ihre Männer später nachzogen, konnten diese mit dem Erfolg und dem neu gewonnenen Selbstbewusstsein der Frauen häufig nicht umgehen. Sie hatten große Probleme damit, dass sie nun nicht mehr ganz selbstverständlich der Herr im Haus waren; die Zerrüttung solcher Beziehungen war vorprogrammiert. Die Kinder wiederum hatten mit einem Identitätsproblem zu kämpfen: Die Heimat der Eltern kannten die »Deutschtürken« bald nur noch aus dem Urlaub, in ihrem Geburtsland aber gehörten sie auch nicht richtig dazu. So manche reagierten darauf, indem sie sich abgrenzten und eine kulturelle Identität in der Religion suchten, die für die Elterngeneration noch keine große Rolle gespielt hatte. Vor allem nach den Terroranschlägen vom 11. September 2001 wurde diese Religion in Teilen der Bevölkerung als das eigentliche Problem im Zusammenleben mit den Migranten wahrgenommen. Als einige Jahre später Pläne für den Bau einer Zentralmoschee quasi am Eingangstor nach Ehrenfeld bekannt wurden, löste dies eine Debatte aus, die bundesweit Beachtung fand, weil sie symptomatisch für die Situation in vielen Großstädten war. Außerdem wurde sie ungewöhnlich ehrlich geführt. »Hart, aber fair«, fand die *Neue Zürcher Zeitung* und stellte fest, »dass dieser Kölner Streit der Debatte über Einwanderung und ihre Folgen eine neue Offenheit gab«.

Der Streit entzündete sich zunächst einmal daran, dass der Islam mit diesem Bauvorhaben erstmals in der Kölner Geschichte deutlich sichtbar hervortrat. Kritiker wie Ralph Giordano haben den Bau als Machtdemonstration in Beton bezeichnet, und es stimmt wohl, er ist zumindest *auch* ein politisches Statement. Damit spiegelt die Moschee jedoch nur eine deutsche Realität: Der Einfluss der Muslime *ist* gewachsen. Im Laufe der Jahre haben sie gelernt, sich wirksamer zu organisieren und zu artikulieren. Gerade in Köln, wo die islamischen Dachverbände ihre Zentralen haben, ist das offensichtlich. Dass Muslime in Deutschland Gotteshäuser bauen dürfen, steht außer Frage. Es hängt auch nicht davon ab, ob es Christen umgekehrt erlaubt ist, in anderen Ländern der Welt wie der Türkei Kirchen zu bauen. Die freie Religionsausübung ist ein Grundrecht und an keine Bedingungen gekoppelt. Dass die Muslime ihre Position in der öffentlichen Debatte stärken könnten, wenn sie wesentlich deutlicher als bisher gegen die Unterdrückung und Verfolgung von Christen in islamischen Ländern Stellung beziehen würden, steht auf einem anderen Blatt.

Letztlich ging es im Kölner Moscheenstreit um die Frage, ob die Moschee als Hinweis auf ein türkisch-islamisches Dominanzstreben gewertet werden muss. Es gibt im Islam eine Strömung, die den Vorrang des weltlichen Rechts infrage stellt und stattdessen den Gottesstaat anstrebt. Das wirft viele Fragen auf: Sind die in Deutschland lebenden Muslime bereit, die Trennung von Staat und Religion zu akzeptieren? Die Herrschaft der Verfassung anzuerkennen? Wie halten sie es mit den Menschenrechten, mit Meinungsfreiheit und Pluralismus, was ist mit Zwangsehen und Ehrenmorden? So manche Moschee steht im Verdacht, Keimzelle einer Gegengesellschaft zu sein. In Ehrenfeld, wo der Journalist Günter Wallraff zu Zeiten von Khomeinis Fatwa Salman Rushdie versteckte, bereitete 2006 der »Kofferbomber« Dschihad Hamad seinen Anschlag auf einen Zug im Kölner Hauptbahnhof vor. Davor hatte Metin Kaplan, der selbst ernannte »Kalif von Köln«, jahrelang ungestraft den Rechtsstaat herausgefordert, bevor er 2004 in die Türkei abgeschoben und dort zu lebenslanger Haft verurteilt wurde.

So ist das Verhältnis zwischen Türken und Deutschen, zwischen Muslimen und Nichtmuslimen in der öffentlichen Diskussion von Differenzen und Spannungen geprägt. Fest steht: Der Islam ist ein Teil von Köln geworden, und das wird sich nicht mehr ändern. Minarette gehören jetzt zum Stadtbild – die neuen Türme werden bleiben. Man wird in Zukunft miteinander auskommen müssen, so schwierig es auch sein mag. Schnelle Rezepte haben nur die großen Vereinfacher parat, wirklichen Fortschritt bringt allein die alltägliche, mühselige Arbeit über Förderstunden, Sprachkurse und Kita-Angebote, über gegenseitiges Aufeinanderzugehen und Kennenlernen.

Dass sich diese Entwicklung nicht mehr umkehren lässt, ist den Kölnern längst klar. Der Kölner Islamwissenschaftler und Schriftsteller Navid Kermani stellte 2008 fest: »Ich selbst merke, dass ich seit einiger Zeit nicht gefragt werde, wann ich denn zurückgehen werde in meine Heimat. Bis vor einigen Jahren war das eine Frage, die jedem wie mir regelmäßig gestellt wurde: Wann gehen Sie zurück? Ich fand die Frage gar nicht diskriminierend, ich fand sie auch nicht beleidigend. Ich fand die Frage vor allem kurios. Zurück – das wäre in meinem Fall Siegen in Südwestfalen, und dorthin möchte ich nun wirklich nicht zurück.«

KÖLN

Der Dom bleibt immer:
winterliches Rheinpanorama

WIE GEHT ES WEITER?
KÖLNS ZUKUNFT

Es ist immer schwierig, sich vorzustellen, dass die Gegenwart einmal Vergangenheit sein wird. Kleidung und Alltagsgegenstände wie FC-Trikots oder die ersten Smartphones werden dann im Museum ausgestellt werden, die Kranhäuser dürften Denkmäler werden, und Historiker könnten darüber streiten, inwieweit der Einsturz des Stadtarchivs auf spezifische Kölner Verhältnisse zurückgeführt werden kann oder ob er auch anderswo hätte passieren können.

Wie aber wird sich Köln weiterentwickeln - lässt sich dazu etwas Vernünftiges sagen? Wer die Zukunft voraussagen will, landet schnell bei staubsaugenden Robotern, Raumschiffbahnhöfen und Regenschirmen mit Blitzableitern. Der amerikanische Präsident Franklin D. Roosevelt beauftragte 1935 eine Kommission der renommiertesten Experten seines Landes damit, die wichtigsten Veränderungen bis zum Jahr 1965 vorauszusagen. Die Kommission stellte sich alles Mögliche vor, aber auf Atombomben und Computer kam sie nicht. Das wirkliche Neue sieht man nicht voraus, stattdessen ist man versucht, aktuelle Entwicklungen in die Zukunft zu verlängern. Schon das ist schwierig genug. Obwohl Flugzeuge aus der Welt von 1935 schon nicht mehr wegzudenken waren, erkannte die Kommission nicht, dass große Passagierjets das Verkehrswesen weltweit revolutionieren würden. Heute ist die Zukunft noch weniger planbar. »Wir haben uns durch eigenes Zutun eine komplexe, hochdimensionale Welt geschaffen, deren nicht lineare Dynamik die Prognostizierbarkeit zukünftiger Entwicklungen sehr schwierig, wenn nicht gar unmöglich macht«, sagt der Hirnforscher Wolf Singer.

Eines kann man aber in jedem Fall sagen: Köln macht seine Zukunft nicht selbst. Schon in ihren Anfängen war die Stadt fest eingebunden in ein viel größeres System, das römische Imperium. Die freie Reichsstadt des Mittelalters war dann zwar politisch weitgehend unabhängig, aber gleichzeitig wirkte vieles, was außerhalb der Stadtmauer – auch weit entfernt – geschah, unmittelbar auf sie ein. Als Handelsstadt mit Verbindungen über Landesgrenzen und Meere hinweg war sie geradezu ein Seismograf für Erschütterungen aller Art. Die größte Katastrophe in der Geschichte der Stadt war ein Ereignis, auf das sie selbst keinen Einfluss nehmen konnte: ein Weltkrieg. Es sind nicht die Kölner, die über Sein oder Nichtsein ihrer Stadt entscheiden. In ihre Kompetenz fallen nur Fragen von vergleichsweise geringer, jedenfalls nicht existenzieller Bedeutung. Köln kann sich mehr oder weniger geschickt dabei anstellen, die Wirtschaft zu fördern und neue Unternehmen anzuziehen. Es kann eine mehr oder weniger glückliche Hand bei der Stadtentwicklung beweisen. Es kann seinen heute berühmten Gemeinschaftsgeist pflegen oder vernachlässigen.

Fachleute wagen einige Voraussagen, wenn auch nur vorsichtige. Statistiker prophezeien: Die Einwohnerzahl wird zunehmen – vorerst jedenfalls. Nach einer Bevölkerungsprognose des Amtes für Stadtentwicklung und Statistik wird die Zahl der Kölner bis 2020 von 1,017 Millionen im Jahr 2011 auf 1,065 Millionen steigen. In den dann folgenden 20 Jahren sinkt sie wieder um etwas mehr als 16 000 auf 1,050 Millionen – so die Berechnung. Im Jahr 2040 sollte sie aber immer noch um 33 000 über dem Wert von 2011 liegen. Für deutsche Verhältnisse bleibt Köln eine junge Stadt: »Obwohl die Zahl der 80-jährigen Kölnerinnen und Kölner kontinuierlich steigen wird, wird Köln im Vergleich zum Bundesgebiet ›jung bleiben‹«, heißt es in der Prognose von 2013. »Im Jahr 2040 wird das Durchschnittsalter der Kölnerinnen und Kölner 43,9 Jahre betragen, während der Bundesdurchschnitt bei 49,3 Jahren liegen wird.« Der Anteil der nicht deutschen Bevölkerung wird den Erwartungen zufolge leicht sinken – von 17,2 Prozent im Jahr 2006 auf 16,7 Prozent im Jahr 2035. Dies unter anderem aufgrund von Einbürgerungen. Das Amt für Stadtentwicklung misst dem aber selbst keine große Aussagekraft zu: »Nicht die Zahl (der Migranten), sondern das Ausmaß ihrer sozialen und wirtschaftlichen Integration in die Kommune gilt es zu kennen. Hierzu hilft jedoch keine Prognose, sondern nur die größtmögliche Integrationsleistung.«

Auch Klimaforscher haben Hochrechnungen angestellt. Nach einer vom nordrhein-westfälischen Umweltministerium in Auftrag gegebenen Studie mit dem Titel *Klimawandelgerechte Metropole Köln* liegen die Temperaturen im verdichteten Kölner Stadtgebiet schon jetzt während sommerlicher Hitzeperioden um bis zu zehn Grad höher als im weniger bebauten Umland. Dieser Trend wird sich der Studie zufolge in den nächsten Jahren fortsetzen. »Zudem könnte sich die Zahl der Tage mit Temperaturen über 30 Grad im Stadtgebiet bis Mitte des Jahrhunderts verdoppeln«, heißt es in einer 2013 veröffentlichten Pressemitteilung des Ministeriums. Gleichzeitig sollen »Starkniederschlagsereignisse in Köln bis Mitte des Jahrhunderts deutlich zunehmen«. Für die Studie hatte das Landesamt für Natur, Umwelt und Verbraucherschutz seit 2009 umfangreiche Messungen im gesamten Stadtgebiet vorgenommen.

Städteplaner führen die Zukunft gleichsam im Namen; sie tun eigentlich nichts anderes, als sich zu überlegen, wie die Stadt morgen aussehen sollte. Der Architekt Albert Speer hat 2008 einen Masterplan für die Kölner Innenstadt vorgelegt, an dem sich der Stadtrat künftig orientieren will. Als Speer den Plan vorstellte, sagte er: »Ich glaube, es ist etwas gelungen, das es bisher in Deutschland für die Zukunft einer Millionenstadt so noch nicht gegeben hat.« Speers Plan sieht keine grundlegende Neuordnung der Innenstadt vor, sondern empfiehlt, das bestehende Potenzial besser zu nutzen. So soll sich die Stadt wieder stärker dem Rhein zuwenden: »Wir sind der Meinung, dass Köln mit diesem Riesenstrom noch bei weitem nicht genug anfängt.« Speer regt den Bau zweier Fußgängerbrücken über den Fluss an. Die Stadtringe müssten wieder als Boulevards erkennbar werden. Adenauers Grüngürtel, der heute von vielen Straßen durchschnitten wird, könne durch Zurückdrängung des Verkehrs ein »Central Park für die Kölner Bürger« werden. Der Plan sieht auch eine Revitalisierung vieler Plätze vor, die heute als Parkraum genutzt werden, obwohl die Stadt nach Beobachtung Speers mehr Parkhäuser besitzt als jede vergleichbare deutsche Stadt. Fünf Jahre später stellte Speer in einem Interview mit dem *Kölner Stadt-Anzeiger* fest, dass noch kein einziger seiner Vorschläge verwirklicht worden sei.

Hochhäuser, die in anderen Städten aus dem Boden sprießen, sind in Köln eher nicht zu erwarten: Ein im Jahr 2007 vom Stadtrat verabschiedetes Höhenkonzept für die linksrheinische Innenstadt sieht vor, dass Neubauten zwischen Rhein und Ringen nicht höher sein dürfen als 22,50 Meter. Dadurch soll die mittelalterliche Stadtsilhouette geschützt werden, in der sich der Dom, die romanischen Kirchen und der Rathausturm abzeichnen. Ein äußerst sinnvoller Beschluss.

Der Historiker, der von Berufs wegen zurückschaut, tut sich naturgemäß schwer mit dem Blick in die Glaskugel. Er mahnt eher zur Vorsicht. So zeigt die Geschichte Kölns, dass sich scheinbar Unumstößliches, das viele Jahrhunderte lang Bestand hatte, dann doch binnen kurzer Zeit genauso unerwartet wie gründlich ändern kann. Köln war sehr lange eine katholische Stadt, heute ist die Mehrheit der Einwohner nicht mehr katholisch. Die rechte Rheinseite war oft das Gegenteil der linken: In der Römerzeit war es das Gebiet der Germanen, zur Zeit der Protestantenverfolgung herrschte dort Glaubensfreiheit und um 1800, als Köln eine französische Stadt war, begann am gegenüberliegenden Ufer Deutschland. Heute hingegen gehört Deutz zur Kölner Innenstadt.

Die wichtigste Konstante in der Kölner Geschichte ist wohl, dass die Bevölkerung dieser Stadt immer ein wildes Völkergemisch war. Schon vor 2000 Jahren setzte sie sich zusammen aus Germanen und Römern aus allen Teilen des Imperiums, das von Britannien nach Nordafrika und von Spanien nach Kleinasien reichte. Später kamen die Franken dazu. Im Mittelalter war die Handelsstadt am Rhein eng mit dem gesamten niederländischen Raum, mit Nordfrankreich und England verbunden. Im 16. Jahrhundert suchten viele Tausend Niederländer Zuflucht in Köln. Zur Zeit Napoleons wurde Köln zu einer französischen Stadt. Im preußischen Königreich und danach im Kaiserreich entwickelte es sich zu einer Industriestadt, die ihre Produkte in alle Welt exportierte. Vollends zur Vielvölkerstadt wurde Köln nach dem Zweiten Weltkrieg durch den Zuzug vieler Zehntausend Menschen aus Italien, der Türkei und vielen anderen Ländern. Eine Prognose scheint an diesem Punkt in der Tat vertretbar zu sein: Diese Entwicklung ist unumkehrbar, sie wird sich fortsetzen.

Parallel dazu verläuft ein zweiter roter Faden durch die Geschichte dieser westlichsten deutschen Metropole: Köln ist in vielen Epochen eine weltoffene Bürgerstadt gewesen. Zwar gab es immer wieder Phasen, in denen sich die Stadt verschloss – die schlimmste war natürlich die des Nationalsozialismus –, doch hat sie dann immer wieder an die Tradition der Offenheit angeknüpft. Es war jedenfalls nie eine Fürstenstadt, auch wenn es hier einen Fürsten gab, den Erzbischof. Aber er wurde schon früh in seine Schranken verwiesen und baute seine Schlösser woanders, in Bonn und in Brühl. Den ästhetischen Ansprüchen eines Herrschers hat sich Köln nie unterworfen.

Man sollte dabei jedoch nicht der Versuchung erliegen, das Köln-Typische zu sehr zu betonen. »Mentalitäten sind das Stabilste, was es gibt«, hat der Direktor der Villa Massimo in Rom, Joachim Blüher, einmal geschrieben und als Beleg dafür sowohl Rom als auch Köln angeführt. Aber das heutige Köln hat unendlich mehr Gemeinsamkeiten mit dem heutigen Düsseldorf oder Frankfurt als mit dem Köln von vor 100 Jahren. Kein heutiger Kölner würde sich im damaligen Köln mehr heimisch fühlen. Die Besonderheiten der eigenen Stadt zu überschätzen, ist jedoch nicht nur ein Kölner Phänomen. Dahinter steckt letztlich das Bedürfnis, sich selbst und andere davon zu überzeugen, dass es gut ist, gerade dort zu leben, wo man lebt – auch wenn dies häufig nicht auf eine bewusste Entscheidung, sondern auf Zufall zurückgeht.

Eines allerdings hat Köln den anderen Millionenstädten in Deutschland tatsächlich voraus, und das ist seine unvergleichliche 2000-jährige Geschichte. Es sollte alles daran setzen, in Zukunft noch mehr daraus zu machen.